KB234965

브라질, 나의 영원한 아미고

브라질, 나의 영원한 아미고

초판 1쇄 발행일 ‖ 2015년 6월 15일

지은이 ‖ 강성철

펴낸이 ‖ 유영일

펴낸곳 ‖ 올리브나무

　　　　출판등록 제2002-000042호
　　　　경기도 고양시 일산동구 정발산로 82번길 10 705동 101호
　　　　Tel 070 - 8274-1226, 손전화 010-7755-2261
　　　　팩스 031-629-6983　이메일 yoyoyi91@naver.com

ⓒ 강성철, 2015
　　(kangsungchuel@gmail.com　카톡 ID diasporakang)

값 15,000원

ISBN 978-89-93620-43-6　03230

33년 동안 브라질과 사랑에 빠진 한 선교사의 사역 리포트

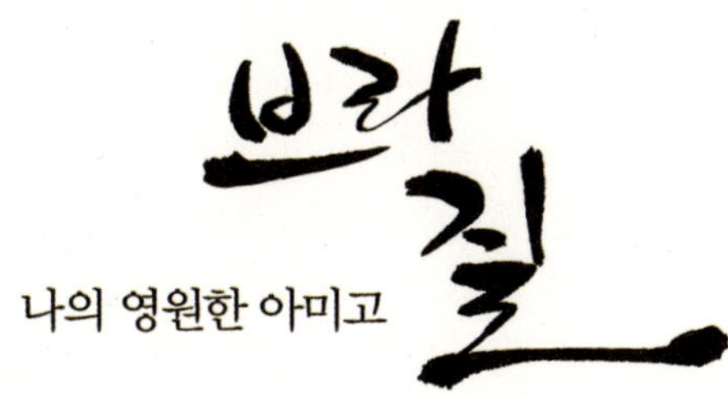

나의 영원한 아미고

# 브라질

● 강성철 지음 ●

# 추천의 글

故 **방지일** 목사

('한국교회사의 산 증인'이셨던 목사님께서는 이 책이 세상에 나오기 전인 2014년 10월 10일 새벽 '향년 104세'로 하나님의 부르심을 받으셨습니다.)

목사님의 일생이 담긴 복음 역사(役事)의 창고 문을 열고 낱낱이 들여다본 느낌입니다. 넓은 시야, 깊은 사색, 높은 이상, 긴 호흡의 역사관이 뚜렷이 드러나 있군요. 목사님의 長廣高深한 관이 즐비하게 펼쳐졌군요. 복음사명을 감당함에 교포 교회부터 시작하신 것은, 가장 바른길이었다고 여겨집니다. 그때에 제가 직접 가서 보았었지요. 교포교회로 시작하시면서 거지들을 다리 아래에 모아놓고 전도하심을 보고 왔지요.

생명을 걸고 하시던 일이라 총에 맞기도 하시고 그래도 살아나시어 드디어 선교에 착수하시어 교회를 세우시고, 축구학교를 경영하시어 이색적인 선교를 펼치셨습니다. 브라질 국민을 위한 학교를 세우고, 드디어 마지막으론 신학교를 세워 교역자까지 양성하시었는데 그 역사에 쓰여진

경제는 실로 여호와이레로 하
나님께서 준비하여 주심을 목
도하였습니다. 그 한평생의 역
사가 문자 그대로 여호와이레,
그대로였습니다. 그 노고, 그
걱정인들 어찌 없었으리요만
은 그 극복하는 힘을 때에 따라
주셨던 것이요, 그 믿음을 주관
하였던 것입니다.

故 방지일 목사
(1911-2014)

 책을 읽어보면 브라질 선교사이라기보다는 브라질 나라의 문화사,
아니 세계의 문화사이기도 함을 알게 됩니다. 그 많은 한국의 저명한
신학자와 교회지도자가 거의 다 포괄되어 있어, 한국 문화사인가 착각이
일기도 하는군요. 세계 교회와의 유대 관계도 적당하게 깊은 관계가 보여지
며 이로써 세계 문화사로서도 읽혀집니다. 브라질 성도들이 읽어야 할
역사이거니와 브라질 국민들도 일독할 만한 역사서라고 보았습니다. 아니
세계인이 볼 문화사라는 말도 틀리지 아니합니다. 이 대서가 빛을 보게
됨은 크나큰 역사입니다. 강목사의 노고를 기리며 나는 목사님의 혈육
남매가 자라날 때부터 본 바인데 이제 저들이 성년이 되어 부모님의 생활에
대한 책임도 감당한다고 들은 바 있습니다. 이 남매, 아들과 따님에게
감사함도 잊지를 못합니다.

 이 대서를 출간하는 일이 쉽지는 아니할 것입니다. 이도 또한 여호와이
레로 그가 준비하여 주실 것을 바라보고 있습니다. 읽고 감격함을 글로
다 표현하지 못함을 아쉽게 생각합니다.

2014년 1월 3일

# 고난과 헌신, 그리고 즐거움의 기록

**박재호** 목사

브라질새소망교회 담임 , 남미복음신문 발행인,
세계 한인기독언론협회장

교회의 목적은 선교입니다. 날개가 부러진 새가 존재 의미를 상실하듯 선교 기능을 못하는 교회는 존재의 의미가 없습니다. 예수님의 열두 중 열한 명은 선교사가 되었습니다. 선교사가 안 된 유일한 제자는 배신자뿐이었습니다.

강성철 목사님께서는 모국에서 목회에 진충갈력(盡忠竭力) 하시던 중 하나님으로부터 디아스포라의 소명을 받고 지구 남쪽 끝 브라질로 달려와 한인 교회를 담임하며 교포들의 영혼 구원에 헌신하셨으며, 브라질 현지인에게도 복음을 전하기 위하여 가장 가난하고 외로운 사람들에게 다가가 복음을 전하며 세계 선교의 꿈을 품고 우선 라틴아메리카를 무대로 종횡무진, 동분서주하셨습니다. 그러는 가운데 일선 선교 현장에서 수없이 부딪히고 경험하고 깨달은 사실들을 글로 모아 33년 브라질 선교 보고서를 완성, "브라질, 나의 영원한 아미고"라는 명저를 출판하게 된 것을 진심으로 축하하며 기쁜 마음으로 추천하는 바입니다.

강목사님은 내가 만난 목회자와 선교사들 중에서도 가장 사명감이 뜨겁고, 신실하고, 실력 있고, 신앙의 용기와 지혜, 판단력과 추진력이 뛰어난 분입니다. 강목사님이 펴낸 이 저서는 남미와 브라질의 현직 선교사로서 몸소 보고 듣고 느끼고 경험하신 것을 모두 담아 놓은 것이므로 이는 전 세계 선교사들의 교과서가 될 뿐 아니라 세계 각처에 선교사를 파송하고 있는 모든 교회와 목사님들에게 세계 선교의 지침서가 될 것으로 확신합니다.

중국에 간 미국 선교사 앤 월터 펀 (Ann Walter Fern) 양의 일화가 있습니다. 앤은 아리따운 처녀로서 의과대학을 졸업한 후 선교사를 지원하여 중국으로 떠났습니다. 그 당시 사람들에게 중국은 살아서 돌아오기 어려운, 위험한 곳으로 알려져 있었습니다. 앤의 어머니는 210달러의 가치에 해당하는 금을 딸에게 주면서, 현지에 가서 "안전하다"(safe)는 한 마디만 전보로 쳐 달라고 부탁했습니다. 얼마 후, 앤에게서 전보가 왔습니다. 전문은 어머니가 기다리던 말인 "안전하다"가 아니라, "즐겁다"(delighted)였습니다. 이것이 하나님의 소명을 받은 참된 선교사의 고백입니다. 복음을 전하기 위해 주님께 소명 받은 선교사는 안전과 편안함을 찾아다니는 사람이 아니라, 어떤 고난과 위험 속에서도 즐거움으로 헌신하는 사람입니다.

언제 어디서나 즐거운 마음으로 선교에 열중하고 있는 강목사님의 모습을 볼 때마다 분명히 하나님의 소명 받은 선교사로서 디아스포라의 모범이 되는 분이심을 믿어 의심치 않았습니다. 신실한 하나님의 종 강목사님의 『브라질, 나의 영원한 아미고』를 적극 추천합니다. 이 귀한 책이 출판되도록 섭리하신 하나님께 감사드립니다.

# 강성철, 브라질의 영원한 아미고

**김의원** 목사

전 총신대학교 총장, 전 백석대학교 부총장,
현 아태아(세계지역개발연합) 대학원 원장

이 책은 브라질 현장에서 33년간 발로 쓴 한 선교사의 진솔한 선교기록이다. 하나님은 북한 선교를 꿈꾸었던 강성철 선교사를 미지의 세계인 브라질로 인도하셨다. 그의 생애와 사역을 보면 한 마디로 '여호와 이레'의 삶이었다. 하나님은 그가 선교사로 가기 전에 북한선교 특공대원으로 영적으로 피폐된 지역, 강원도 정선군에 보내셔서 영적 담력을 키워 주셨다. 그것은, 인종차별은 없지만 계층문화가 살아있고 아직도 아프리카 민속종교의 때를 벗겨내지 못하고 있는 브라질에서의 영적 사역을 준비시키기 위함이었다. 그는 그곳에서 중요한 진리 하나를 가슴에 새기게 된다. 선교의 장애요소는 교회나 교우가 아닌 바로 '나' 자신임을 깨우친 것이다. 그 이후 모든 문제가 하나님과 자신의 문제임을 깨달으면서 그는 주변 환경에 매이지 않고 오직 하나님께만 붙잡혀 무릎으로 긴 세월을 달려왔다.

강성철 선교사님은 사명감이 투철할 뿐 아니라 선교현장에서는 우직하다고 할 만큼 저돌적이다. 그는 남미와 브라질 선교 현장에 필요한 여러 영역에서 일을 해왔다. 현지 한인교회를 세워 '전교인 선교사화 운동'을 비롯한 여러 종류의 선교사역을 효과적으로 수행하였다. 소외된 이민자를 위한 디아스포라 사역, 교회 주변의 복음화를 위한 유치원 탁아소

사역, 도시 주변의 걸인들을 섬기기 위한 급식 선교사역, 방황하는 청소년들을 위한 거리 아동들을 위한 공민학교와 축구학교 설립, 100여 개가 넘는 현지인들을 위한 교회 설립 사역, 더 나아가 신학교 교육을 통한 교역자 양성 등, 그가 해온 일들은 가히 인간적인 힘의 범위를 넘어서 있다고 할 정도이다.

　강 선교사님은 자신의 사역을 한 마디로 요약하여 책 제목을 삼았다. "브라질, 나의 영원한 아미고." 이 어구 속에 강 선교사님의 선교열정이 깊이 녹아 있다. 그는 브라질과 그곳 사람들을 너무나 사랑했기 때문에 자신의 모든 것을 던져 불사를 수 있었다. 많은 분들이 이 책을 읽고 선한 도전을 받았으면 한다.

## 큰 울림으로 다가오는
## 브라질 민족을 향한 러브 스토리

**김활영** 목사

한국선교회연구소 대표,
총회세계선교회(GMS) 초대 사무총장, GMS순회 선교사

　강성철 선교사님께서 생애의 후반 부분 30여 년의 삶을 정리한 글이 나왔다. 이 자전적인 기록은 그리스도의 손에 이끌리어 살아온 한 선교사의

삶이요 선교 보고서인 동시에, 브라질을 중심으로 엮어진 생생한 선교 역사 자체이다. 이 역사 속에서 그의 신선한 선교신학을 엿볼 수 있고, 구체화된 역동적인 선교전략을 발견할 수 있다. 주님께서 기뻐하시는 당신의 몸 된 교회가 어떤 모습으로 인류 역사 속에서 구현되는가를 보여주고 있는 구속사의 한 장(場)으로서 사도행전의 후속 기록이기도 하다.

이 선교 사역 보고서에는 많은 이야기가 담겨 있다. 선교사의 애환을 가감 없이 토로하여 동료 선교사들에게 가슴 시린 공감을 불러오고 있다. 주님을 사랑하는 모습에서 그의 비전과 후배들을 향한 절절한 동지애도 느낄 수 있다. 특별히 현장의 잃어진 영혼들과 브라질 민족을 향한 러브 스토리들은 큰 울림으로 독자에게 다가온다. 그의 박사 학위 논문 "브라질 디아스포라 한인교회 선교전략 연구"에서 미처 다 기록하지 못한 부분을 구체적으로 들을 수 있어서 많은 배움을 줄 것이다.

강선교사님은 개인적으로 같은 선교회 소속으로 비슷한 시기에 비슷한 가톨릭 선교지로 향했던 선교 동지로서 먼 거리로 말미암아 자주 만날 기회는 적었으나 서로를 응원하여 왔다. 그러나 최근에는 선교를 연구하는 일로 총신국제대학원과 아태아지도자개발연맹을 통하여 지리적 거리를 넘어 가까이에서 동역하면서 원숙한 선교사로서의 모습에 박수를 보내고 있던 터에 이런 좋은 글로 모범을 보이시니 더욱 존경스럽다. 독자들께서는 한 선교사의 적나라한 삶과 사역의 기록을 통하여 주님의 은혜를 새롭게 맛볼 수 있으리라 확신하면서 일독을 권한다.

**최공필** 장로

브라질 Graça 장로교회 은퇴장로
브라질 디아스포라 선교 합창단 지휘자

브라질 한국교육원장 오석진 박사는 브라질 한국이민사 50년에 세 사람의 전설적인 인물이 있다고 말씀하시면서 그 가운데 한 분으로 강성철 목사님을 꼽으십니다. 브라질 선교에 한 획을 그으신 분이요, 무에서 유를, 불가능을 가능으로 만드시는 선교사이시며, 그래서 브라질 선교사상 많은 신화를 창조하신 분이라고 하십니다.

이 책을 읽으면서 많은 감동을 받았습니다. 이 책은 가히 세계선교의 지침서요, 남미선교의 참고서요, 브라질선교의 백과사전이라 할 수 있습니다. 이 책은 세계선교를 꿈꾸는 모든 선교사님들, 특히 남미 선교를 지망하는 선교사님들께 크나큰 도움이 될 것이라 믿어 의심치 않습니다.

이 책은 강성철 목사님의 "살아 숨쉬는 선교일지"이기도 합니다. 저는 오늘, 몇 사람 안 남은, 현존하는 우리 브라질 이민 1 세 생존자 중의 한 사람으로서, 이 책은 브라질 한국 이민사의 큰 부분을 차지한다고 증언합니다.

강목사님은 18년 동안 주일 아침마다 1,000명의 거지들과 교회

부근의 우범자들에게 아침식사를 제공해 주시고 그들 중 30명을 선별해 3개월간 집중 영성훈련을 시킨 뒤 브라질 장로교 신학대학에 보내어 세 분의 거지, 우범자 출신의 목사를 배출시키셨습니다. 이들로 하여금 그들의 교회를 목회하도록 하신 넓은 선교의 시야를 보고 깊은 감동을 받았었습니다. 당시 저도 강목사님의 초청으로 그 거지 출신들의 영성 훈련장에 같이 합숙 동참한 경험이 있기에, 더 더욱 잊혀지지 않습니다.

1986년부터 거의 30년 동안 브라질 디아스포라 합창단의 지휘를 맡아 단장님이신 강성철 목사님의 바로 옆에서 지도를 받으며 함께 십여 차례 브라질 국내공연과 세 차례에 걸쳐 세계순회 선교공연을 하였습니다. 43명의 브라질 현지인으로 구성된 브라질 디아스포라 합창단이 한국 선교공연을 나갔을 때의 일입니다. 한국에서의 일정, 찬양계획, 숙식 및 차량문제 등 모든 준비를 책임 맡았던 어느 장로님의 실수로 김포공항에 도착하여 보니 아무것도 준비가 되어 있지 않았던 사태가 벌어졌습니다. 대원들에게는 이 사실을 알릴 수조차 없어 저의 눈앞이 캄캄해 왔을 때, 강목사님의 기적을 이루는 기도와 능력으로 모든 것들이 여호와이레로 그때 그때마다 마치 준비해 놓았던 것처럼 술술 풀리어 나가는 것을 보고, 주님의 충실한 종을 통하여 역사하여 주심을 보았습니다. 홍콩, 일본, 로스앤젤레스, 워싱턴, 뉴필라델피아, 토론토 등지의 해외 선교공연을 통하여 강목사님께서는 음악선교가 무엇이며 왜 중요한지를 확실히 가르쳐 주셨습니다.

이 책은 앞으로 포어, 스페인어로도 번역되어 남미 현지인 선교사들의 교과서로 삼기에 필요충분하다고 여겨집니다. 또한 이 책은 강성철 목사님의 깊은 신앙과 선교에 대한 넓은 시야, 선교활동에 따르는 여러 가지 난관을 헤쳐 나가는 과정과 방법 등이 여실히 기록되어 있어 관심 있는 모든 분들에게 선교활동의 길잡이가 되리라 믿어집니다.

# 삼십삼 년의 사역이 길어올린 통찰의 지혜

브라질 아마존 선교사 **지덕진**

브라질 아마존 동산교회 담임 목사, 브라질 아마존 강변마을 목회자 훈련원 학장,
브라질 아마존 개혁 신학교 전 학장

이 책은 브라질에 오신 한국 선교사님이 브라질 속에서 브라질이 갖고 있는 모든 것에 깊은 사랑을 느끼시고 체험하신 선교 보고서이다. 그래서 책 제목 자체를 "브라질, 나의 영원한 친구"(아미고)라고 지으신 것 같다.

브라질 사웅 빠울루에 있는 한인교회에서 1985년부터 1994년까지 교육전도사로, 강도사로, 강성철 목사님을 당회장으로 모시고 교회의 여러 사역들에 봉사하면서 느낀 점이 너무 많다. 사랑과 온유로 충만한 인격의 소유자이신 강목사님은, 남녀노소를 막론하고 한결같이 따뜻하고 포근한 대화로 이야기를 이끌어 가시며 상대방에게 안정감과 평안함을 선사하신다. 누구든지 연령과 세대를 떠나 친구와 함께 있는 분위기를 조성하시는 목사님은, 내가 가장 존경하는 목회자이시다.

브라질 문화와 이민 사회의 현실을 고려하시면서도 한국적 신앙의 영성을 브라질 교계에 전수하시고자 전력하시는 강목사님은 교포 교계의 미래의 청사진을 선교사역으로 제시하셨다. 안락한 생활이 보장되는 한인교회의 원로목사의 자리보다는 브라질 한인선교사로 마지막 사역을 개척자의 삶을 사심으로써 우리 브라질 교포의 정신적 기둥이자 영적 지도자가 되어주신 강성철 목사님의 업적들을 본서를 통하여 발자취를 더듬어 갈 수가 있게 되어 참으로 기쁨이 크다.

목사님께서는 브라질과 남미 선교현장에 필요한 여러 종류들의 사역들을 시작하셨고, 이러한 사역들을 이루기 위하여 자신의 위치보다는 사역에 필요한 적절한 동역자들을 발굴하고 양육시켜 주셨으며, 후원과 모금에 앞장을 서신 투철한 사명자의 모습을 보여주셨다. 또한 자신과의 영적 싸움 및 선교사역을 가로막는 주변 환경의 어려움에 오직 하나님께 의지하여 부르짖는 기도자의 자세를 투철하게 보여주셨으며, 문제 해결을 위해서는 항상 긍정적인 시각을 갖고 간단명료한 실천적 방법들을 제시하여 바른 길로 이끌어주셨다. 이 책에는 강목사님께서 선교지에서 보낸 30여 년 간의 삶과 사역을 통하여 수확하신 귀중한 통찰의 지혜가 담겨 있어 오늘을 살아가는 신앙인들에게 삶의 방향을 밝히 제시하여 주고 있다.

선교사들이 꼭 갖추어야 할 첫째가는 덕목은 무엇일까? '성공 아닌 성공'으로 가는 지름길은 무엇일까? 이 책은 현지인과의 동화된 삶, 브라질의 아미고(친구)가 진정으로 되어주는 것이야말로 것임을 그 길의 알파요 오메가임을 설득력 있게 보여준다.

내게 다가와
사랑을 베풀고 함께 일할 수 있도록
그분께서 보내주신 아미고들에게 바칩니다.

 **브라질, 나의 영원한 아미고**

## 차 례

# "섭리의 큰 손" 안에서

사람들은 나를 "멍철"이라고 부른다. "멍"하다는 뜻이다. 그래도 나는 멍철이라고 불리는 것이 좋다. 나의 텅 비어있는 마음에 사람들이 쉬었다 갈 수 있으면 좋겠다는 마음에서이다. 나는 계산 없이 일을 잘 저지르는 편이다. 그래서 남들이 여러 가지 이유를 들어 하지 않는 일들을 앞뒤좌우 살피지 않고 무조건 밀고 나간다. "먹어보고 해본 것만이 내 것이 된다"는 신조 때문이다.

그런데 유독 망설여지고 주저하는 일이 있었다. '박사학위'와 '책을 내는 일'이었다. 부족한 자가 학위를 얻고 책을 낸다면 사람들에게 덕이 되지 않겠기에, 10년이 넘도록 망설였던 것 같다. 60이 넘은 후에야 자의반 타의반으로 박사학위 과정에 지원하였고, 선교지에서 경험하고 생각하였던 것을 정리하여 2013년에 선교학 박사학위를 받았다.

학위논문을 쓰면서 확실하게 깨달은 것은, 하나님의 은혜와 사랑이었다. 그리고 학위를 받은 후 더욱 확실하게 알 수 있었던 것은, 나의 무지였다. 그런 까닭에 단행본을 출간하는 것도 정말 부담스럽다. 그러나 나는 최근 들어 점점 부족함, 어리석음, 불완전함에 호감을 갖게 되었다. 한없이 연약하기 때문에 주님이 나를 도와주고 계신다는 생각이 들어서이다.

　　지금까지 살아온 삶을 돌아보면, 중요한 일에 있어서 내가 예측한 대로 된 적은 단 한 번도 없었다. 모두가 하나님의 은혜와 돌보심, 즉 "섭리의 큰 손"이 하셨기 때문이다. 계산으로는 답이 안 나오는 일이지만, 지금도 오병이어의 역사는 계속되고 있으며, 가나 혼인잔치에서 물을 변하여 최상급 포도주가 되게 하셨던 주님의 기적이 일어나고 있다.

　　『브라질, 나의 영원한 아미고』는 나의 이야기가 아니라 나와 함께하신 그분의 사랑 이야기이다. 또한 내게 다가와 사랑을 베풀고 함께 일할 수 있도록 보내주신 아미고들의 이야기이다. 나의 진실한 아미고, 아미가들의 수고와 사랑, 그리고 그들의 헌신에 감사하기 위해서, 그리고 브라질이 하나님의 기뻐하시는 '하나님의 나라'로 변화되기를 고대하면서, 또한 나의 사랑하는 제자들과 후배들에게 적은 밑거름이 되길 소원하면서 이 책을 펴내기로 마음먹었다.

　　예수님, 나의 영원한 아미고, 참으로 고맙습니다. 미안합니다. 정말로 사랑합니다.

2015년 5월 푸르른 날에　강성철

# 사진과 함께 읽는
## 강성철 목사의 선교사역 33년

꼴라지오 9학년 학생들과 함께. 꼴라지오 디아스포라는 현재 유치원, 초등학교, 중학교 과정을 두고 있으며, 앞으로 매 해 한 학년씩 증설하여 고등학교와 대학을 세워감으로써 마침내는 종합대학을 세우고자 하는 희망을 갖고 있다.

브라질의 한인 디아스포라 목사로
부름을 받은 지도 어느덧 33년이 되었다.
나와 내 아내, 네 살짜리 아들과 다섯 살짜리 딸이
브라질에 입국할 당시,
내 수중엔 달랑 100불뿐이었다.

제2회 아마존강변 지도자 수련회를 섬긴 사람들. 디아스포라 선교회에서는 카누를 타고 아마존 강가의 마을 마을마다 들어가 복음을 전하고 있다. 왼쪽은 지덕진 선교사와 필자가 함께 아마존강변지도자 수련회를 기획하는 모습.

　브라질에 사는 교민들 대부분은 의류계통 산업에 종사하고 있다. 아침 일찍부터 일터에 나가 밤늦게까지 일하기 때문에 최고급 아파트에 살지만, 부대시설인 수영장, 사우나, 산책길은 식모들이 누리고, 냉장고 안에 고기와 과일을 비롯한 음식물을 가득 채워 놓지만 이것 역시 식모와 객들이 먹어 치운다. 자식들은 어느새 부쩍 성장하여 브라질어를 못하는 부모를 무식하고 야만스럽다며 무시하고 곁길로 나간다. 몸은 이곳저곳 아프기 시작하여 삶의 즐거움을 누리지 못한다. 이런 사람들이 교민교회에 찾아와 위로를 받고자 한다.

　나는, 성도들이 상업주의와 향락에 빠지지 않도록 권면하고, 불우한 이웃을 향해 선교적 봉사를 하도록 가르쳤다. 성경공부, 심방, 면담을 하면서 한 사람 한 사람에게 다가가 선교적 꿈과 비전을 나누었다. 그리고 하나님 사랑을 경험하며 선교의 기쁨과 행복을 누릴 수 있는 기회를 만들어 갔다. 하나님께서는 말씀 안에서 교회를 자라나게 하셨고, 6년이란 세월이 흐르자 성도들과 나 사이에 '앎'이 형성되었다. 눈빛만 보아도 서로를 알게 되었고, 비로소 성도들 사이에 선교사역의 기운이 감돌아 믿음의 역사가 시작되었다.

성도들은 나의 연약한 모습 그대로를 좋아하고 받아들이기 시작했다. 나 또한 성도들의 독특한 개성과 연약함을 그대로 수용하기 시작했다. 우는 자들과 함께 울고 즐거워하는 자들과 함께 기뻐하며 살아가면서 하나님의 뜻을 좇으니 교회는 부흥하였고, 성도들은 행복한 마음으로 교회를 사랑하게 되었다.

대부분의 교우들은 전화번호부 첫머리에 큰 글씨로 교회와 목사의 사택 전화번호를 적어 놓았다. 공항에서 출발한 이민자들의 삶 속에서 목사는 변호사이자 복덕방의 공인중개사, 사고처리사였다. 병원 안내인이자, 툭 하면 경찰서 출입까지 해야 하는 24시 비상 근무자였다.

몇 해가 지나자 목회에 싫증과 권태가 오기 시작했다. 분쟁이 일어날 경우에는 목사를 찾아와 항의하고 자기 편에 서달라는 사람이 많았다. 어떤 사람은 상대방에게 돈을 받아 달라고 했고, 또 어떤 사람은 설교 단상에서 상대방을 구체적으로 가리켜 보이면서 쫓아내라고 윽박지르기도 했다. 노골적으로 애정을 표현하는 사람이 있는가 하면, 작은 것을 주고 생색내며 목사를 애매한 자리에 세우기도 했다.

한인교회는 사웅 빠울루 중심의 빈민지역에 세워져 있다.

목회 일선에서 떠나기로 마음먹었다. 평소에 존경하던 파라과이의 김재창 목사님을 모시고 부흥회를 한 후 목회 일선에서 떠나야겠다고 결심하고, 파라과이로 가는 길이었다. 졸음을 참고 운전을 하던 중, 사고가 났다. 깜박 조는 사이에 10미터 골짜기 아래로 추락하고 만 것이다. 피범벅이 된 채로 도로로 기어 나와 헤맨 끝에 겨우 겨우 병원으로 옮겨질 수 있었다. 갈비뼈가 일곱 대나 부러진 사고였다. 다시스로 도망치던 요나의 길을 태풍으로 막으신 하나님께서 나의 길 또한 가로막으셨던 것이다. 하나님께 감히 묻지 않을 수 없었다. "하나님, 내가 무엇을 어찌 하리이까?"

기도하는 가운데 에베소서 3장의 말씀을 받았다. 충만한 사랑의 그리스도께로 발걸음을 돌이켜, 모든 성도와 함께 지식을 초월하는 그리스도의 사랑을 깨닫게 하실 것이라는 말씀은 나에게 큰 힘이 되었고, 다시 주님이 명하신 길로 돌아오게 해주셨다.

브라질에는 70% 이상이 빈민이며 그 중 100만 명이 최저 임금 680헤알도 제대로 받지 못해 거리에서 자고 쓰레기통을 뒤져 먹는 걸인이라는 통계가 나와 있다. 한인교회는 사웅 빠울루 중심에 있는 빈민지역 그리세리오(Glicerio) 지역에 세워져 있다. 이곳은, 브라질 이민 초창기에 한국인이

산또 아마로 교회는 1986년 7인의 집사들이 뜻을 모아 산 땅위에 2015년 1월 15일 나의 가족이 힘을 모아 예배당 공사를 시작하였다. 신일교회, 영광교회, 한인교회, 밀알선교회 최은성 단장, GMS브라질남부지부장 이홍우 선교사와, 이재호 장로(전 사랑유치원장) 유봉용 목사가 협력해 주었다.

꼴레지오 디아스포라의 교사들. 학기를 시작하기 전에는 한 주간 앞서, 교사들이 한 자리에 모인다. 학교의 제반사항을 점검하고 각자에게 임무를 부여하며 가르칠 교과목에 대한 연수를 하기 위함이다.

집단적으로 모여 살았던, 일명 '한국촌'이라고 불렸던 곳이다. 무작정 도시로 올라온 독신자들이 몰려 살고 있었으며, 창녀와 우범자들이 많아 범죄의 산실이었다.

어느 날 현지인 청년 세 명이 새벽기도를 마치고 나오던 여성도들을 총으로 위협하고 가방을 빼앗아 가는 것을 목격한 나는 차를 멈춰 세웠다. 그들은 이미 마약에 취한 상태였으며, 저마다 총을 빼들고 있었다. 그중 한 청년이 내 이마에 총을 겨누었다. "진정해라! 너희들이 원하면 뭐든지 들어주겠다. 그러니 저들의 가방을 돌려다오."

그러나 그들은 이미 눈동자가 풀려 있었다. 그때 기도를 마치고 나오던 권사 일행이 그 광경을 보고 "도둑이야! 도둑이야!"라고 소리를 질렀다. 그러자 내 이마에 권총을 겨누고 있던 친구가 방아쇠를 당겼다. "빵"

하는 소리와 함께 이마에서 피가 터져 순식간에 속옷까지 스며들었다. 그들은 도망쳤다. 나는 곧바로 차에 올라타 도망치는 그들을 추격하기 시작했다. 차 안에는 아내와 권사님들이 있었으나 아무 말도 못하고 있었다.

그들은 사라지고 보이지 않는데, 나는 점점 정신이 흐려지려 했다. 정신을 잃으면 죽을 수 있다는 생각이 들었다. 곧바로 반데란찌 병원으로 차를 몰면서 세상에 태어나 가장 급한 기도를 드렸다. 의사는 0.01 밀리만 더 들어갔어도 즉사했을 것인데, 하나님의 종이기에 생명을 붙들어 준 것이 분명하다고 했다.

하루는 슬하에 딸만 두었던 이창승 집사가 하나님께서 아들을 허락해 주어 너무 감사하다면서, 아들의 이름으로 좋은 일을 하고 싶다고 했다. "무슨 일을 하는 것이 좋을까요?" 물어 왔을 때, 거리를 배회하며 일거리와 먹을 것을 구하는 사람들의 모습이 떠올랐다. 이 거리에는 걸인이 많은데, 저들에게 빵을 나누어 줄 수 있겠느냐고 물었다. 그들은 기쁜 마음으로 자기들이 책임지고 하겠다고 약속을 했다. 이렇게 시작된 것이 보아스 노바스 교회이다.

브라질 밀알선교단은 해마다 장애를 극복하고 하나님과 사람 앞에 은총과 귀중히 여김을 받는 명사들을 초청하여 교민을 대상으로 "밀알의 밤"을 갖는다.

1991년 3월 12일, 80명의 걸인에게 빵을 나누어 줌으로써 급식선교가 시작되었다. 처음에는 우리끼리 기도하고 교회 옆 골목에서 빵을 나누어 주었는데, 점점 사람들이 많아지기 시작했다. 그런데 문제가 생겼다. 걸인들이 새벽부터 골목에 모여 떠들어 대는 데다 주민들의 집 대문 앞에 방뇨를 하는 일도 잦았다. 동네 주민들은 장소를 옮겨 달라고 요구했다. 법정에 고소하겠다고 다그쳤다. 고민 끝에 시청에 들어가서 고가 다리 밑의 공간을 사용하게 해달고 하였다. 사웅 빠울루 시청 실무자들과 교섭 끝에 다리밑 공간을 급식장소로 허락을 받기에 이르렀다.

오늘도 보아스 노바스 교회는 아침 7시부터 한 시간 예배를 드리고, 8시에 커피와 빵을 나누어 준다. 이렇게 예배를 드리기까지는 많은 시간이 걸렸다.

생명샘축구학교는 빈민 지역의 아이들에게 새로운 희망과 용기의 원천이 되었다.

급식을 시작하고 얼마 후 걸인들에게, 우리와 함께 하나님께 기도하고 빵을 나누면 좋겠는데 괜찮겠느냐고 물었다. 그리고는 그들의 허락 하에 우리는 함께 기도하고 빵을 나누었다.

또 얼마의 시간이 지난 다음, 그들에게 다시 물었다. "찬송 한 곡 부르고 기도한 뒤 빵을 나누려고 하는데 괜찮겠느냐?" 그들의 허락이 떨어져서 그렇게 하기 시작했다.

2년의 세월이 흐른 뒤 그들에게 다시 물었다. "찬송을 부르고 기도를 한 다음, 하나님 말씀을 듣고 축복기도를 받은 후 빵을 나누자." 그러자 그들은 모두 박수를 치면서 환영을 하였다.

드디어, 마침내, 결국, 우리는 감격적으로 하나님께 감사의 마음으로 1부 예배를 드린 후 빵과 커피를 나누기 시작했다.

한 가지 밝히고 넘어가야 할 문제가 있다. 빵과 커피를 나누어주는 것은 선교적 접근 방법은 될지언정 진정한 선교는 아니라는 사실이다. 한 영혼이 천하보다 귀중하다는 말씀은 그만큼 한 사람의 영혼이 주께로 돌아오기가 힘들다는 말씀이기도 하다. 빵을 나눈 지 3년 6개월 만에 첫 세례자가 나왔다. 10주 이상 성경공부를 시킨 뒤, 큰 기쁨과 감사 속에 군인 장교 출신이며 영어도 잘하는 루이스에게 세례를 주었다. 그러나 몇 개월이 지나자 그는 술에 취해 흥얼거리며 예배에 참석하여 실망감을 안겨주었다. 열악한 환경 속에 견디다 못해 술의 힘을 의지한 것이다. 너무나 마음이 아프고 슬펐다.

그래도 감사한 것은, 안토니와 같은 사람도 나왔기 때문이다. 그러나 그도 처음에는 교회 사찰로 세웠는데도 얼마나 성질이 고약한지 아무도 당해낼 수가 없었다. 교우들이 항의하고 내보내자고 했다. 그때마다 "조금만 참아 보자. 다른 일은 잘 하지 않느냐?"면서, 이것도 선교라고 할 수 있다고 교우들을 설득했다. 그러던 어느 날, 안토니의 손에 성경이 들려 있는 것이 눈에 띄었다. 그는 밤낮으로 여러 날 째 성경을 읽고 있었다. 어느 날부터인지 그의 얼굴에는 웃음이 돌았고, 말씨가 달라졌다. 공손해졌을 뿐 아니라 콧노래로 찬송을 부르기 시작했다. 그의 생활 자체가 바뀌었고, 인격이 변화되었다. 그리고 한인교회 교인들의 입에서 안토니오를 칭찬하는 소리가 들리기 시작했다. 전적인 하나님의 돌보심이었다.

알렉산드라는 꼴레지오 디아스포라 선생 출신이다. 어느 날, 그녀가 상담을 요청해 왔다. 남편이 생활 능력이 없고 자녀가 넷이며 어머니를 모시고 살기 때문에 너무 힘들다고 하면서, 학교에서받는 급료로는 살기가 너무 어렵다고 하소연했다. 그리고 자기의 꿈은 자기와 같이 가난한 사

점심식사를 하는 꼴레지오 디아스포라의 학생들과 라우라 교장, 프리실라 교사.

세 광장과 세 성당. 세 성당은 사울 빠울루 0번지로, 세 성당에서 멀어지면 번지수가 높아진다. 세 광장에서는 각종 집회와 시위가 벌어지곤 한다.

람들의 아이를 돌보는 탁아소를 운영하면서 맡겨진 아이들을 신앙적으로 잘 돌보는 일을 하는 것이라면서, 꿈을 이룰 수 있도록 도와달라고 했다.

디아스포라 선교회(ABD)는 2003년 10월, 알렉산드라의 꿈을 이루어 주기 위해 탁아소를 개원하였다. 그리고 2004년 새해부터는 알렉산드라에게 야간으로 유아교육대학교에 다니도록 했다. 탁아소 이름은 '헤깐또 도쎄'(Recanto Doce, 달콤한 모퉁이)라고 정했다. 탁아소의 하루 일과는 맞벌이 부부가 아침에 출근할 때 아이를 맡김으로써 시작되고, 부모들이 직장 에서 퇴근하면서 아이를 찾아가면 종료되었다.

찌라덴찌스(Tiradentes) 교회에 나오던 한 소년이 마약을 복용하고 그 후유증으로 사망한 사건이 일어났다. 이 사건은 나에게 충격적으로 다가왔다. 이를 계기로 주변의 청소년을 살펴보니, 대부분의 아이들이 결손가정과 극심한 가난 속에서 꿈을 잃어버린 채, 알코올 중독, 마약 중독, 폭력, 도둑질, 문란한 성관계 등을 경험을 하고 있었다. 이에 ABD는 찌라덴찌스 교회를 섬기는 루이스, 베네딕토, 죠세 형제들과 함께 '이들을 어떻게 도울 수 있을까?' 의논하던 중 축구학교를 세우게 되었다. 1997년 8월 시다지 찌라덴찌스에서 아무런 준비도 없이 축구학교를 열고 학생들을 모았다. 300명이 지원해 왔고, 그 중 200명을 뽑았다. 아이들은 잔디구장이 아닌 흙바닥에서 맨발로 공을 찼지만 즐거워하면서 열심히 연습을 하고 있다. 참으로 감사한 것은, 미약한 가운데 훈련을 하는데도 우리 축구단이 사웅 빠울루 위성도시 대항 축구대회에 참석하여 여러 차례 우승컵을 차지한 사실이다.

도시빈민촌에 교회를 세우고 성도들의 가정을 심방을 하면서 기도 제목

을 받아 보면, 첫 번째가 "일자리를 주옵소서!"이고, 둘째는 "도망간 남편이 돌아오게 해주시든지, 새 남편을 주옵소서!"였다. 브라질 법은 이혼을 하면 집도, 자식 양육권도 모두 여자에게 돌아갈 뿐 아니라, 남자는 자녀가 18세가 될 때까지 의무적으로 양육비를 감당해야 한다. 이를 이행하지 않을 시에는 법적으로 구속된다. 이 때문에 남자들이 이혼하지 않고 도망가는 일이 빈번하다. 이러한 가정들의 자녀들은 방치되기 십상이고, 부모의 관심과 간섭이 소홀한 아이들은 점점 죄악에 쉽게 물들어 간다.

사웅 빠울루 시내 전경과 기차역. 인구가 1100만 명으로 브라질뿐 아니라 남아메리카와 남반구 전체에서 가장 큰 도시이다. 지명은 포르투갈어로 사도 바울을 의미한다.

이것이 브라질의 현실이고 청소년들의 문제이다.

ABD는 거리를 방황하는 청소년들에게 기술을 가르쳐 주고 일자리를 마련해 주기 위한 사역으로 찌라덴찌스, 리베르다지, 아 에 까르발료, 삐리뚜바에 그 지방의 특성과 실정에 맞는 까자 두 메놀을 세웠다. 처음에 50명을 모아, 먹이고 공부를 시켜 주었다. 문맹을 타파할 수 있도록 포어를 가르치고, 예수님을 만날 수 있도록 성경을 가르쳐 주면서, 수학, 역사 등 일반교육도 가르치고 있다. 특히 이 학교는 기술교육(바느질, 미장이, 전기, 목공 등)을 중점적으로 가르쳤다. 문맹을 타파하고 신앙심을 갖도록 하며, 1인 2기 이상을 습득하도록 권면하고 있다.

나의 아내와 미국에 사는 아들 부부와 손자손녀와 함께. 이들은 나의 둘도 없는 아미고들이며 동역자들이다.

## 제1부　브라질에 살으리랏다

나의 삶이 왜 어떻게 브라질에 뿌리 내리게 되었던 것일까? 첫 동기는 이렇다 하게 내세울 만한 것이 없다. 왜냐하면 그 모든 것이 나의 일정표 속에는 들어 있지 않았기 때문이다. 이제 와 돌이켜보니 그 모든 것을 "섭리의 큰손"이 하셨다는 것을 실감하지 않을 수 없다.

# 하나님의 시간표

브라질의 한인 디아스포라 목사로 부름을 받은 지도 어느덧 33년이 되었다. 그러나 나의 삶이 브라질에 뿌리 내리게 되었던 첫 동기는 이렇다 하게 내세울 만한 것이 없다. 왜냐하면 그 모든 것이 나의 일정표 속에는 들어 있지 않았기 때문이다. 내 머릿속의 가늠이나 요량으로는 애초부터 내 인생에 자리할 수 없는 일들이었다. 한 세월을 보내놓고 돌이켜보니 그 모든 것을 "섭리의 큰손"이 하셨다는 것을 실감하고 인정하지 않을 수 없지만, 일이 벌어질 당시에는, 인생의 대부분이 그렇지만, 우연을 가장하고 찾아오는 손님들의 연속이었다.

나의 브라질행은, 볼리비아를 거쳐 브라질에 정착하여 교포 교회인 서울교회를 시무하고 있던 친구의 초청으로 시작되었다. 그 당시 나는 강원도의 신현교회 담임교역자로서 산골전도에 열심을 내고 있었다. 하루하루 하나님의 사랑으로 가슴이 뜨겁고 기쁨이 충만한 가운데 감사하며 살아가고 있는 나에게는, 삶의 뿌리를 다른 곳으로 옮겨 보겠다는 생각 같은 것이 비집고 들어설 틈이 없었다. 더군다나 외국에 대한 동경이나 선교적 소명을 나와 연결할 만한 끈 같은 것은 애초에 없었다.

그런데 어느 날 느닷없이 브라질에서 살고 있는 한 친구가 찾아와서는 브라질을 소개하더니, 다짜고짜 "브라질로 오라!"고 하는 것이다. 형처럼 따르던 그 친구와는 서울신학교를 같이 다녔었다. 그는 낙천적인 성격에 쾌활하고, 가수 조영남 못지않게 노래를 잘 불렀다. 또한 모든 것을 긍정적으로 생각하고 일을 밀어붙이는 사람이었다.

그는 친구가 볼리비아로 이민을 갈 때 함께 수속을 하여 떠났었다. 다방면에 은사가 있어 그곳에서 목회를 잘 하다가 브라질 여행 중에 서울교회의 청빙을 받았고 사역을 잘했는데 불미스러운 문제가 생기자, 나를 브라질로 오라고 했던 것이었다. 당연히, 관심도 없었고 귀를 기울이지도 않았다. 그러나 그가 여러 차례 강권하자, 친구의 앞날을 위해서라면 아무래도 내가 가야 할 것 같았다. 그 일로 기도를 하자 웬일인지 "브라질로 가라!"는 음성이 내 마음을 두들겼다. 그리고 마침내 심경에 변화가 일어났다.

친구의 도움을 받아 브라질 이민을 준비하던 가운데 주위 사람들은 "기왕 갈 바에는 선교사로 임명을 받아서 가는 것이 좋지 않겠냐?"라고 권유했다. 나는 브라질 선교사 파송을 합동총회에 신청했고, 큰 어려움 없이 파송교회(신촌 이대 앞에 있던 신현교회, 담임은 정석홍 목사)와 총회로부터 허락을 받아 서울노회(노회장은 오광수 목사)의 제1호선교사로 파송을 받았다(1982년 2월).

당시에는 교단차원에서의 선교사 훈련과정이 없었다. 그러니 브라질이 얼마나 큰 땅인지, 어떤 언어를 사용하는지조차 몰랐다. 문화와 풍습, 지리에 대한 지식도 전무했다. 브라질에 대해 아는 것이라고는 브라질 대사관에서 가져온 팸플릿에 적힌 내용이 전부였지만, 그것도 스쳐 지나가듯이 대충 훑어보았을 뿐이었다. 대부분의 사람들이 그렇겠지만, 나는 브라질을 상상하면서 아마존 밀림을 떠올렸다. 바나나를 먹으며 자연과 더불어 사는 미전도종족이 우글거리는 땅! 그것이 브라질에 대한 내 머릿속 풍경의 전부였다.

브라질 입국을 준비할 당시, 나를 초청해 주었던 서울교회가 분립되었다. 그래서 개척한 지 일주일밖에 안 된 서머나 교회가 나의 초청교회가 되었다. 더군다나 나에게 브라질 행을 권유했던 친구는 내가 브라질에 도착한 지 열흘 만에 한국으로 유학을 떠나고 말았다.

한국을 떠날 때, 선교헌금이나 선교후원금에 대한 약속은 전혀 없었다. 나와 내 아내, 그리고 네 살짜리 아들과 다섯 살짜리 딸이 브라질에 입국할 당시, 내 수중엔 달랑 100불뿐이었다.

파송을 받게 되기까지는 나를 당혹스럽게 하는 일이 적지 않았다. 나의 선교사 파송을 결의하기 위하여 교단 선교부가 모임을 가졌다. 나는 이력서 학력 난에 "서울신학교 졸업, 총신신학부 졸업, 연세대학교 연합신학대학원 임상목회학과 수료"라고 적었

었다. 그런데 그 기록을 보고 당시 선교부장이었던 이영수 목사가
"WCC에큐메니칼 노선을 따르는 신학교에서 공부한 것은 정신적
인 면에 있어서 문제가 있다"고 지적했다. 그때 수원노회 안중섭
목사와 정석홍 목사가 "그래도 강성철 강도사는 보수주의 입장에
선 목회자이며 북한선교회에서 인정받은 일군이니 그냥 선교사로
파송하자"고 대변해 주었기에 가결될 수 있었다.

그런 결정이 난 직후 선교부 간사가 나를 잠깐 보자고 했다.
"오늘 소요되는 경비와 선교부원 교통비로 준비한 돈이 있으면
달라"는 것이었다. 나는 그런 상황에 대해서는 전혀 준비가 되어
있지 않았다. 더구나 3년 동안 영구 미자립 지역에서 산골목회를
해온 처지여서 수중에 돈이 있는 날이 거의 없었다. 당황해 하는
나를 본 정석홍 목사가 "걱정하지 말라. 신현교회에서 다 준비해
왔다"고 하면서 나를 안심시켜 주었다.

그 후 1982년 2월에 서울노회는 나를 위해 선교사 파송식을
겸한 목사 안수식을 베풀어 주었다. 헌금시간에는 "오늘 헌금은
브라질로 파송되는 강성철 선교사를 위한 헌금입니다"라고 광고
했다. 우리 가족은 물론 친구와 교우들이 정성껏 헌금해 주었다.
그런데 그렇게 헌금된 금액은 선교사 파송 인준을 위한 모임과
파송식 경비로 다 써 버리고 브라질로 떠나는 나에게는 더 이상
줄 돈이 남아 있지 않았다. 그런 상황이라 나는 파송교회 정석홍
목사에게 "브라질에 정착해서 선교기반을 닦고 실질적인 선교를
할 때 선교비를 요청하겠다"고 말씀드렸다. 그리고 10년간 연락
한 번 하지 않고 지냈지만, 신현교회 주보에는 늘 '파송선교사

강성철'로 기록되었고, 나 역시 항상 신현교회의 파송 선교사로서 누가 되지 않게 일하려고 나름 마음을 써왔다.

김포공항을 출발, 일본 나리타공항에서 브라질 항공기인 바리그로 갈아탔다. 비행기는 LA를 경유, 페루 리마를 돌아 히우데 자네이루(Rio de Janeiro)에 잠시 머문 다음, 사웅 빠울루(São Paulo) 콩고냐스 공항에 착륙했다. 1982년 9월 2일이었다. 공항은 사웅 빠울루 시내 중심을 잇는 고속화도로 옆에 있었다. 공항에는, 36시간이나 걸리는 긴 여행에 지쳐 있을 나와 가족을 환영하기 위해서 여러분이 마중 나와 있었다. 나의 친구와 가족을 비롯하여 서머나교회의 40여 명(황리준 장로, 이경호 장로, 강명권 장로, 최선복 권사, 최성해 권사, 최신자 권사, 이기순 권사 외)에 달하는 교우들, 그리고 동아일보 박태순 사장이 꽃다발을 안기면서 따뜻하게 환영해 주었다. 바쁜 일정을 뒤로 미루고 기쁨으로 환영을 나와 준 교우들을 대하고 보니, 낯선 이국땅이 아닌 고향 친구 집을 방문한 것 같았다.

나는 일 년 동안 친구가 담임했던 서머나교회에서 교우들과 사도행전에 나타난 선교역사를 공부하였다. 직책은 부목이었지만 한국으로 유학을 떠난 친구 대신 교포교회를 전적으로 돌보았다. 감리교 수양관을 빌려 예배를 드렸지만, 교회는 급성장하여 매주 3~4가정이 등록을 했고, 일년 만에 출석교인이 280명 정도로 늘어났다.

나는 브라질에 오기 전 두란노서원(당시에는 신촌역 앞 육교

밑, 2층에 있었음)에서 한국의 대표적인 목회자들과 함께 매주 성경을 공부했다. 옥한흠 목사의 '평신도를 깨운다', 이동원 목사의 '새 생활 세미나', 하용조 목사의 '주제별 성경공부', CCC성경공부, IVF성경공부, UBF성경공부 등 40여 목회자 여러분과 성경공부를 했던 것이 큰 도움이 되었다.

교회에는 청년들이 많지 않았다. 나는 그들의 이야기에 귀 기울였고, 야구팀을 조직하여 함께 운동장에서 뛰곤 하였다. 운동이 끝나면 함께 이야기하고 먹고 마시면서 청년들과 허물없이 어울렸다. 그러다보니 자연스레 청년들과 교인들이 모였다. 청년들과 나는 하나님의 사랑을 체험하면서 선교명령에 순종하여, 오늘은 이곳 내일은 저곳을 두루 다니며 복음을 전파했다.

그러던 중 친구는 일 년 만에 유학을 마치고 돌아왔고, 나는 1983년 9월 첫 주부터 3개월 간 '한인교회'의 설교목사로 사역하였다. 한인교회에서 첫 설교를 할 때, 나는 온 교회가 선교에 동참해 주기를 호소했다. 브라질에 우리를 보내신 하나님의 선한 뜻은 잘 먹고 잘 사는 데 있는 것이 아니라, 주님의 명령을 좇아 선교 사명을 감당하는 데 있으며, 선교사로 파송받은 나를 한인교회로 보내신 것도 그 목적을 위함임을 강조했다. 그러나 교우들의 반응은 냉담했다. 어떤 교우는 "이역만리 브라질 땅에 와서 바느질 밥을 뜨며 어렵게들 돈을 벌어 이만큼 살게 되었는데, 왜 현지인들에게 시간과 돈을 낭비를 하느냐?"면서, 그런 설교는 안 했으면 좋겠다고 일침을 놓기까지 했다. 한인디아스포라에게는 선교에 대한 의식이 없는 것 같았다.

당시 한인디아스포라들 중에는 영주권이 없어서 은행수표도 못쓰고 자녀들도 학교에 못 보내는 분들이 많았다. 먹고 사는 것조차 힘든 분들도 적지 않았다. 교회는 신앙중심 모임뿐만 아니라, 여러 인연과 이유로 찾아오는 사람들, 심지어는 마지못해 교회를 찾는 사람들까지 다 끌어안아야 했다. 이들에게 가장 중요한 일은 영주권획득과 생활안정, 그리고 자녀교육이었다.

게다가 한인디아스포라들은 교회 주변과 한국 사람들 주변에 사는 브라질 사람들에게 적지 않은 위협을 당하고 있었고, 경제적인 손실을 입는 경우가 많았다. 그래서 입만 열면, "브라질 사람은 도둑놈들, 믿을 수 없다"고 했다. 이런 상황 속에서 "우리를 브라질에 보내신 하나님의 뜻은 잘 먹고 잘 사는 데 있는 것이 아니라, 이들에게 복음을 전하시기 위함이다"고 하면서 "브라질 교역자를 돕자!"고까지 했으니, 교인들이 이해하고 받아들이기가 쉽지 않았을 것이다.

# 지도 한 장에 의지하여

지금 생각해보면, 브라질 선교의 가장 큰 장애요소는 바로 '나 자신'이었다. 앞에서 말한 것처럼, 브라질에 올 당시의 나에게는, 다른 선교사들과는 달리, 브라질 선교에 대한 특별한 소명이나 사명이 없었다.

목회 초창기의 나는 오직 북한선교에만 관심이 쏠려 있었다. '언젠가 문이 열리기만 하면 공수부대처럼 북한으로 밀고 들어가 선교하리라'고 작정하고 있었다.

달랑 지도 한 장 들고 한 번도 가보지 않은 강원도 산골짜기로 떠나던 날, 나는 동이 터오는 새벽에 아내와 이제 막 두 살, 세 살 된 혜연과 진구, 그리고 잠시 방문한 나의 외할머니를 트럭에 태웠다. 경상북도 안동 풍산 매곡교회를 출발하여 영동의 죽령고개를 넘어 단양을 거쳐 제천을 돌아 영월을 지나 비행기재를 넘어 정선 신월리에 도착한 것은 밤이 늦어서였다. 정선에서 임계

42

로 가는 산골짝 위에는 동면 약수터가 있었고, '정선 아리랑'의 가사처럼 굽이굽이 산길을 따라 아름다운 경치가 펼쳐져 있었다.

정선중앙교회의 김득원 목사님이 누에를 치는 잠실(蠶室)을 살림집으로 빌려놓으셔서, 거기에 짐을 풀었다. 누에들이 뽕잎을 먹고 살던 잠실은 흙으로 지은 집으로, 비교적 따뜻했지만 부엌이 없었다. 그래서 처마 밑에 비를 피할 수 있도록 비닐을 쳐서 임시 부엌을 만들었다. 늦은 저녁, 우리 가족은 석유난로에 밥을 지어 먹으면서 산골짝에서의 삶을 시작했다.

교인도 교회당도 없는 지역, 십리 안팎에 60여 가구가 띄엄띄엄 떨어져 살고 있었는데, 예수님에 대해서는 전혀 들어보지도 못한 사람들이었다. 나는 이곳 사람들을 북한 주민이라고 생각하고 일대일 전도로 다가갔다. 복음을 전하니, 어른들은 저마다 "모시는 신이 있다"면서 복음을 거부했다. 그래서 어린이를 모아서 분교 교실을 빌려 첫 예배를 드렸다. 하지만 주민들이 반대하고 나서는 바람에 그것도 여의치 않게 되자, 느티나무 아래에 자리를 깔고 예배를 드리기 시작했다. 그러다가 살림집 바로 위에 자리한 밭을 빌려 거기에다 천막교회당을 세웠다. 어린이들과 40이 넘도록 장가를 가지 못한 이규 아저씨가 교회창립 멤버가 되었다.

신월리 사람들은 참으로 순진했다. 하지만 저마다의 삶이 어렵고 무섭고 힘이 들어서인지, 각 가정마다 여러 신들을 모시고 살았다. 특히 그들은 환경재해를 매우 두려워했다. 내가 목회하는 동안에도 큰 비로 산사태가 일어나는 바람에 동네가 쑥대밭이 되었다. 다리가 끊기고, 방앗간은 온데간데없어졌으며, 집과 전토가 물에 떠내려갔다. 그런 일이 잦으니 주민들은 산신령, 용 바위, 성황당, 용 단지, 성주귀신 등 잡신들을 섬기면서, "오늘도 무사히 하루를 보내게 해달라"고 정성을 다해 빌곤 했다.

어느 날, 길에서 권산춘 할머니가 이상스럽게 사뿐사뿐 걷는 모양새를 보고는 여쭈었다. "어쩌면 그렇게 예쁘게 걸으십니까?"

할머니의 대답은 이랬다. "땅신이 노하면 배 타는 내 아들에게 해코지 할까봐 그러는 거야."

우리가 그곳에 들어가기 일 년 전엔 전기조차 들어오지 않았다고 했다. 처녀가 시집가기 전까지 쌀 한 말을 못 먹는다고 할 만큼 가난한 마을이었다. 옥수수와 감자로 끼니를 때우고 살았지만 그래도 인심이 후했고, 대부분 친절하고 좋은 사람들이었다.

나는 산골 마을 사람들을 찾아다니며 전도하기 시작했다. 한 사람 한 사람에게 복음을 전하고 가르치면서, 주님께서 분부하신 대로 아버지와 아들과 성령의 이름으로 세례를 주었다. 일 년이 지나자 아랫마을 윗마을 어린이들은 모두 교회에 나오게 되었다. 청소년들도 대부분 교회에 나왔다. 그들은 내 아내를 졸졸 따라다니면서 필요한 것들을 가져다주었다. 우리 아이들을 데리고 버디(뽕나무 열매)도 따고, 개구리도 잡고, 냇가에서 물놀이도 해주었다. 그들에게 천막교회는 더할 나위 없이 좋은 곳이었다. 방학 때에는 충현교회 청년들이 많은 선물을 가지고 찾아왔다. 한 주간 동안 성경과 찬송을 가르쳐 주면서, 아이들에게 새로운 세상과 함께 천국을 소개해 주었다.

어느 날, 충현교회 청년들이 둘씩 셋씩 짝을 지어 노방전도를 하러 나갔을 때였다. 4영리 책자를 가지고 일터에서 일하고 있는 사람에게 다가가 청년들이 "선생님!" 이라고 부르자, 그는 "난 선생 아니요" 라며 대꾸했다. 청년들이 궁리 끝에 "형제님!" 이라고 부르니 "언제 나하고 형제 맺었소?" 라며 튕기고 나섰다. 그런 일이 다반사로 일어났다.

강원도 정선군 신월리에 세운 천막교회 주일학교 학생들. 이 어린이들 가운데 목회자 사모의 길을 가고 있는 사람도 있다.

그래도 어찌어찌 이야기의 문을 열게 되어 "우리는 죄인입니다" 라고 말하면, 곧장 반박의 화살이 날아들곤 했다. "내가 왜 죄인이요? 난 남의 것 뚱쳐 먹은 일도 없고 내 새끼에게 해코지 할까봐 땅도 세게 안 밟고 다니는데 내가 왜 죄인이란 말이오?"

상상을 초월할 정도인 주민들의 반응은 땀나게도 했지만, 때로는 큰 웃음을 짓게 만드는 일이 적지 않았다.

산골짝에 찬송의 소리가 메아리치고 성령의 기운이 돌면서 한 사람, 한 가정씩 주의 품에 안기기 시작했다. 믿는 자의 수가 날마다 늘어나 2년째 되던 해에는 교우가 70여 명, 주일학교 학생수가 40여 명에 이르렀다. 천막교회가 이렇게 활기에 넘치자, 교회의 부흥에 관한 소문이 정선군의 각 마을에까지 퍼질 정도가 되었다.

하루는 황정자 집사(정선읍 진흥철물)가 백금당 아주머니와 함께 나를 찾아왔다. 신월리 분교 뒤의 널찍한 땅을 기증할 테니 교회당을 지으라는 것이었다. 더군다나 건축자재는 자기 철물점에서 얼마든지 외상으로 대주겠다는 것이 아닌가. 교우들의 마음씀씀이에 감동하지 않을 수 없었다. 그때부터 교회당 건축을 위해서 집중적으로 기도했다. 그리고 나의 멘토이자 은사이신 김명혁 교수님(총신대 교수, 강변교회 원로목사, 한국복음주의 협의회 회장)께 이 사실을 말씀드렸다. 교수님은 선뜻 100만 원을 주시면서, "내가 강변교회를 개척할 때 미국에 사는 편애진 성도가 100만 원을 보내와서 매우 요긴하게 사용한 적이 있었는데, 이제 그 빚을 갚아야 할 때가 된 모양입니다"라고 말씀하셨다.

충현교회 청년부가 우리를 위해 기도할 때에는, 그 당시 충현교회 청년부 부감이었던 손명순 권사(김영삼 대통령 영부인)가 세 번에 걸쳐 500만 원을 헌금해 주셨다. 또한 여량 목재상에서 나무를 외상으로 주었고, 동도교회 친구 이성영(지금 동도교회 장로) 집사가 산골까지 내려와 전기공사를 무료로 해주었다. 신현 교회 성도들은 기초를 놓을 때 필요한 큰 돌들을 강가에서 날라왔으며, 매일 공사장에 나와 인력봉사를 하였다. 그 모두가 하나님께서 준비해 주셨다고 할 수밖에 없다.

나는 그 당시 산골목회의 진짜 맛을 보고 있었다. 지금도 그때를 회상하면 감사와 기쁨이 넘치면서 새로운 용기와 희망을 갖게 된다.

브라질로 초청했던 친구는 '북한선교의 문이 언제 열릴지 모르는데, 외국에 나가서 사역을 하다보면 더 쉽게 북한에 들어갈 기회가 생길 수도 있다'고 했다. 나는 그 말에 귀가 솔깃해져서 나도 모르게 말하고 말았다. "순조롭게 비자가 나오면 하나님의 뜻인 줄 알고 받아들이겠습니다." 그런데 의외로 쉽게 비자가 나왔고, 나는 하나님의 뜻으로 받아들일 수밖에 없었다.

그러나 그 모든 동기가 순수했다고는 할 수 없다. '기왕 갈 바에는 선교사로 가라!'는 것이 얼마나 무지하기 짝이 없는 충고였는지를 그 당시에는 몰랐다. 선교사 훈련은 고사하고 브라질에 대한 기본 정보와 상식적인 지식도 없었으며, 아무런 계획도 없는 상태에서, 나와 우리 가족은 브라질 제1의 상업도시 사웅 빠울루에 사역과 삶의 닻을 내린 것이었다. 나는 우물 안의 개구리나 누에고치 안의 나방과도 같았다. 문화와 환경이 우리와는 다른 바깥 세상에 대해 아는 것이 전혀 없었다. 그 당시 나와 내 아내는 제주도도 가본 적이 없을 정도였다. 그러나 애벌레는 때가 되면 고치를 뚫고 나와 나비가 되어 훨훨 날아가게 되어 있지 않은가. 나는 한국이란 누에고치를 벗어나, 우리나라의 85배나 되는 브라질 땅으로 오고 만 것이다.

# 선교의 대사령관이 하신 일

앙상한 나무가 한 그루 서 있을 뿐 황량하다고밖에 할 수 없는 어느 시골길에, 두 떠돌이가 실없는 말을 주고받으면서 '고도'라는 인물이 나타나기를 기다린다. 노벨 문학상을 받는 사무엘 베케트의 희곡 "고도를 기다리며"는, 그렇게 막이 열린다. 그리고 막이 닫힐 때까지 내내, 하염없는 기다림이 이어질 뿐이다. 그들이 기다리는 '고도'는 도대체 누구인가? 신인가, 죽음인가, 행복인가?

때로 우리 인생에는 이런 부조리극 같은 어처구니없는 기다림이 이어지는 경우가 적지 않다. 오랜 기다림 끝에 거기에 상응하는 꽃과 열매가 그동안의 수고를 보상해 주듯 기쁨과 보람을 안겨주면 좋으련만, 인생에서는 때로 오래고 오랜 기다림 끝에도 쓰디쓴 배반이 다시 한 번 인내를 시험하기 일쑤이다.

"거꾸로 매달아도 국방부 시계는 돌아간다"는 말이 있을 정도로 오랜 기다림 끝에 제대를 불과 며칠 앞두고, 그 모든 것을 뒤집어 엎어버리는 사건이 터지고 말았다. 31명의 무장공비가 대한민국의 청와대를 기습하여 대한민국의 대통령 박정희를 제거하려다 미수에 그친 사건이 하필이면 그때 벌어진 것이다. 김신조 일당으로 인해, 그토록 기다리고 기다리던 제대를 하지 못한 채 몇 개월을 더 복무하지 않으면 안 되었다. 더군다나, 막연히 기다림이 연장된 것만이 아니었다. 공수유격대에 뽑히는 바람에 삼청교육을 방불케 하는 고된 훈련을 받지 않으면 안 되었다. 아마도 대한민국 군대에서 개발된 기압이란 기압은 다 받아본 것 같다.

도대체 왜 하필 나에게만 이런 일이 생긴단 말인가? 하늘을 향해 무수히 물음표의 대포를 쏘아 올리던 시절이었다. 그런데 이제 와서는, 기억하기조차 싫을 정도로 힘들었던 유격공수 훈련이 사회생활은 물론 선교사역에 큰 힘이 되었다는 것을 고백하지 않을 수 없다. 유격장의 표어가 "안 되면 되게 하라"였다. 이것이 나도 모르게 내 마음의 밑바닥에 새겨졌던 것일까. 주님의 일을 하면서 "예"만 있었지, "아니오"는 아예 설 자리가 없었다. 돌이켜 보면 나는 늘 "내게 능력주시는 자 안에서 능치 못할 일이 없다"는 말씀을 의지하고 살았던 것 같다.

그 모든 일들이, 하나님께서 예비하신 선교사 훈련코스였다. 선교가 무엇인지도 모른 채로 받아든 선교사 파송장이었지만, 그것은 '나는 선교사'란 자아의식을 갖게 해주었고, 어떻게든 나로 하여금 선교를 하려고 노력하게끔 이끌어주었다.

무엇보다도 북한선교회 특공대 1호로 강원도 정선에 간 것은, 하나님의 물 샐 틈 없는 계획에 의한 것이었다. 이런 훈련과정을 통해 하나님께서는 '전적으로 하나님만 의지'할 것과, '오직 하나님의 은혜로'를 깨닫게 하셨다.

1978년경 안동 풍산 매곡교회에서 단독목회를 할 때의 일이다. 총신대학교를 다닐 때부터 북한선교회에 관심이 많았던 나는, 벽에 붙은 한 광고를 보고 발걸음을 멈춰 세웠다. 충현교회 김창인 목사가 이사장인 북한선교회에서 "북한선교 특공대"를 모집한다는 포스터였다. '언젠가 북한은 열릴 것이다. 그때를 대비해서 북한과 비슷한 환경 속에서 북한선교를 준비하고 훈련할 사람을 찾는다'는 내용이었다. 이것을 본 순간 가슴이 뛰었다. 나도 모르게 마음이 뜨거워졌다. 가족과 의논도 하지 않은 채 그 길로 달려가 자원하였고, 북한선교 특공대 1호로 세움을 입고 강원도 정선군 신월리로 보냄을 받았다. 그 전까지는 경상도 안동에서 목회를 열심히 하고 있었는데 교회를 사임하고 가족의 동의를 구한 다음, 낯선 강원도 정선 신월리를 찾아 떠났던 것이다.

내 인생에 있어서 안동 풍산 매곡은 많은 추억이 깃든 곳이다. 안동은 우리나라 최초의 선교본부가 있는 곳이다. 그런데 교단이 승동파와 연동파로 갈라졌고 교회도 통합과 합동으로 나누어 서로 비방하고 있었다. 필자가 매곡교회에 부임했을 때 처음 들은 질문이, "합동이요 통합이요?"였다. 그 정도로 두 교단이 첨예하게 대치하고 있는 상황이었다. 그런데 전적인 하나님의 은혜로 나는 동네 중앙에 서로 마주보고 있던 합동측 매곡교회와 통합측 교회를 합칠 수 있었다. 교회는 점점 부흥하였고, 청소년들이 가득하게 되었으며, 연합운동이 활발하게 일어났다. 참으로 재미있게 목회를 하고 있었다. 이러한 때에 교회를 사임하고 가기는 쉽지 않았다. 나는 교인들에게 사도행전 13장 말씀을 강해하면서 "안디옥교회가 주님께 순종하여 바울과 바나바를 따로 세우고, 금식하고 기도한 후 선교사로 파송했던 것처럼, 북한선교를 위하여 강원도 산골로 떠나는 우리 가정을 위해 기도해 달라"고 간절히 부탁했다. 그렇게 축복과 평강의 기원 속에서 우리 가정은 미지의 땅 강원도 정선을 향해 떠났던 것이다.

돌이켜보면 선교의 대사령관 되시는 주님은 나를 그곳에 보내어 성령의 능력과 권세를 보게 하셨고, 천하보다 귀한 한 영혼의 가치를 알게 하셨다. 가가호호 방문 전도하면서 문화충격을 받았고, 함께 할 리더들이 없으니 제자훈련을 시작하지 않으면 안 되었다. 이곳에서 리더의 소중함을 실감하면서 깨달은 진리는, 하나님의 교회는 하나님이 세워 가신다는 것, 하나님의 사람은 하나님이 키워 가시면서 참으로 부족하고 어리석은 사람이라도 다 사용하신다는 것이었다.

어느 날, 한 남자가 찾아와서 소가 쓰러졌다면서 소를 위해 기도를 해 달라고 했다. 그런 이야기는 듣지도 보지도 못했던 터였다. 목사가 소를 위해 기도를 한다고? 난처한 일이 아닐 수 없었다. 그러나 소가 전 재산인 이들에게는 세상이 무너지는 일이었다. 나는 서울에 있는 교수님께 전화를 드렸다. "이런 경우에는 어떻게 하면 좋지요?"

"한 손은 소를 향하고 다른 한 손은 소 주인의 손을 잡고 간절한 마음을 기도를 해주게. 그러면 될 것 같네만."

옆에서 지켜보던 나의 외할머니는, 짚에다 굵은 소금을 한 움큼 뿌린 다음 소 혓바닥을 박박 문질러 주면서 기도를 해주라고 하셨다. 나는 두 분이 제시한 방법을 그대로 실행한 다음, 꽁지가 빠지게 집으로 돌아왔다.

다음날, 소 주인이 찾아와서 다급한 목소리로 나를 불렀다. 가슴이 쿵 내려앉았다. "소가 죽었구나!"

그런데 아니었다. 오히려 그 반대였다. 주인은 소가 살아나서 여물을 먹고 정상으로 돌아왔다면서 감사의 눈물을 철철 흘리는 것이었다.

# 치열한 영적 전투

우리 주님께서는 나를 타문화권으로 파송하시기 전에 만 3년 동안 갖가지 시련과 고통으로 담금질하셨다. 악령과 성령의 역사를 체험하게 하시고, 단기 선교단 영접과 함께하는 전도훈련 등을 통해 '전적인 하나님의 은혜'를 알게 하셨다. 때마다 일마다 성령님의 능력을 체험하게 하셨다. 하나님의 말씀은 희망이 없는 노년들에게 하늘나라의 소망과 꿈을 꾸게 하셨고, 교육과는 거리가 먼 환경 속에서 자라는 청소년들에게 이상을 갖게 하면서 정체성을 찾게 하셨다.

나는 복음을 전혀 접촉해 보지 못한 이들에게 "천부여 의지 없어서 손들고 옵니다" 등의 찬송을 가르쳤고, 주기도문과 사도신경을 비롯한 성경말씀을 가르치면서 예수 그리스도의 사랑과 구원의 진리를 선포했다. 주님을 영접한 자에게는 세례를 주었고, 주님이 분부한 모든 것을 가르치고 지키도록 훈련을 시켰다.

　　교회도 없고 교인도 없는 산간벽지로 나를 부르신 하나님께서
는 늘 나와 함께 하셨다. 지금 와서 생각해 보면, 이 모든 과정은
나를 브라질에 보내시기 위해 훈련하신 것 같다. 성령께서 친히
훈련하신 과목을 정리해보면:

　　첫째, 선교는 영적 전쟁임을 가르쳐 주셨다.

　　신월리는 각종 귀신들이 득실대는 곳이었다. 세터에 사는
홍다남 씨 가정을 심방했을 당시의 일이다. 심방대원은 모두 초신
자로, 이제 겨우 "천부여 의지 없어서" 찬송을 한 곡 정도 배운
상태의 교인이었다. 산골집에 도착하니 우리 일행을 반갑게 맞이
하고는, 솥에 물을 부어 찰옥수수와 감자를 삶았다.

　　나는 항상 예배를 드리기 전에 "이 집에 섬기는 것이 무엇이
있느냐?"라고 묻고는, "하나님은 내 앞에 다른 신을 두지 말라
하셨다"고 가르쳤다. 그리고 기둥에 올려놓은 성주귀신, 용단지
등을 깨뜨리고 불에 태운 뒤 예배를 드렸다. 그런데 갑자기 마당에
있는 개가 소스라치게 짖기 시작했다. 그때 여러 사람들이 섬뜩함
을 동시에 느꼈다. 우리를 친절한 미소로 반갑게 영접했던 주인
홍다남 씨가 눈이 뒤집히더니 "다 나가라!"고 소리를 질렀다.
전에 경기도 신장에서 목회할 때 목격한 경험이 있는지라 귀신의
역사임을 알아차릴 수 있었다. "이것은 예배를 방해하는 귀신의
역사이니 모두 큰소리로 주여! 하고 부르짖으라"고 말했다. 나는
홍다남 씨의 머리를 붙잡고 큰 소리로 간절히 기도했다. 그때
함께 간 초신자에게서 방언이 나오고, 온 교우들이 성령이 충만한

능력과 권세를 경험하였다.

홍씨는 귀신이 떠나가자 다시 평온한 얼굴로 돌아와 예배를 드렸다. 우리는 영광을 하나님께 돌리고, 찰옥수수와 감자를 나누며 기쁨과 감사가 가득한 시간을 가졌다. 헤어질 시간이 되자 한 초등학생이 "잠을 주무실 때는 성경책을 품에 꼭 안고 주무세요. 귀신이 못 건드릴 것이에요"라고 했다.

이 소식이 삽시간에 온 동네에 퍼지게 되어, 강팍한 주민들이 하나 둘씩 교회로 모이기 시작했다. 특별히 감사한 것은, 전도를 하지 않았는데도 작두 위에서 춤을 추곤 하던 무당이 스스로 모든 것을 버리고 병든 딸과 함께 교회로 찾아든 일이다. 모녀는 정말 열심히 주를 섬겼다. 하지만 어쩌다 예배 중에 악신이 임하기라도 하면, 전직 무당은 얼굴빛이 까맣게 변하곤 했다. 그런 일이 생기면 설교를 하다가도 즉시 멈추고 전 교우로 하여금 힘차게 찬송을 부르게 하면서 기도를 했다. 그때마다 악한 영은 견디지 못하고 떠나갔다. 그런 다음에는 모두가 다 함께 평강과 기쁨의 충만함을 경험했다. 하나님은 모태신자인 나에게 이러한 영적 전투를 경험하게 하셨다.

브라질은 악령의 역사가 강하게 나타나는 지역이다. 브라질 선교를 위한 문화인류학적 접근을 시도한 장화경 박사는 아프로-브라질 종교를 논하면서, 이는 아프리카 종교의 황홀경, 빙의, 조령숭배, 우상숭배뿐 아니라 가톨릭의 성자숭배와 제의, 인디오의 정령숭배와 치유술, 유럽의 마술, 심령과학, 영의 진보사상,

힌두교의 환생 등이 혼합된 형태로, 전 세계적으로 확장되어 가는 추세라고 지적했다. 이런 브라질에서 선교를 하려면 영적 전쟁은 피할 수 없는 것이기에 주님은 나를 강원도 산골에서 미리 훈련시키신 것이다.

둘째, 여호와이레 하나님을 믿고 의지하는 훈련을 시키셨다.

하나님은 아브라함에게 이삭을 데리고 모리아 땅으로 가서 "내가 지시하는 한 산 거기서 번제로 드리라"(창 22:2)고 하셨다. 이 말씀은 아브라함의 믿음을 시험하시기 위함이라기보다는, 하나님께서 우리보다 앞서 준비하시는 분임을 알게 하시려는 것이 아니었을까. 아들 이삭이 "불과 나무는 있거니와 번제할 어린양은 어디 있나이까?"라고 질문하자 아브라함은 "하나님이 친히 준비하시리라"고 대답한다. 그리고 아들을 결박하여 번제를 드리려고 할 때, 여호와의 사자가 급히 아브라함을 부르시며 말씀하신다. "이제야 네가 하나님을 경외하는 줄 아노라." 아브라함이 눈을 들었을 때, 하나님께서 미리 준비하신 숫양을 보았다. 여호와이레 하나님을 믿게 하신 것이다.

주님은 나를 불러 산골에 복음을 전하게 하시고, 예수를 영접한 자들에게 세례를 베풀고 교회를 세우게 하시고, 정기적인 예배를 드리면서 예배당을 건축하게 하셨다. 이때 여호와 이레 하나님은 이미 이곳에 땅을 준비해 놓고 있는 사람의 마음에 감동을 주시어 헌금케 하시고, 준비하신 그 땅 위에 예비하신 건축 자료들로 채워주셨으며, 생각도 못했던 특별한 건축가들의 자원봉사로 정선읍에서 빠지지 않는 좋은 예배당을 짓게 하시었다. 하나님께서는 우리보다 앞서 준비하시고 계신다는 것을 연속하여 경험하게 해주셨다. 믿고 순종하는 사람을 통하여 구원을 베푸시고, 은혜 안에 거하게 하시며, 부족함이 없이 가장 좋은 것으로 채워 주시고 축복하시어, 오직 하나님만을 의지하도록 훈련시키셨다. 산골전도를 하면서 하나님은 주님을 사랑하는 자들을 통해 선한 일을 이루어 가신다는 사실을 수도 없이 경험하였다.

예배당 건축도, 노인들의 평생소원인 '한양 나들이'도, 청소년들에게 꿈과 비전을 심어주어 도시에 나가 공부하고 일할 수 있는 자리도, 하나님께서는 여호와 이레로 준비해 주셨다.

셋째, 고난은 축복의 통로임을 알게 하셨다.

세상적인 눈으로 보면 나와 우리 가족의 모습은 비참하기 짝이 없었다. 그러나 강원도 산골짜기에서 만난 하나님은 전지전능한 분이셨다. 승리의 하나님이셨다. 불신으로 가득했던 사람들이 회개하고 돌아와, 하나님의 선하심과 인자하심을 깨닫고 현실의 고난 속에서 주를 바라보며 하나님의 축복을 경험하고 간증하는 일이 이어졌다. 엄청난 비로 말미암아 지도가 바뀔 정도로 모든 것을 쓸어갔지만, 홍수보다 더 큰 축복을 경험하게 하셨다. 다리가 끊어지고 집들이 붕괴되는 산사태 속에서도, 천막교회와 교회 바로 밑에 자리한 사택은 끄떡없었다. 사람들은 믿는 자를 보호하시는 하나님을 목격하고는 경이의 눈을 크게 떴다.

하나님은 나를 훈련시키셨고, 고난을 통한 하나님의 축복을

체험케 하신 후에 능력과 권세자이신 주님과 함께 브라질로 보내셨
다. 그리고 33년의 세월 동안, 주님과 함께 선교하도록 축복을
내려 주셨다.

# "앎"이 형성되기까지

브라질 한인교회에서는 선교에 대한 설교를 듣고 싶어 하지 않았지만, 나는 하나님의 명령에 따르기로 했다. 나는 하나님이 주신 선교사명의 수행과 축복에 대한 이야기를 멈추지 않았다.

브라질에 사는 교민들 대부분은 의류계통의 산업에 종사하고 있다. 즉, 원단공장, 원단 판매, 의류 제조공장, 옷 판매(도매, 중간도매, 소매), 옷에 다는 각종 부속가게, 바느질 집 등에 종사한다. 한국에 살 때는 옷에 대한 상식이 전혀 없던 사람도 브라질에 도착하면 의류 제조업에 뛰어든다.

자리를 잡은 교민들은 아침 일찍부터 일터에 나가 밤늦게까지 일하기 때문에 최고급 아파트에 살지만, 부대시설인 수영장, 사우나, 산책길은 식모들이 누리고 냉장고 안에 고기와 과일을 비롯한 음식물을 가득 채워 놓지만 이것 역시 식모와 객들이 먹어 치운다. 자식들은 어느새 부쩍 성장하여 브라질어를 못하는 부모를 무식하

브라질의 어린이들이 나의 생일을 축하해 주고 있다.

고 야만스럽다며 무시하고 곁길로 나간다. 몸은 이곳저곳 아프기만 하고 일 하느라 고생만 하지 삶의 즐거움을 누리지는 못한다. 바로 이러한 사람들이 교민교회에 찾아와 위로를 받고자 한다.

나는, 성도들이 상업주의와 향락에 빠지지 않도록 권면했고 불우한 이웃을 향해 선교적 봉사를 하도록 가르쳤다. 성경공부, 심방, 면담을 하면서 한 사람 한 사람에게 다가가 선교적 꿈과 비전을 나누었다. 그리고 하나님 사랑을 경험하며 선교의 기쁨과 행복을 누릴 수 있는 기회를 만들어 갔다. 돈만 내는 선교를 지양하고, 대접하고 나누며 희생하고 동참하는 시간을 가지려고 애썼다.

하나님께서는 말씀 안에서 교회를 자라나게 하셨다. 6년이란 세월이 흐르자 성도들과 나 사이에는 '앎'이 형성되었다. 눈빛만 보아도 서로를 생각을 알게 되었고, 비로소 성도들 사이에 선교사역의 기운이 감돌아 믿음의 역사가 시작되었다.

나는 선한 목자라 내가 내 양을 알고 양도 나를 아는 것이 아버지께서 나를 아시고 내가 아버지를 아는 것 같으니(요 10:14-15).

성도들은 나의 연약한 모습 그대로를 좋아하고 받아들이기 시작했다. 나 또한 성도들의 독특한 개성과 연약함을 그대로 수용하기 시작했다. 우는 자들과 함께 울고 즐거워하는 자들과 함께 기뻐하며 살아가면서 하나님의 뜻을 좇으니 교회는 부흥하였고, 성도들은 행복한 마음으로 교회를 사랑하게 되었다. 비로소 선교하는 교회가 될 수 있었다.

그래도 이민목회는 만만치 않았다. 이민자들은 모두가 나름 똑똑했지만, 새 땅에 옮겨 심은 나무처럼 뿌리를 내리지 못해 힘이 없었다. 『뿌리째 뽑힌 사람들』의 저자 핸드린(Oscar Handlin)은 다음과 같은 날카로운 관찰로 이민자들의 생활을 묘사하고 있다.

이민의 역사는 한 세계를 떠나 새로운 세계에 순응하려는 사람들의 삶과 활동 속에서 소외와 분리로 인한 충격의 결과의 역사이며 그리고 붕괴의 역사이다. 그들은 뿌리째 뽑혀 있기 때문에 위기 속에서 산다. 이식되는 과정에서 먼저 있던 뿌리가

끊어지고 아직 새 뿌리가 자리를 잡기 전 이민자들은 극한
상황에 놓이게 된다.

브라질 한인 디아스포라들은 이민생활 자체에 대해서 별로
아는 것 없이, 미지의 세계에 대한 엄청난 기대와 희망을 안고
브라질에 들어왔다. 그러나 기대와는 달리, 삶은 고달프고 외로웠
다. 그래서 한국말을 하고 한국 음식을 먹고 생활정보를 얻을
수 있는 교회로 모여 들었다. 그렇기 때문에 이민교회는 신앙
중심의 모임이라기보다는 가족 중심, 이권과 관계된 모임, 학연,
지연, 심지어 비행기 동창이라며 끼리끼리 모이는 장소라고 할
수 있었다. 어려움과 곤란도 각양각색이었다.

교회는 만남의 장소이다. 나의 스승이신 김의환 목사님은
"우리가 믿는 하나님은 일요일만의 하나님이 아니라 월요일의
하나님도 되신다"고 하셨다. 그런데 교민교회를 보면, 월요일만이
아니라 주일에도 장사, 거래, 정보교환, 계 등을 목적으로 오는
사람들이 있다. 교회를 비방하고 멀리하다가도 선물을 사들고,
또는 잘 아는 교인을 앞세우고, "앞으로 잘 믿고 봉사하겠다"면서
"집을 얻으려고 하는데 피아돌(fiador, 보증) 좀 서 달라"고 부탁을
한다. 성도들 간에 이권 문제로 싸움이 일기도 하고, 왕따를 생성하
기도 한다. 이런 유형의 문제들로 인해서 말도 없이 교회를 떠나는
사람이 적지 않다.

이민목회는 요람에서 무덤까지 전 삶을 돌보아 주어야 하기
때문에 신앙의 본질적인 문제보다 비본질적인 문제에 더 많은

시간과 에너지를 소비하는 사역이다.

대부분의 교우들은 전화번호부 첫머리에 큰 글씨로 교회와 목사의 사택 전화번호를 적어 놓았다. 공항에서 출발한 이민자들의 삶 속에서 목사는 변호사이자 복덕방의 공인중개사, 해결사였다. 병원 안내인이자, 툭 하면 경찰서 출입까지 해야 하는 24시 비상 근무자였다. 이렇게 성도들을 돌보아도 원망과 불평, 심지어 악담까지 들을 때가 적지 않았다.

목회에 싫증과 권태가 오기 시작했다. 나는 이제 어디로 가야 하나? 어느 날, "하나님! 내가 무엇을 하여야 하리이까?"라고 하나님 앞에 질문을 쏟아냈다. 그 당시에는 하나님의 교회를 섬기는 것이 위선 같았다. 차라리 평신도로 돌아가 본이 되는 성도의 삶을 사는 것이 하나님 앞에서 더 옳은 길이 아닐까? 나는 결국 목회자의 길을 포기할 결심까지 하기에 이르렀다.

이민교회 안에는 분쟁을 일어날 경우에 목사를 찾아와 항의하고 자기 편에 서달라는 사람이 많다. 어떤 사람은 상대방에게 돈을 받아 달라고 했고, 또 어떤 사람은 설교 단상에서 상대방을 구체적으로 가리켜 보이면서 쫓아내라고 윽박지르기도 했다. 그리고 노골적으로 애정을 표현하는 사람이 있는가 하면, 작은 것을 주고 생색내며 목사를 애매한 자리에 세우기도 했다. 대부분의 사람들이 목회자의 말에 순종하고 마음을 다해 위로하고 정성을 다해 물질로 섬기고 있지만, 더러는 참기 어려운 모욕적인 말과 태도로 시비하고 비방하는 사람들을 대해야만 했다. 주위 사람들은 "목사니까 참아야 한다"고 권면했다. "정말 그래야만 하는가?" 뱃속에서부터 울분이 끓어올랐고, 목회의 보람과 의미가 상실되었다. 목회 자체가 싫어졌다. 그래서 그 누구와도 의논하지 않고 목회를 그만두려 했다.

기도원에 올라가 기도를 하면, 하나님이 들어주실 것 같지 않았다. 그래서 평소에 존경하던, 파라과이 아순시온에서 목회하는 김재창 목사님을 모시고 부흥회를 한 후에 목회 일선에서 떠나야겠다고 생각했다. 그리고 김목사님을 만나러 파라과이로 가기 위해서 차의 시동을 걸었다.

사웅 빠울루에서 파라과이로 가는 길은 산길이었고 까미냐웅(Caminhão, 트럭)이 많이 다녔다. 그 거리는, 서울에서 부산만큼 간 다음 700km를 더 가야 하는 길이다. 나는 아침 일찍 사웅 빠울루를 출발하여 14시간을 쉬지 않고 달렸다. 졸음이 쏟아졌다. 숙소를 찾았지만 모텔밖에 없었다. 브라질의 모텔은 남녀가 자동차를 타고 들어와 잠시 쉬었다가 가는 곳이었다. 그런 문화를 알지 못했던 나는 모텔에 들어가서 방을 달라고 사정까지 했지만 퇴짜를 맞았다. 하는 수 없이 한 시간 반 정도 더 달려 이과수 폭포 근처에 가서 숙소를 잡기로 마음먹고, 밤길을 달리기 시작했다. 저절로 감겨지는 눈을 애써 부릅뜨곤 했다. 그러나 나도 모르게 운전대를 붙잡고 잠이 들었던가 보다.

나는 숲 속 눅눅한 바닥에서 눈을 떴다. 자동차는 거꾸로 누워서 하늘을 향해 헤드라이트를 비추고 있었다. 얼굴을 쓸어보니 손에 끈적끈적한 것이 묻어났다. 불빛에 비춰보니 피였다. 온몸에서 통증이 느껴졌다. "사고가 났구나!" 그러나 주변에는 아무도 없었다. 칠흑 같은 어둠만이 짙게 깔려 있었다. 간혹 멀리에서 자동차 불빛이 비쳐 오긴 했지만, 나의 외침은 무참히 묻혀버렸다. 지금 생각하면 무슨 힘으로 10미터 골짜기를 올라올 수 있었는지 모르겠다.

도로변에 간신히 몸을 가누고 서서, 지나가는 차를 향해 손을 흔들었지만 모두 그냥 지나가버렸다. 저 멀리 불을 밝히고 있는 집이 눈에 들어왔다. 초인종을 눌렀다. "껭 에?"(quem e?, 누구냐?) "소꼬호!"(Socorro!, 도와주세요!) 그러나 그 집에서는 곧바로 불을 꺼버렸다. 나는 다시 길로 나와, 자동차를 향해 구조를 호소했다. 몇 대의 차를 보낸 후에야 차 한 대가 멈춰 섰고, 나를 가까운 병원에 데려다 주었다.

병원에서는 아무런 응급조치도 하지 않은 채, 나를 짐짝처럼 내버려 두었다. 정신이 희미해져 갔다. 그때 주머니 속에 들어 있는 현찰이 생각났다. 돈을 꺼내 간호사와 경비에게 주자, 그들은 금세 병실로 옮겨주고 목욕을 시켜 주더니, "침대가 불편하지 않느냐?" "무엇을 도와줄까?" 물으며 친절을 베풀었다. 그 일이 있은 후로 나는 여행을 떠날 때면 언제나 현찰을 지니고 다닌다. 다음날, 사웅 빠울루의 일본문화회관 의료실에 가서 엑스레이를 찍어 본 후에야 갈비뼈가 일곱 대나 부러졌음을 알았다.

다시스로 도망치던 요나의 길을 태풍으로 막으신 하나님께서 나의 길 또한 가로막으셨던 것이다. 하나님께 감히 묻지 않을 수 없었다. "하나님, 내가 무엇을 어찌 하리이까? 나는 힘이 없고, 나로 인해 상처 입은 사람이 생기고 있는데, 무엇을 어떻게 하라고 내 길을 막으시나이까?"

하나님은 나에게 에베소서 3장 17-20절 말씀을 주셨다.

> 믿음으로 말미암아 그리스도께서 너희 마음에 계시게 하시옵고 너희가 사랑 가운데서 뿌리가 박히고 터가 굳어져서 능히 모든 성도와 함께 지식에 넘치는 그리스도의 사랑을 알고 그 너비와 길이와 높이와 깊이가 어떠함을 깨달아 하나님의 모든 충만하신 것으로 너희에게 충만하게 하시기를 구하노라.

주 예수 그리스도께로 발걸음을 돌이켜, 모든 성도와 함께 지식을 초월하는 예수님의 사랑을 깨닫게 하실 것이라는 말씀은 나에게 큰 힘이 되었고, 다시 주님이 명하신 길로 돌아오게 해주셨다. 나는 하나님의 사랑의 넓이와 길이와 높이와 깊이가 어떠한지를 몰라 방황했고, 낙심한 가운데 목회를 포기하려 했던 것이다. 나의 구하는 것이나 생각하는 것을 초월하여 풍성하게 축복하고자 하시는 하나님의 사랑을 전혀 깨닫지 못한 채 다시스로 향하던 나의 발걸음은 그렇게 극적으로 돌이켜졌다.

# 발리에서 만난 사람들

교민목회 사역 6년 동안 경제적 사정이 여의치 않아 여행을 할 수 있는 기회나 마음의 여유가 없이 지냈다. 그런데 1988년, 그러니까 사역 7년째 되었을 때 내게도 비로소 여행할 수 있는 기회가 생겼다.

교통사고 후 새롭게 하나님의 선하신 뜻을 깨닫고 마음을 다해 교회를 돌보았고 믿는 자의 수가 점점 많아졌다. 재정 형편이 좋아진 교회는 나에게 한국을 방문할 수 있는 기회를 주었다. 당회와 제직회가 나의 한국방문 여행을 결정하자, 각 전도회와 개인들이 100불, 200불씩 여행경비를 지원해 주었다.

첫 나들이! 나에게는 감격적인 날이었다. 나는 두 갈래 길을 놓고 고민하였다. 보고 싶은 부모님이 계신 한국으로 갈 것인가? 아니면 선교지를 돌아보며 선교를 배울 것인가? 기도하는 가운데 선교를 배우기로 결정했다. 때마침 국제선교 협력기구의 조동진 목사님께서 KIM 창립 20주년기념으로 인도네시아 발리에서 하는 '2000년대를 위한 정책회의'에 초대해 주셨다. 이 회의로 나는 견문을 넓히고 구체적인 선교비전을 갖게 되었다.

인도네시아로 가는 길에 미국에 들러 윌리엄캐리 신학교와 선교원을 방문하였다. 나는 신학생들에게서 선교의 뜨거운 열정을 느꼈다. 특히 선교지의 역사와 문화를 미리 공부하는 것을 보고는 내가 얼마나 생각 없이 도전해 왔었는지 깊이 반성하게 되었다.

기숙사에서 생활하는 학생들을 보고는 풍요로운 미국이지만 신학생들은 가난하고 힘들게 살고 있다는 생각이 들었다. 브라질에서 미국으로 유학 온 김용식, 지덕진, 황은철 형제들이 참으로 어렵게 공부를 하고 있는 것도 보게 되었다. 그들은 폐차 일보 직전의 차를 타고 다녔고, 방 하나에 온 식구들이 자면서 1달러가 크게 보이는 생활들을 하고 있었다. 나는 그들을 음식점에 불러 모아 고기를 마음껏 먹게 해주고, 생활에 필요한 것을 살 수 있도록 달러를 조금씩 나누어 주었다.

윌리엄캐리 신학교에서는 세계 선교동향을 보았고, 새로운 선교정보를 접하였다. 또한 미국의 일행과 함께 싱가포르를 방문하였다. 거기서는 손중철 목사님의 안내로 OMF와 로잔 선교부를 방문하여 동 선교부의 선교활동 및 역사를 배웠다.

인도네시아는 섬나라다. 1만 8천 개의 섬 중 하나가 발리섬인데, 인도네시아의 수도는 자카르타이지만 관광산업 쪽으로는 발리가 수도 역할을 한다. 적도 약간 남쪽에 있는 발리에서는 맑고 화창한 하늘과 에메랄드 빛 바다가 맞닿아 있는 듯했는데, 어디가 하늘이고 어디가 바다인지 구별이 안 되었다. 브라질에도 아름다운 해변이 많지만, 인도양의 태양과 하늘, 바다의 모습도 신비롭고 아름다웠다.

눈망울이 크고 검은 댄서들의 춤은 선정적이었다. 그녀들의 모습을 지켜보고 있자니 나도 모르게 하와를 넘어뜨린 뱀이 연상되었다. 하늘과 땅과 바다에는 우상이 들끓고 있었고, 거리마다 종교적인 색채가 드리워져 있었다. 인도네시아 사람의 90%가 이슬람교도인데 비해, 발리에서는 90% 이상이 힌두교를 믿는다. 발리는 '신들의 섬'이라고 불릴 만큼 각종 신들과 신전들로 거리가 꽉 차 있었다. 그러나 거리에는 "One dollar!"를 외치며 손을 내미는 거지들이 넘쳐나고 있었다. 그런 풍경은 그들이 믿는 종교들의 품위를 손상시키는 것 같았다.

선교사는 그 나라의 문화를 분석하고 비판적으로 수용할 수 있어야 한다. 선교지의 문화를 고국의 문화와 비교하고 저울질하면서 자문화우월주의가 생겨서는 안 된다.

인도네시아에는 화장실에 휴지가 없었다. 휴지를 사용하지 않았다. 한 번은 대궐 같은 큰 집에 초대받아 하룻밤을 지내게 되었다. 주인은 우리를 위해서 미국 유학을 마치고 돌아온 딸에게 피아노를 연주하게 했다. 음악을 들으며 진수성찬을 대접받았으나 수저가 없어서 몹시 당황했다. 선배인 서만수 선교사님이 시범을 보여주셨다. 먼저 물그릇에 손을 씻고 그 손으로 음식을 뭉쳐 먹었다. 진짜 문제는 화장실이었다. 용무를 마치고 아무리 둘러봐도 휴지가 없었다. 물동이와 조롱박 밖에 없었다. 비상 상황을 나름대로 슬기롭게 해결한 뒤, 주인에게 "어떻게 미개인들처럼 화장실에 휴지가 없느냐?"고 물으니, 그는 "미개인의 기준이 무엇이냐?"고 반문했다. 나는 "갖출 것을 갖추고 불편 없이 사는 것이 현대인이고, 불편한 것을 모르고 있는 그대로 사는 것이 미개인이 아니냐?"라고 대답했다. 그러자 주인은 "깨끗하게 위생적으로 사는 것이 문명인이냐, 지저분하게 비위생적으로 사는 것이 문명인이냐?"라고 되묻는 것이었다. 나는 당연하다는 듯이, 깨끗하고 위생적으로 사는 것이 문명인이라고 답했다. 그러자 주인의 반론이 이어졌다. 자기네 나라 사람들은 볼 일을 본 다음 물로 깨끗이 씻고 살기 때문에 치질 환자가 하나도 없다는 것이다. 휴지를 늘 사용하는 소위 문명인들 중에는 많은 이들이 치질로 고생하고 속옷에 배설물을 묻히고 다니기도 하는 것이 실상 아니냐는 것이었다. 어느 쪽이 진짜 문명인이라고 생각하느냐고 하면서, 손으로 음식을 먹는 문화에 대해서도 그럴듯한 이유를 들이댔다.

"음식은 무엇보다도 맛있게 먹어야 하지 않겠소? 그렇다면 수저를 사용하여 먹는 것보다는 손으로 맛을 음미하며 먹는 것이 훨씬 성경적이라고 생각하는데, 내 생각이 틀렸소?"


40여 일간의 선교지 답사와 '88발리선교정책회의'는 나에게 새로운 선교정보들을 쏟아부어 주었다. 톡톡히 길안내를 받은 기분이었다. 2000년대를 위한 선교정책회의였는데, 서구선교사들의 정책과 전략에서 벗어나 제 3세계 선교사역과 지도자 리더십 개발을 하자는 내용이 인상 깊었다.

또한 그곳에서 활발하게 활동 중인 서만수, 이은무, 김병선, 안성원 선교사를 비롯하여 많은 선교사들을 만날 수 있었다. 나아가 초대 중국선교사인 방지일 목사, 인도네시아 선교회 총재 패트로스 옥타비아누스, 일본 안디옥선교회 총재 오쿠아마 미노루, 로잔의 대표 토마스 왕, OMF의 제임스 테일러, 성경학자 데니스 레인, 한국이 낳은 선교지도자 조동진 목사님을 만난 것은 나에게 주신 하나님의 큰 은혜였다. 그리고 한국과 미국에서 선교에 관심을 갖고 일하시는 고인호, 조천일, 조동소, 이승재, 이동준, 장경두, 이영희, 서혜은, 박병창, 유용규 목사와, 박종호 장로 등과 교제할 수 있었고 유대관계를 갖게 되었다. 이러한 배움과 만남 속에서 나는 브라질 선교의 방향을 비로소 정할 수 있었다. 현지인들과 함께하는 선교회를 조직하여 교회개척사역, 학원사역, 복지사역, 지도자 재교육, 그리고 선교부를 강화하여 정책과 전략을 세우는 선교사역을 하고자 마음먹었다.

# 그분들이 있었기에

지금까지 목회자로, 선교사로 살면서 가장 의미 있었던 일은 만남과 나눔과 섬김의 기회를 얻은 것이라고 생각한다. 나의 삶을 이끌어 준 좋은 선배를 소개하라면 방지일 목사님, 김명혁 목사님, 김득원 목사님, 조동진 목사님, 김용천 목사님, 서만수 선교사님을 꼽을 수 있다.

발리 선교정책회의에 다녀온 후 디아스포라 한인교회와 함께 선교하려면 교인들의 패러다임을 바꾸는 것이 꼭 필요하다는 생각이 절실해졌다. 그래서 방지일 목사님, 조동진 목사님, 임동선 목사님, 유용규 목사님과 양은순 사모님을 초청하여 선교부흥회, 선교세미나 등을 가졌다. 브라질에서 출발하여 라틴 아메리카를 무대로 삼고 선교를 하기 위해서는 교우들의 고정관념과 잘못된 선교의식을 바꾸지 않으면 안 되었다. 비본질적인 요소를 배제하고 본질적인 문제를 구체적으로 다루며 실천 항목들을 세워 나가기 시작했다. 이러한 과정을 통해, 누구보다도 나 자신이 먼저 선교의 대선배이신 많은 분들에게 선교를 배우기 시작했다.

특히 방지일 목사님은 네 번이나 브라질에 오셨다. 한 번 오실 때마다 20여 일 동안 함께 생활하면서 가까이에서 많은 것을 배울 수 있었다.

방지일 목사님과 함께. 목사님은 마치 비밀의 상자를 열어 보이듯 선교의 비결을 전수해 주셨다.

말씀운동과 경건훈련, 선교지 문화이해와 환경적응의 비결을 마치 비밀의 상자를 열어보이듯 가르쳐 주셨다. 방목사님은 소식(小食)을 하시는 분으로, 과일과 빵을 좋아하셨다. 새벽 2-3시면 일어나 성경을 필사하시면서 그때그때 하나님께서 주시는 영감을 기록하셨는데, 이것이 그분의 강해설교집이 되었다. 비행기 여행보다 육로여행을 좋아하셨으며, 지역의 문화와 토속음식에 관심이 많으셨다. 한국 방문 때 찾아뵈면, 새로운 음식을 대접하기 위해 의정부, 광명시, 남한산성, 일산 등에 소재한 특별한 음식점을 데려가곤 하셨다. 음식은 문화이며, 리더가 익혀야 할 필수과목이 음식을 대접하는 일이라면서, 식당에 들어갈 때마다 다른 사람이 음식값을 낼 수 없도록 먼저 식비를 주인에게 치르고 기쁨으로 대접해 주셨다.

주무실 때에는 언제나 넥타이를 맨 채로 주무셨다. 물론

느슨하게 풀린 상태이긴 했지만. "왜 넥타이를 매고 주무세요?"라고 물으니, 언제 어느 때에 하나님이 부르실지 모르는데 늘 준비가 된 상태이고 싶다고 하셨다. 있는 모습 그대로 하늘나라에 가기 위함이라는 것이다. 항상 재림의 주님을 기다리며 보혈의 복음을 전하시는 목사님은, 신랑 되시는 주님과 아가서에 나타난 신부와 같이 하나님과 사랑을 속삭이는 분이셨다. 본 대로 느낀 대로 하나라도 후배 사역자들에게 나눠주시기 위하여 최선, 최상의 삶을 사셨다.

조동진 목사님을 통해서는 다른 나라 선교단체와의 협약과 약정의 중요성을 깨우치게 되었고, 함께 일할 수 있는 바탕을 만들어 협력하는 선교가 이상적임을 알게 되었다. 조 목사님은 선교단체 대표들과 만나 미래 선교적 문제를 의논하고 협력할 수 있는 방안을 제시하셨다. 또한 선교인재를 발굴, 육성하여 각처에 일거리를 제공하거나 배움과 만남의 기회를 제공하셨다. 조 목사님은, 하나님께서 한국교회에 이처럼 크고, 힘있고, 왕성하고, 넘치는 세력을 주신 것은 복음의 불모지에 대한 책임을 감당케 하기 위함이라면서, 우리가 이 책임을 외면하면 "하나님께서는 촛대를 옮기실 것"이라며 선교사명에 충실하자는 말씀을 하셨다.

유용규 목사님과 양은순 사모님을 통해서는 가정사역의 중요성과 가정을 통한 선교사역 운동을 펼쳐 나가는 길을 배웠다. 유용규 목사는 성격이 급한 반면에 마음이 따뜻하고 섬세하다. 양은순 사모는 목사님을 내조하면서 가정주부답게 분위기를 잘 만들어 격려와 위로 속에 누구나 평안히 대화하며 즐겁게 지낼

수 있게 한다. 참으로 아름다움을 창조하는 이상적 부부라 할
수 있다.

　　준비되지 못한 채 현장 깊숙이 뛰어든 미련한 나에게 하나님께
서는 이 모양 저 모양으로 다가온 앞선 사역자들을 통하여 선교사
역자로서 갖추어야 할 여러 가지 소양들을 마련해 주셨을 뿐
아니라 많은 교훈과 격려를 통하여 선교적 비전을 견고히 다지게
해주었다.

# 한백선교회의 어제와 오늘

　무작정 브라질로 뛰어든 미숙한 내가 라틴아메리카를 무대로 삼아 미약하나마 33년간 브라질에서 선교운동을 할 수 있게 되었던 것은 전적으로 하나님의 은혜이다. 선교지를 답사하지 않았고 지역도 언어도 알지 못한 채 선교지의 땅을 밟은 자에게 하나님께서는 좋은 분들과 만남을 갖게 해주셨다. 이곳에 있는 선교단체와 아무런 협약도 없이 왔는데도, 은혜 가운데 여러 교단과 선교단체와 유대관계를 갖게 해주셨다.

　발리 선교여행을 마치고 돌아오면서 협력 선교의 중요성을 깨닫고 뜻이 있는 동지들을 규합해 '한백선교회' (Sociedade Missionaria Brasil-Coréia)를 조직했다. 브리졸라(브라질장로교), 루이스 올리베이라(브라질장로교), 배성학(고신), 바우테우(브라질독립장로교), 신대선(대신), 강희동 목사(미주총회) 등이 선교부 멤버가 되었다. 브라질 사람 50%, 한국인 50%의 비율로 이사회를 구성하고, 정부에서 기증받은 땅 위에 선교센터를 건립했다.

실질적인 일은 한국 선교사들이 하자는 원칙하에 초대회장으로 브리졸라 목사를 선출했다. 부회장에 내가 선임되었으며, 총무에는 브라질 사모와 함께 사역하는 강희동 목사가 임명되었다. 강 목사는 브라질 시민권을 가졌을 뿐만 아니라 언어에 능통하고 이 땅에 정착한 지도 30년이 넘었으므로 적임자로 여겨져서 만장일치로 결정되었다. 그 밖에 임원들은 브라질 형제와 한국인 형제들을 적당히 안배한 가운데 협력선교의 장을 열었다. 대한예수교장로회, 미주총회, 고신총회, 브라질장로교회 파송선교사님들, 목회자들과 유대를 갖고 함께 선교센터를 건립하고 선교사관도 건축하였다. 선교에 있어서 독불장군은 없다. 독립군이 되어서도 안 된다. 선교는 협력하여 선을 이루는 것이다. 함께 개척교회 설립, 유치원 및 탁아소 운영, 무료진료소개원, 걸인교회, 윤락녀 자녀들을 위한 보이스카우트 훈련 등을 시작하였다. 많은 열매를 맺을 수 있었고, 교회성장에도 이로 말미암아 시너지 효과가 나타났다.

선교회는 까르발료 지역, 사포펨바 지역, 찌라덴찌스 지역, 오사스코 지역, 과룰료스 지역 등에 교회를 세우고, 그와 더불어 탁아소와 마약 및 알코올중독자 재활원 등을 세워 나갔고  은혜 가운데 장족의 발전을 했다.

정부에 정식 등록된 동 선교회는, 브라질에 입국하기를 원하는 각 교단의 선교사를 초청해 주었다. 미주총회, 고신총회, 합동총회, 개혁총회가 파송한 선교사 한 가정씩을 초청해 주었다. 그런데 입국한 대부분의 선교사들이 초청을 해준 한백선교회와 긴밀한 관계를 갖지 못하고 교단적인 배경을 따라가거나 독립적인 선교를 하는 것을 볼 때 섭섭한 마음을 금할 길이 없었을 뿐 아니라, 브라질 형제들의 질문에 대답이 궁색하곤 했다. 서구 선교의 장애가 "백인 파워"라면 한국인 선교의 장애는 "한국인의 우월감"이라 할 수 있다. 한국교회 대부분의 교단과 교회들은 약간의 돈을 가지고 선교현장을 마음대로 휘두르려는 경향이 있다. 이곳 문화와 정서에 맞지 않게 파송교회 이름을 그대로 사용하곤 하여 이를 이해하지 못하는 현지인들이 계속하여 질문하는 것을 본다. 물론 그럴만한 이유가 있음을 이해하지 못하는 것은 아니지만, 교단적인 색채가 짙을 뿐 아니라, 한국적인 사고방식이 협력선교의 의미를 상실하게 하는 듯싶었다. 영주권 수속 및 화물을 찾는 목적 이외에는 선교회를 거의 찾지 않는 이들이 많았다.

브라질은 다른 나라와 달리 입국하기가 대단히 어렵고, 영주권을 마련하기도 참으로 힘든 나라였다. 지금은 무비자 협정이 이루어져 출입이 자유롭지만 그 당시에는 거주한 지 10년이 넘어도 영주권이 해결되지 않아 자녀들이 학교를 가지 못하고, 상업 활동에 꼭 필요한 은행수표조차 내지 못해 어려움을 겪는 한인들이 많았다. 이렇게 어려울 때 선교사 입국과 영주권을 해결해 주고 많은 혜택을 주었음에도 불구하고, 감사하다는 따뜻한 말 한 마디 듣지 못하는 경우가 적지 않았다. 그 뿐만이 아니었다. 한백선교회에 대한 오해로 선교사들이 가입을 망설였다는 이야기가 들렸다. 내가 주축이 되어 한백선교회를 조직하다 보니 재정, 인력, 각종 행사요원 등을 동원하고 지원하는 일이 많았다. 이에 사람들은,

한백선교회를 개교회의 것으로 오해하곤 했다. 그러나 한백선교회의 대표는 브라질인 브리졸라 목사였고 모든 행정과 법적인 절차(신문에 게재, 선교사 초청자, 선교센터 건립 등록자, 재산 명세서 등)는 브리졸라 목사의 명의와 사인으로 실행되었다. 내가 섬기던 교회는 실질적으로 재정지원, 인원동원, 기도 등 앞장서서 봉사했을 뿐이었다. 그런데  공연한 시끄러움이 일자, 교우들 중에 선을 행하다 낙심하는 사람들이 나왔다. 그래서 성경에 "형제들아 너희는 선을 행하다 낙심치 말라"(살후 3:13)고 하신 것 같다.

한백선교회가 지역사회로부터 인지도가 높아지자, 자연스럽게 회의가 많아져서 각종 모임에 참석해야 하는 기회가 빈번해졌다. 그런데 대부분 교민교회를 담임하고 있던 한국인 회원들의 출석률이 떨어졌다. 교민교회 목사들은 한 주에 설교를 14번(주일 낮 예배와 밤 예배, 수요예배, 금요기도회, 새벽설교, 심방설교 등) 이상 한다. 가정과 사업장 심방, 새벽기도 인도, 각종 모임참석, 결혼, 장례, 개업, 돌잔치 등 목사가 주관하는 사역이 많다보니 선교부의 회의에는 거의 참석하지 못했다. 이러한 한국교회의 상황을 이해하지 못하는 브라질 동역자들의 눈에는 무성의함으로 보일 수밖에 없었고 불평의 소리가 높아지기 시작했다.

그러던 중 나이가 많았던 브리졸라 목사가 사망했다. 그리고 현지인 회원 교회들이 성장하여 재정적인 힘이 생겼다. 선교부의 재산도 많이 늘어났다. 그 당시 선교부는 안승렬 선교사에게 선교부의 사역과 자산을 관리하도록 하였다. 이에 브라질인 회원들이 정기총회에서 한국인들의 무성의한 회의 참석과 사역분배의 불균

형을 지적하면서 "한국인들의 협력 없이도 재정적으로 독립할 수 있다"고 주장하면서 '한국인 회원을 배제하자'는 안건을 제출하고 결의하였다. 그러나 한국인 회원들의 불참한 가운데 가결된 '회원박탈건'은 큰 시비로 번져서 법정으로 가야 할 상황이 되고 말았다.

그 당시 부회장이었던 나는 한국인 회원들을 설득했다. 브라질인 회원들은, 불성실한 회의 참석과 수익성 있는 선교사업인 선교관과 유치원, 그리고 교회를 안승렬 선교사에게 맡겨 주관하도록 한 것에 불만을 품고 있었던 것이다. 그러므로 이제 다음 수순은 '재산권 싸움'이었다. 이에 한국인 회원들은 "조금 이른 감은 있지만 모든 것을 현지인들에게 위임하자"라고 결의하고, 2001년 3월, 까르발료 지역에 세운 선교센터를 비롯하여 수익성 있는 모든 선교사역과 교회들을 현지인들에게 위임하였다.

# 제2부 낮은 데로 임하소서

사랑을 받지 못한 원아들은 사랑 결핍증에 걸려 있어서 정서적으로
불안하다. 그러기에 선생님들은 흠뻑 사랑을 베풀어 주려고 애쓴다.
'헤깐또 도쎄'(달콤한 모퉁이)에서 가르침을 받는 이 아이들이 예수님처
럼 키가 자라고, 지혜가 충만해지고, 하나님과 사람들에게 은총과 귀중
히 여김을 받기를 소원한다.

# 디아스포라 선교회

디아스포라 선교회는 Rua Lavapés 474 Cambucí  São Paulo에 본부를 두고 있으며, 2002년 9월 브라질에서 한국인(배성학, 홍순표, 황신확, 김영수, 이한우, 장종호, 강희동, 한봉헌, 문인주 목사)과 브라질인 사역자들(루이스, 에제퀴하스, 클라우디오, 에반드로, 바우타일)이 브라질을 비롯한 남미선교를 돕고자 뜻을 모아 시작되었다. 2004년 6월에는 신라호텔에서 창립예배를 드림으로써 한국에도 디아스포라 선교회의 출범을 알렸다(선교회 고문으로 추대되었던 방지일 목사와 김명혁, 이강평, 홍성개, 김종일 목사, 그리고 미래한국 김상철 장로와 자문이신 강승삼, 정병관 교수와 심하보, 김장수 목사, 실행위원인 총신 73회 기도동지 가나안목양회 회원들, 그리고 약간의 내빈 40여 명이 참석했었다).

지금은 디아스포라 선교부의 공식명칭을 ‘ABD’(Associação Beneficiente Diáspora Osmar e Cida)라 칭하고 있는데, 중심주제는 “하나님 사랑, 이웃사랑, 자연 사랑”이다. ABD는 선교정책

및 전략을 세우는 데 필요한 정보를 제공하고 선교단체 및 지역사회와 긴밀한 관계를 가질 수 있도록 교량역할을 하고 있다. 또한 남미를 방문한 선교사 및 방문자들을 위해 숙소를 제공하고 단기 선교사들을 발굴, 육성, 훈련할 뿐 아니라 선교지 탐방, 여행정보 및 선교여행 전반을 돕고 있다. 그리고 토착문화를 연구하고 각종 세미나, 학술대회, 포럼 등을 유치할 뿐 아니라, 이 땅에 그늘진 곳에 버려진 영혼들을 위해 종합복지 연구소를 운영, 지구촌의 심각한 문제인 환경보호 및 보존운동을 펼치면서 기독교 문화를 이룩해 가고 있다.

ABD는 시행착오를 겪으며 자리를 잡아가고 있다. 선교관 운영, 선교정보 및 문화정보 센터 운영, 단기 선교사 훈련원, 종합복지 연구소, 환경보호 보존 운동을 진행하고 있다.


## 1) 선교관 운영

처음에는 ABD 사무실 건물 안에 숙소를 마련하고 40여명이 먹고 마실 수 있는 시설을 확보하였다. 브라질 및 남미를 방문하는 세계 모든 선교사에게 숙소를 제공하고 방문기간 동안에 필요한 교통, 사무기 이용, 통역, 길 안내 등 제반사항을 도왔다. 미국 LA 와이엠 선교팀(24명), 브라질 벨로리죤찌 죠쿵(예수전도단 32명), 콜롬비아 대학와이엠(24명), 로고스 선교회, 한국에서 온 정병관 교수 일행, 새성복교회 김장수 목사 선교팀 등 수많은 선교팀들이 ABD 선교관을 이용했다.

그러다가 GMS 신학교가 ABD의 건물로 들어왔다. 그래서 선교관 시설을 마약중독자 재활원에 기증하고, 게스트하우스는 사웅 빠울루 봉헤찌로에 김태현 장로가 운영하는 선교관을 이용할 수 있도록 돕고 있다.

## 2) 디아스포라 선교 및 문화정보 센터

ABD는 홈페이지 (http://www.diaspora.com.br)를 개설하여 브라질과 남미 선교, 문화, 사회, 여행정보를 제공할 뿐 아니라, 정기적으로 세계선교정보지를 발간하여 전 세계 한국인 선교사들 간의 소식을 주고받을 수 있도록 하였다. 또한 세계 밀알 지도자 대회를 비롯하여 방지일 목사 초청, 한인목회자 및 선교사를 위한 세미나, 림택권 박사 초청 신학강좌 및 총신대 교수인 김지찬 교수, 이한수 교수, 김희태 교수를 초청하여 "다음 세대를 준비하는 목사 선교사 설교는 어떻게"라는 주제로 공개 신학 강좌도 가졌다.

## 3) 단기 선교사 훈련원

ABD는, 브라질을 방문한 선교팀이 짧은 여행기간에 선교의 이론과 실제를 함께 경험하고 선교지의 사람들과 문화를 통찰하게 함으로써 선교의식을 고취하도록 이끌어줄 뿐 아니라, 선교의 접촉점을 발견할 수 있도록 돕고 있다. 아울러 최저의 경비로

최고의 결실을 거둘 수 있도록 섬기고 있다.

나성 열린문교회(박헌성 목사)의 의료선교팀을 맞았을 때는 통역 자원봉사자들을 배치하여 그들의 사역을 도울 수 있도록 하였다. 그 외에도 워싱턴 교회의 단기선교팀, 러시아 김바울 천사합창단 등 세계각처에서 온 방문자들과 선교팀들을 영접하고 정보를 제공해 왔다. 또한 방문한 선교팀들에게 숙소를 제공 또는 알선해 주고 있으며, 브라질 디아스포라 선교팀들과 함께 ABD의 사역지인 탁아소, 축구학교, 알코올 및 마약중독자 재활원, 브라질 밀알선교단, 꼴레지오 디아스포라를 견학하면서 다양한 선교사역을 경험하도록 돕고 있다.

2011년 7월 21~24일에는 세계밀알지도자 브라질대회를 유치하여 정기 모임뿐만 아니라 음악회, 학술강좌 등을 열었고, 참가자들이 브라질 전역을 버스로 여행할 수 있도록 도왔다. 또한 사단법인 대한어머니회(회장 강은성)의 역대 회장 및 중앙이사들이 브라질 지회 결성과 조직 활성화를 위해 방문하였을 때도 그들을 영접하여 숙소 및 길 안내를 하였다.


4) 종합복지 연구소

본 선교회는 오늘날 사회문제로 대두되고 있는 노인, 지체부자유자, 걸인 및 노숙자, 비행청소년, 미혼모, 소년소녀 가장 등 힘들고 어려운 이들을 위한 대책을 강구해 왔다. 선교적 시각을 갖고 구체적인 복지향상을 연구하면서 그동안 CENA 선교부와 함께 윤락녀 자녀, 보이스카웃 훈련(1991년 3월 26일부터 정기적으로 3개월에 1회 7일간 수양관을 빌려 훈련. 한인교회와 본 선교부는 차량지원, 음식지원, 의약품지원, 의류 및 문구지원을 하였다), 문맹자 퇴치학교, 까자 두 메놀(청소년 기술학교: 미장공, 도색공, 바느질, 컴퓨터 등을 3개월 또는 6개월 과정으로 훈련시키고 직장 알선함), 알코올 및 마약중독자 재활원, 방황하며 죄악의 소굴로 빠져 들어가는 청소년을 선도하려는 목적으로 운영하는 축구학교, 장애아에게 복음을 전하며 동등한 천국시민으로, 사회인으로 함께 살아갈 수 있도록 노력하고 있다.

## 5) 환경보호 및 보존운동

세계 7대 불가사의에 속하는 브라질 아마존이 무분별하게 개발됨으로써 오존층이 파괴된 것이, 지구의 온난화 현상과 쓰나미 등의 재해가 일어나는 원인이라고 지적하는 과학자들이 적지 않다. 이러한 증상은 말세의 현상 중 하나라고 생각한다. 지구촌의 환경보호 및 보존운동을 펼치는 것은 그리스도인들이 당연히 해야 할 일이다.

ABD는 그동안 환경보호 캠페인, 세미나, 학술대회를 개최하고 하나님이 지으신 대자연을 보호해야 함을 널리 홍보하고 있으며, 실질적인 캠페인을 벌이고 있다. 실천의 예로는, 쓰고 남은 기름을 하수구에 버리지 않고 재활용 비누를 만들어 사용하는 캠페인을 들 수 있다. 또한 EM을 만들어 보급함으로써 하수도를 정화시키고 위생생활을 돕고 있다. 또한 본회의 고문이며 '물사랑' 대표인 김명혁 목사는 '호텔에서 사용하는 시트 3일 사용하기' 운동을 펼치고 있는데, 브라질을 방문하였을 때는 새벽에 코파카바나 해변을 걸으며 쓰레기 줍기 행사를 펼친 적도 있다. ABD는 지금도 정기적으로 꼴레지오 디아스포라 학교 학생들과 함께 지역 길거리를 청소하면서 "하수구에 쓰레기를 버리지 말자. 우리 지역 환경 우리가 지키자"는 환경보호 및 보존운동을 펼치고 있다.

## 6) ABD를 위해 기도해 주시는 분들

감사한 것은, 함께 ABD를 섬겨 주신 분들이다. 그 가운데에는 하늘나라에 먼저 가신 분들이 있는데 고문이셨던 방지일 목사, 별세신학을 강조하신 이중표 목사이다. 그리고 서울시장을 잠깐 하신 「미래한국」 발행인 김상철 장로와 현재도 아낌없는 사랑을 베풀어 주시는 김명혁 목사, 장영춘 목사, 김홍도 목사, 이강평 목사, 홍성개 목사, 가나안농군학교 김종일 목사 (김상철 장로를 제외한 모든 분들이 브라질을 다녀가심)에게 감사를 드린다.

자문은 학자 중심으로 구성되었는데, 이들 또한 모두 브라질을 다녀갔다. 강승삼 교수, 이한수 교수, 정병관 교수, 김희태 목사, 박상훈 목사, 김장수 목사, 심하보 목사, 「아름다운 동행」 발행인 박에스더 등이다. 모두가 선교의 열정을 가진 학자이며, 현재도 학교에서 강의를 하고 있다.

　　실행위원은, 총신 73회 동문이며 40년간 힘께 기도하고 있는 가나안 목양회 친구들로 구성되어 있다. 김석진 목사, 최정훈 목사, 최광열 목사, 방한길 목사, 유병선 목사, 원동연 목사, 강희동 목사, 김충환 목사, 정회길 목사, 여두성 목사, 손창일 목사, 소천하신 박동재 목사이다. 남미에는 현장에서 어깨를 나란히 하며 서로 돕고 의지하는 동역자들이 있다. 이화평 목사, 유봉용 목사, 배성학 목사, 홍순표 목사, 김영수 목사, 황신확 목사, 이한우 목사, 장종호 목사 강희동 목사, 한봉헌 목사, 문인주 목사(한국), 루이스 목사, 에제퀴하스 목사, 클라우디오 목사, 에반드로 목사, 바우테우 목사, 데오 클레시안 목사, 제르마노 목사 등이다.

# 사연 많은 디아스포라 선교관

사웅 빠울루 중심가에서 자동차로 10분 거리에 있는 디아스포라 선교관은 한인교포 의사들이 자선병원 개원을 목적으로 25년 전에 구입한 건물이다. 그런데 건물을 구입한 후 뜻이 하나가 되지 못해 방치하게 되자 거지들이 모여 사는 소굴이 되었다. 경찰을 동원하여 쫓아내면 또 들어와 진을 치곤 하기 때문에 건물 주인들은 골치 아파했다.

어느 날, 건물을 대표로 관리하는 한국일보 홍성천 사장이 푸념을 하면서 좋은 방법이 없겠느냐고 물어 왔다. 나는 즉시, "그 건물을 나에게 주면 좋은 일에 쓰겠어요"라고 말했다. 그런데 며칠이 지난 후 그가 "목사님이 그 건물을 쓰세요" 하는 것이었다. "나는 돈이 없으니 1헤알(약 350원)에 40년 사용권을 정식문서로 만들어 주면 사용하겠습니다"라고 말하자, 그는 건물주들과 의논한 후, '1헤알에 10년' 전세계약서를 만들어 주면서 "필요하면 그때 다시 연장하지요"라고 말했다. 그 후 사랑을 베풀어 준 홍사장

이 돌아가시게 되
어 건물대표인 강
춘도  치과의사에
게 찾아가서 기간
연장을  청하였더
니, 2036년 5월 5
일까지로  재계약
서를 작성해 주었
다. 이리하여  1헤

디아스포라 선교회의 선교관 건물. 디아스포라 선교회의 선교관 건물. 브라질 및 남미를 방문하는 선교사들과 사역자들에게 정보를 제공하고 있다.

알에 40년 동안 건물을 사용하게 된 것이다.

그런데 밀린 세금 때문에 법원에서 소환장이 날아왔다. 나는 건물주에게 피해가 가지 않도록, 면세를 받으려 백방으로 노력하면서 한편으로는 PPI (Programa de Parcelamento Incentivado)를 신청하여 밀린 세금을 120번으로 나누어 내었다.

하지만 또 다른 문제가 있었다. 건물을 점령하고 있는 걸인들이었다. 나는 날짜를 잡고 판사의 허락을 받아 새벽 5시에 작전명령을 내렸다. 경찰 115명이 동원되어 건물 안에 있는 걸인 250명을 건물 밖으로 내쫓았다. 걸인들 중에는 눈에 익은 얼굴들이 많았다. 나는 미뇨꿍 다리 밑에 보아스 노바스 (Boas Novas) 교회를 세우고 거지 왕초 노릇을 하고 있었던 터였다. 저들은 손을 들고 나오면서 아는 척을 했다. 그 중 리더격인 자들에게 이제 우리가 이 건물을 쓰려고 하니 당신들이 지켜 달라고 정중하게 부탁하니, 염려하지 말라고 다짐했다. 판사도 경찰도 안 되는 일인데 걸인교회 사역을 하고 있었기에 하루아침에 큰 건물을 사용하는 권한을 갖게 된 것이다.

거지 250명이 살면서 돈 되는 것들은 다 빼가고 없어진 상태로, 건물 안에는 쓰레기만 가득했다. 트럭 80대 분의 쓰레기를 치우고, 수도와 전기를 다시 신청하면서 밀린 전기요금과 수도요금이 많아서 2년 동안 분납해야 했다. 모든 시설을 새로이 갖추어 나갔다. 아직 엘리베이터 시설은 복구하지 못했지만, 지금 상태도 15년 동안 내내 수리해 온 것이다.

꼴레지오 디아스포라는 일년에 한 학년씩 증설하고 한 층씩 수리해 나갔다. 당면한 문제를 하나하나 해결해 나가는 동안 학교는 발전해 갔고, 선교관 안에서 노인대학, 까자 두 메뇰, 텔레센트로, 디아스포라 문화원, GMS신학교, 게스트 하우스 등 다양한 선교사역이 진행되었다. 지금은 꼴레지오 디아스포라(주 정부 인가가 난 기독교 사립학교인 유치원, 초등학교, 중학교 과정)와 GMS신학교와 디아스포라 선교센터가 사역을 하고 있다.

# 꼴레지오 디아스포라  Colegio Diáspora

나는 한인교회와 함께 1985년에 한인한글학교를 개교하였
고, 1991년에는 한인유치원을 설립하였다. 이는 이중문화권 속의
자녀들에게 한국말과 글, 그리고 한국의 예절과 문화를 배우고
접할 수 있도록 하기 위함이었다. 학생들의 실력향상을 위해서
정기적으로 학습발표회를 열었고, 도서관을 개관하여 자유롭게
책을 읽을 수 있도록 했다.

또한 선교지마다 맞벌이 부부들이 안심하고 아이들을 맡기고
일터에 갈 수 있도록 유치원을 세웠는데, 1993년에 한인교회가
그리세리오(Glicério) 지역의 맞벌이 부부를 위해 세웠던 탁아소가
1995년 '한인유치원'(Jadim-Escola Han In)이 되었다.

1998년 '꼴레지오 디아스포라'란 이름으로 학교법인허가를
신청을 했는데, 1999년 2월 3일 사웅 빠울루 신문(Jornal Diario
Oficial do Estado São Paulo)에 '꼴레지오 디아스포라'의 법인허

가가 발표되었다. 2001년 4월 16일에는 학교 교사를 Rua Lavapes 474-Cambuci로 옮겼다.

꼴레지오 디아스포라는 사웅 빠울루 주 정부의 인가를 받은 현지인을 위한 기독교 사립학교다. 모든 교육과정을 포어로 가르치고 있으며 하나님 사랑, 이웃 사랑, 자연 사랑을 교육목표로 삼고 브라질에 기독교 문화를 이룩하기 위해 힘쓰고 있다. 꼴레지오 디아스포라는 현재 유치원, 쁘레(Pré, 초등학교에 들어가기 전 2년 준비과정), 초등학교, 중학교 과정을 두고 있다.

현재 교직원 37명이 240여명의 학생들을 가르치고 있고 주님 닮는 인격이 형성되도록 매주 성경공부를 비롯한 다양한

꼴레지오 디아스포라 유치원 과정에 있는 어린이들과 학부모와 함께,

프로그램을 운영하고 있다. 매달 학부형들을 초청, 학교의 전반적인 상황을 보고하고 함께 의논하면서 학교 발전을 도모하고 있으며 주변에 있는 전문교육 기관들과 네트워크를 형성하여 서로 도움을 주고받는 등, 학생들의 질적 향상을 위해 힘쓰고 있다. 또한 편리하고 유익한 교육을 위해 계속적으로 시설을 보완하고 있으며, 좋은 환경 조성을 위해 노력하고 있다.

꼴레지오 디아스포라의 시작은 한인교회에서 그리세리오 지역에 살고 있는 도시빈민들에게 복음을 전하는 가운데 어린아이들을 돌보는 일이 맞벌이 부부들의 발목을 붙잡고 있는 것을 발견하고 저들의 경제활동을 위해 아이들을 맡아주자는 마음을 내어 가볍게 시작한 탁아소가 출발점이 되었다. 열심을 가지고 체계적으로 운영하였더니, 학교를 다닌 아이들이 많이 달라지는 것을 지켜본 학부모들로부터 계속하여 자기들의 자녀를 가르쳐 달라는 요청을 받게 되었던 것이다.

그리고 때마침 선거를 앞두고 사웅 빠울루 주지사인 꼬바스의 부인과 상원의원 부인들이 주 문공부의 추천을 받아 한인교회를 방문하였다. 그녀들은 건강한 사회를 만들기 위해 함께 한 길을 걸어가자고 프러포즈를 하면서 "무엇을 도와줄까?"라고 물었다. 그때 원장인 라우라가 내게 다가와서 귓속말로 "학교 법인 허가를 도와 달라!"고 말하라고 했다. 그래서 "도시 빈민들의 어린아이들 교육을 위해 학원을 운영하고 있으니, 학교법인 허가를 해 달라"고 부탁하였다. 그런데 뜻밖에도 기적과 같은 일이 일어났다. 사웅 빠울루 시에서 학교법인 허가를 얻는 것은 하늘의 별을 따는

꼴레지오 7학년 학생들. 꼴레지오 디아스포라는 매해 한 학년씩 증설, 고등학교와 대학을
세워 가길 소망하고 있다.

것처럼 어려운 일이었다. 그런데 말 한마디로 쉽게 학교법인 허가를 받은 것이다. 그것도 매 해 한 학년씩 증설하기로 하고 고등학교까지 할 수 있는 법인허가를 받은 것이다.

처음에는 한인교회 교육실에서 학교를 시작하였다. 한인교회 비전을 그대로 수용하여 다음과 같은 교육이념을 내세웠다.

1) 사람이 되라 (눅 6:40). ㅡ전인교육
2) 하나님의 자녀가 되라 (요 1:12). ㅡ구원의 확신.
3) 배우는 자가 되라 (딤후 3:14-15). ㅡ제자 삼는 제자.
4) 경건한 자가 되라 ( 딤후 2:22). ㅡ부끄러울 것이 없는 일꾼.
5) 전도자가 되라 (막 16:15). ㅡ만민 전도.
6) 다스리는 자가 되라 (롬 12:15). ㅡ지도자가 되라.

꼴레지오 디아스포라는 앞으로 매 해 한 학년씩 증설하여 고등학교와 대학을 세워가서 마침내는 종합대학을 세우고자 하는 희망을 갖고 있다. 앞으로 장학제도를 강화하여 인재들을 발굴 양육하여 일터를 제공할 꿈을 키우고 있다. 또한 영어, 스페인어, 한국어, 중국어 등을 배울 수 있도록 언어연수교육실을 확보하고 컴퓨터실을 비롯한 첨단 교육시설을 마련하여 양질의 교육을 실시하고자 한다. 매주 채플을 통하여 복음을 전하고 부모를 초청하여 함께 꿈과 비전을 나누며, 예수 안의 생명있는 공동체를 만들어 가고자 한다.

2014년부터는 브라질교육부의 인가를 받아 브라질 한국교육원(원장 오석진)의 적극적인 후원과 지도 속에 한글학과를 운영하고 있다. 처음에는 중학교 전교생만이 한글교육을 받았는데, 2015년부터는 초등학교 전교생도 한글을 배우도록 했다.

# 보아스 노바스 교회 일명 걸인교회

　현재 브라질에는 70% 이상이 빈민이며 그 중 100만 명이 최저 임금 680 헤알도 제대로 받지 못해 거리에서 자고 쓰레기통을 뒤져 먹는 걸인이라는 통계가 나와 있다. 한인교회는 사웅 빠울루 중심에 있는 빈민지역　그리세리오 지역에 세워져 있다. 이곳은, 브라질 이민 초창기에 한국인이 집단적으로 모여 살았던, 일명 '한국촌'이라고 불렸던 곳이다. 1982년 내가 브라질에 도착할 당시, 이곳에는 한국 시장, 식당, 한인이 경영하는 약국, 식품점, 주차장, 그리고 대부분의 한인 교회들이 몰려 있었다. 이곳의 아파트에는 한국인 교민들이 한 집 건너에 살고 있을 정도였다.

　이곳의 정서는 70~80년대 남산 밑의 양동이나 도동과 엇비슷했다. 무작정 도시로 올라온 독신자들이 몰려 살고 있었으며, 창녀와 우범자들이 많아 범죄의 산실이었다. 마약이 거래되고 주사를 자유롭게 맞을 수 있는 곳이기에 늘 긴장감이 흐르고 있었다. 그러기에 강도와 경찰이 공존하며 술래잡기를 하는 동네였다. 지금은 한국인 상점들이 문을 닫고 떠나 한국인은 찾아볼 수 없고, 거지와 방황하는 청소년들과 게이들이 서성거리는 거리가 되었다. 하루에도 몇 번씩 총성을 들리는 곳이다. 밤에는 맘 놓고 다닐 수 없는 거리에 오직 한인교회만이 역사와 전통을 자랑하며 우뚝 서 있다.

그런데 어느 날 현지인 청년 세 명이 새벽기도를 마치고 나오던 여성도들을 총으로 위협하고 가방을 빼앗아 가는 것을 목격하게 되었다. 나는 차를 멈추고 세 청년을 불렀다. 그들은 이미 마약을 먹고 환각상태에 있었으며 각각 총을 빼들고 있었다. 그 중 한 청년이 내 이마에 총을 겨누었다.

"Calma! (진정해라!) 너희들이 원하면 뭐든지 들어줄 텐데 왜 가방을 빼앗아 가느냐? 가방을 돌려다오."

그러나 그들은 이미 눈동자가 풀려 있었고, 이성을 잃은 상태였다. 그때 기도를 마치고 나오던 권사 일행이 그 광경을 보고 "Ladrão! Ladrão!"(도둑이야! 도둑이야!) 소리를 질렀다. 그러자 내 이마에 권총을 겨누고 있던 친구가 방아쇠를 당겼다. "빵" 하는 소리와 함께 이마에서 피가 터져 순식간에 속옷까지 스며들었다. 그들은 도망쳤다. 나는 곧바로 차에 올라타고는 도망치는 그들을 추격하기 시작했다. 차 안에는 아내와 권사님들이 있었으나 아무 말도 못하고 있었다.

그들은 사라지고 보이지 않는데, 피가 흐르면서 정신이 흐려지려 했다. 정신을 놓치면 죽을 수도 있겠다는 생각이 들었다.

곧바로 반데란찌 병원으로 차를 몰면서, 세상에 태어나 가장 급한 기도를 드렸다. 교회와 가정과 선교사역을 주께 부탁드리고, 특히 가족을 하나님께 부탁하며 병원으로 들어갔다. 의사는 0.01 밀리만 더 들어갔어도 즉사했을 것인데, 하나님의 종이기에 생명을 붙들어 준 것이 분명하다고 했다.

며칠 뒤에는 회개하고 돌아온 죠앙이라는 청년이 칼에 맞았다. 생명에는 지장이 없었으나 히바마르 전도자가 겁을 먹고 떠나버렸다. 현지인 교회가 흔들리고 필자가 섬기던 교회도 부정적인 반응을 보였으나 나는 해 뜨기 직전이 제일 어둡다는 것을 상기하고는 이제 곧 생명의 열매가 나타날 것이라고 믿으면서 계속하여 교회주변 전도에 힘썼다.

하루는 슬하에 딸만 두었던 이창승 집사가 하나님께서 아들을 허락해 주어 너무 감사하다면서, 아들의 이름으로 좋은 일을 하고 싶다고 했다. "무슨 일을 하는 것이 좋을까요?"라고 물어 왔을 때, 거리를 배회하며 일거리와 먹을 것을 구하는 사람들의 모습이 떠올랐다. 이 집사 부부에게 이 거리에 걸인이 많은데, 저들에게 빵을 나누어 줄 수 있겠느냐고 물었다. 그들은 기쁜 마음으로 자기들이 책임지고 하겠다고 약속을 했다. 나는 하나님의 사역은 한번 시작하면 중도에 그만두면 안 된다고 다짐했다. 그리고는 혹시 모르는 일이니 부부전도회와 함께 하는 것이 좋겠다고 권유했다. 이렇게 시작된 것이 보아스 노바스(Boas Novas, 좋은 소식) 교회이다.

1991년 3월 12일, 80명의 걸인에게 빵을 나누어 줌으로써 급식선교가 시작되었다. 처음에는 우리끼리 기도하고 교회 옆 골목에서 빵을 나누어 주었는데, 점점 사람들이 많아지기 시작했다. 그런데 문제가 생겼다. 걸인들이 새벽부터 골목에 모여 떠들어 대는 데다 주민들의 집 대문 앞에 방뇨를 하는 일도 잦았다. 그래서 시비가 붙곤 했지만, 누구도 걸인을 이길 수가 없었다. 저들은 손해 볼 것이 없는 막가파일 뿐 아니라 서로 잘 뭉치고 욕도 잘했다. 누가 뭐라고 하든 지치지 않고 중얼중얼거리며 불평을 하고, 사라지는 척했다가 곧 다시 나타나기 때문이다. 동네 주민들은 나를 찾아와 당신이 시작했으니 빨리 장소를 옮겨 달라고 요구했다. 언론에 알리고, 법정에 고소하겠다고 다그쳤다. 참으로 안타까운 일이었다.

한인교회 교우들과 의논하면서 교회 마당에서 급식하도록 하자고 제안하니, 모두들 이구동성으로 "빵은 주되 장소는 안 된다"고 했다. 그래서 한인교회가 브라질 현지인들을 위해 한인교회 바로 옆에 세운 그리세리오 교회와 의논했다. 이들은 오히려 한 술 더 떠서 걸인들은 "절대 안 된다"면서 "만일 그런 일이 생기면 교회 문을 닫겠다"고까지 하는 것이었다.

고민 끝에 사회복지 단체인 '밍냐 후아 밍냐 까자'(Minha Rua, Minha Casa, '나의 거리 나의 집')와 그리세리오 천주교 수녀 실비아(넝마주이 재활교육 담당)와 함께 시청에 들어가서 고가 다리 밑의 공간을 사용하게 해달고 하였다(사용 목적으로 급식, 거리기술학교, 재활교육을 내세웠다). 사웅 빠울루 시청 실무자들과 교섭 끝에 다리밑 공간을 급식장소로 허락을 받았다. 시민단체와 협력하여 무상으로 넓은 공간을 자유롭게 사용할 수 있게 된 것이다.

급식선교를 하면서 몇 가지 특별한 점들을 발견하고 깨우쳤다. 무엇보다도, 거지들에게도 자존심이 있다는 것이다. 거지들의 자존심을 건드리면, 그 무엇으로도 해결되지 않는다. 포어를 잘하지 못하는 내가 강단에 서서 말씀을 전해도 그들은 손을 들고 "아멘"으로 호응했고, 설교를 마치면 우레와 같은 박수로 환호하면서 나를 향해 엄지손가락을 치켜세우곤 했다. 그런데 한번은 흑인 목사 바우타일이 강단에 섰다. 그랬더니 그들은 "네가 왜 거기서 있느냐?"면서 내려오라고 소리를 지르는 것이었다. 너무 극성을 부리는 바람에 바우타일 목사는 설교를 하지 못하고 내려왔다. 물론 복장이 단정하지 못한 탓도 있었겠지만, 걸인들에게도 인종차별의 심리가 작용하고 있는 것이 분명해 보였다. 흑인의 설교를 듣는다는 것이 그들의 자존심을 건드린 것이었다.

지금도 보아스 노바스 교회는 아침 7시부터 한 시간 예배를 드리고, 8시에 커피와 빵을 나누어 주고 있다. 이렇게 예배를 드리기까지는 많은 시간이 걸렸다. 처음에는 봉사자끼리 기도를 하고 빵을 나누게 했다.

얼마의 시간이 지난 후 걸인들에게, "우리와 함께 하나님께 기도하고 빵을 나누면 좋겠는데 괜찮겠느냐?"고 물었다. 그리고는 그들의 허락 하에 우리는 함께 기도하고 빵을 나누었다.

또 얼마의 시간이 지난 다음, 그들에게 다시 물었다. "찬송한 곡 부르고 기도한 뒤 빵을 나누려고 하는데 괜찮겠느냐?”
그들의 허락이 떨어져서 그렇게 하기 시작했다.

2년의 세월이 흐른 뒤, 나는 다시 그들에게 물었다. “찬송을
부르고 기도를 한 다음, 하나님 말씀을 듣고 축복기도를 받은
후 빵을 나누자.” 그러자 그들은 모두 박수를 치면서 환영을 하였다.

“드디어”, “마침내”, “결국”, 우리는 감격적으로 하나님께
감사의 마음으로 1부 예배를 드린 후 빵과 커피를 나누기 시작했다.

이곳은 약육강식의 법칙이 통하는 정글과 같은 곳이다. 부녀자
와 아이들이나 지체부자유자는 빵과 커피를 얻기 위해 줄을 서지만,
힘센 자들에게 떠밀려서 먹지 못하는 사태가 벌어지곤 했다. 어떤
이는 다섯 개, 여섯 개를 먹는 반면에 한 개도 못 먹는 자가 있어
불평하는 소리가 들렸다. 질서를 잡고 공평하게 분배하기 위해
성경구절을 쓴 번호표를 나누어 주기 시작했다. 기다리는 동안
성경구절을 읽고 외울 수 있도록 권면하고, 1번에서 10번, 11번에
서 20번 순서별로 불러 줄을 세운 뒤 번호를 확인하고 빵을 나누어
주었더니 질서가 잡혔다. 더 이상 불평하는 사람이 없었다.

지금은 보아스 노바스 교회의 자원봉사자들이 나서서, 그릇
을 나르고 빵과 커피를 만들고 줄을 세우고 분배를 하고 있다.
여자와 아이들과 지체부자유자에게 먼저 나누어주어도 불평을
하는 사람이 없다. 그런 다음 번호순으로 나누어주어도 여유를
가지고 기다린다. 예배 때 눈물을 흘리며 은혜를 받고 거리에
나가 복음을 전하는 전도자도 나왔고, 걸인을 청산하고 청소부로

빈부의 차가 격심한 브라질은 강도와 마약 등으로 몸살을 앓고 있다. 근본적인 대책은 가난한 자들에게 복음의 빛을 밝히고 삶의 소망을 일깨워주는 것이지 않을까.

취직한 사람도 나왔다. 세(Sé) 광장에 자판을 펴놓고 장사를 하는 사람도 있다. 현재 한인교회 사찰 일을 보는 안토니오는 보아스 노바스 교회 출신이다.

이렇게 되기까지는 여러분들의 땀과 수고가 있었다. 하지만 가장 큰 원인은 바로 그들 자신이었다. 일 년에 두세 번씩 걸인들 중 50명을 뽑아 4박 5일간 수련회를 통하여 집중적으로 성경을 가르쳤다. 그룹으로 모여 서로 대화를 나누며 잘못을 회개하게 하고, 서로를 위로하며 용서해 주는 시간을 가졌다. 그러는 가운데 잃어버린 자아를 찾았고, 찬송과 기도 속에 은혜를 받고 새로운 삶을 다짐했다. 그런 사람들 중에서 리더를 뽑아 봉사자로 세웠기 때문에 질서가 잡히게 된 것이다. 현재 보아스 노바스 교회에는 평균 400명 정도가 모인다. 그러나 한때는 매주 700명 이상 모였고, 많이 모일 때에는 1천 명이 넘기도 했다.

여기서 한 가지 밝히고 넘어가야 할 문제가 있다. 빵과 커피를 나누어주는 것은 선교적 접근방법은 될지언정 진정한 선교는

104

아니라는 것이다. 한 영혼이 천하보다 귀중하다는 말씀은 그만큼 한 사람의 영혼이 주께로 돌아오기가 힘들다는 말씀이기도 하다. 빵을 나눈 지 3년 6개월 만에 첫 세례자가 나왔다. 10주 이상 성경공부를 시킨 뒤, 큰 기쁨과 감사 속에 군인 장교 출신이며 영어도 잘하는 루이스에게 세례를 주었다. 그러나 몇 개월이 지나자 그는 술에 취해 흥얼거리며 예배에 참석하여 실망감을 안겨주었다. 열악한 환경을 견디다 못해 술의 힘에 의지한 것이다. 너무나 마음이 아프고 슬펐다.

그래도 감사한 것은, 안토니오와 같은 사람도 나왔기 때문이다. 그러나 그도 처음에는 교회 사찰로 세웠는데도 얼마나 성질이 고약한지 아무도 당해낼 수가 없었다. 교우들이 항의하고 내보내자고 했다. 그때마다 "조금만 참아 보자. 다른 일은 잘 하지 않느냐?"면서, 이것도 선교라고 할 수 있다고 교우들을 설득했다.

그러던 어느 날, 안토니오의 손에 성경이 들려 있는 것을 보았다. 그는 밤낮으로 여러 날째 성경을 읽고 있었다. 어느 날부터인지 그의 얼굴에는 웃음이 돌았고, 말씨가 달라졌다. 공손해졌을 뿐 아니라 콧노래로 찬송을 불렀다. 그의 생활 자체가 바뀌었고 인격이 변화되자, 한인교회 교인들의 입에서 안토니오를 칭찬하는 소리가 들리기 시작했다. 전적으로 하나님의 돌보심이었다. 하나님께서 하나님의 사람을 키워 가심을 지켜보았다.

# 혜깐또 도쎄 탁아소

알렉산드라는 꼴레지오 디아스포라 선생 출신이다. 어느 날, 그녀가 상담을 요청해 왔다. 남편이 생활 능력이 없고 자녀가 네 명이며 어머니를 모시고 살기 때문에 너무 힘들다고 하면서, 학교에서 받는 급료로는 살기가 너무 어렵다고 하소연했다. 자기의 꿈은 자기와 같이 가난한 사람들의 아이를 돌보는 탁아소를 운영하면서 맡겨진 아이들을 신앙적으로 잘 돌보는 일을 하는 것이라면서, 꿈을 이룰 수 있도록 도와달라고 했다. 때마침 사웅 빠울루 시 중심에서 가까운 그리세리오 지역 선교를 위해 세운 유치원이 사웅 빠울루 주 정부로부터 기독교 사립학교로 인준을 받아 꼴레지오 디아스포라로 새롭게 출발할 무렵이었다. 이때부터는 저렴하지만 학비를 받게 되었고, 그 후 학교는 Rua. Lavapes 474로 이전하게 된다.

도시 빈민에게는 무엇보다도 절실하게 필요한 것이 일자리이다. 그런데 일자리가 있어도 맞벌이 부부가 되면, 자녀 문제가 대두된다. 자녀에게 매달리다 보면, 가난하게 살

'찌라덴찌스 교회의 어린아이들. 이 아이들이 예수님처럼 영혼의 키가 자라서 부모님의 꿈도 함께 이루어주기를!

수밖에 없다. 이들에게는 아이들을 돌보아 주는 시설이 참으로 절실하다. 21년 반을 목회하던 한인교회를 사임한 후, 나는 그리세리오 지역 빈민을 위해 맞벌이 부부를 돕기 위한 탁아소 사역을 시작했다.

ABD는 2003년 10월, 알렉산드라의 꿈을 이루어 주기 위해 후아 사웅 빠울루(Rua. São Paulo)에 장소를 구하여 탁아소를 개원하였다. 그리고 2004년 새해부터는 알렉산드라에게 야간으로 유아교육대학교에 다니도록 했다. 탁아소 이름은 '헤깐또 도쎄'(Recanto Doce, 달콤한 모퉁이)라고 정했다. 탁아소의 하루 일과는 맞벌이 부부가 아침에 출근할 때 아이를 맡김으로써 시작되고 부모들이 직장에서 퇴근하면서 아이를 찾아가면 종료되었다.

그런데 문제가 생겼다. 탁아소가 있는 후아 사웅 빠울루는 유명한 우범지대이다. 대낮부터 마약을 하는 사람들이 말썽을

피우기 일쑤인 데다 경찰과 대치하는 상황이 벌어져서 총성이 나기도 하고, 가끔씩은 사람이 죽어 나간다. 더욱이 마약을 하는 사람들이 선생들에게 구걸을 하며 행패를 부리고, 아이들을 맡기러 오는 부모들과 시비를 벌이기도 했다. 도무지 탁아소를 다닐 수 없다면서 장소 이전을 요청해 왔다. 집값이 저렴하여 월세로 임대를 얻었던 것인데, 다시 한인교회와 가까운 그리세리오 지역으로 옮길 수밖에 없었다. 그런데 이번에는 터무니없이 집세를 올려 달라고 했다. 고민 끝에 그리세리오 지역 선교를 위해 세운 리베르다지(Liberdade, 자유) 교회 안으로 탁아소를 옮겼다.

헤깐또 도쎄 탁아소는 직원 6명에 원아 50여 명이 오전 7시 반부터 오후 6시까지 수업을 진행하고 있다. 오전에는 성경공부를 시작으로 그림, 찬양과 율동, 쉬운 포어와 예절교육을 실시한다. 다 함께 점심을 먹은 후에는 낮잠 시간을 갖고, 2시부터 다시 수업을 시작하여 부모들이 아이들을 데려갈 때까지 돌보고 있다. 탁아소는 사웅 빠울루에 있는 교회와 가정들로부터 냉장고, 포가웅(fogão, 취사용 스토브), 의자, 책상, 텔레비전, 비디오 및 DVD 등을 기증받아 요긴하게 사용하고 있다. 식료품과 청소용품, 장난감 등도 가끔 기증을 받지만, 아직은 열악한 교육 환경 속에 있다.

그러나 신기한 것은, 그렇게 가난하여 저렴한 학비도 제대로 못 내는 학부모들이 정기적인 학습 발표회나 수료식에는 최신식 비디오, 카메라를 들고 와서 촬영하는 풍경이 연출된다는 것이다. 이들이 사용하는 물건들은 대부분 길거리에서 강도짓을 하여 빼앗은 것들이라고 할 수 있다.

한 부모 가정의 아이들이 대부분인데, 부모들이 감옥에 있거나, 수배중이기에 경찰을 피해 도피하거나, 아예 집을 떠나버린 경우도 있다. 사랑을 받지 못한 원아들은 사랑결핍증에 걸려 있어서 정서적으로 불안하다. 이에 선생님들은 흠뻑 사랑을 베풀어 주고 있다. 특히 말씀을 가르치면서 기도를 해줄 때 아이들이 안정을 찾아가는 것을 본다. '헤깐또 도쎄'에서 가르침을 받는 이 아이들이 예수님처럼 키가 자라고, 지혜가 충만해지고, 하나님과 사람들에게 은총과 귀중히 여김을 받기를 소원한다.

# 브라질 밀알선교단

　　브라질 밀알선교단(Missão Miral do Brasil)은 Rua Newton Prado 548 Bom Retiro 에 있는 장애아를 섬기는 선교기관으로, 2001년 7월 22일 설립되었다. 나는 창립멤버로 부이사장직을 맡아 섬겼다. 그런데 단장으로 섬기던 분이 사임하자, 브라질을 방문한 세계밀알 총재인 이재서 박사가 단장을 맡아 달라고 강청하였다. 이에 나는 세 가지 조건(무보수, 임시직, 비상근)을 달고 수락하였다.

　　밀알선교단은 주 5일, 오전 8시30분에 시작하여 오후 3시 반까지 수업을 하고 있다. 오전에는 성경공부, 포어, 음악, 역사, 한글 교육 등을 실시하고, 오후에는 물리치료, 인성교육, 자원봉사자들과 함께하는 재활교육을 실시한다. 매주 금요일에는 공원에 나가 체력단련을 하고, 노방전도와 거리청소 등을 정기적으로 실시한다. 한 달에 한 번 야외수업과 탐방교육을 하고 있으며, 일 년에 한 번은 3박 4일 일정으로 선교여행을 한다.

　　매년 세계에서 각광을 받고 있는 강사를 초빙, 교포 대상으로

브라질 밀알선교단은 해마다 장애를 극복하고 하나님과 사람 앞에 은총과 귀중히
여김을  받는 명사들을 초청, 교민을 대상으로 "밀알의 밤" 행사를 갖는다.

"밀알의 밤"을 열고 있는데 그동안 레나 마리아, 현아, 차재홍 교수(장애를 극복하고 성공한 성악가, 피아니스트, 상임지휘자 겸 대학교수) 등을 초청하였다. 또한 파라과이에도 밀알선교단을 설립, 지원하고 있으며, 남미 전 나라에 밀알선교단을 세울 계획이다.

가벼운 마음으로 새로운 단장이 올 때까지 무보수, 비상근, 임시직을 전제하고 단장직을 맡아서 4년 동안 섬겨 왔다. 우선적으로 필자가 했던 것은, 장애학생들의 행동통일과 인솔의 편리를 위해 유니폼을 마련한 일이었다. 유니폼은 장애학생들의 자긍심을 높이는 데 도움이 되었고, 교포들의 관심을 모으는 데도 유용했다. 또한 너무 오래되어 차량운행에 어려움이 많았던 밀알버스를 20인승 벤츠 미니버스로 바꾸었다. 차 구입비용은 16만 헤알(약 8만 달러)이 들었는데, 단장을 비롯한 이사들이 솔선해서 헌금했고 교포교회들도 협력해 주었다.

또한 밀알교실의 학생이었던 필립 형제를 사무직원으로 채용하고, 노동수첩을 만들어 주었다. 일할 수 있는 기회를 제공해 줌으로써 성년이 된 필립에게 자립의 기반을 만들어 주었다. 육체적인 돌봄보다 더 소중한 것이 영혼구원인데, 이를 위해 필자와 20여 년 간 교제한 항공선교사 바우타일 학개오 선교사가 안식년 기간 동안 밀알선교단에서 봉사하면서 학생들에게 세례공부를 시켰다. 스스로 신앙고백을 한 학생들은 사랑의 교회(담임 김영수 목사) 성찬예배에 참석하여 세례를 받았다.

브라질 밀알선교단은 2011년 7월 21~24일, 프린스타워호텔에서 "2011, 세계 밀알지도자 브라질 대회"를 개최하였다. "일어나라 빛을 발하라"라는 주제로 진행된 동 대회에서는 밀알 심포지엄을 가졌는데, 주제와 강사는 '기독교의 사회적 책임'에 김한옥 교수, '밀알운동과 세계장애인'에 이재서 교수, '종교다원주의와 보편구원론'에 김만풍 박사, '디아스포라 인 브라질'에 김용식 박사였다. 또한 브라질 교계지도자 초청 간담회, 밀알 컨퍼런스, 브라질밀알 10주년 기념식, 장애인 돕기 자선음악회, 그리고 선교지 탐방 및 명승지 관광의 순서를 가졌다.

브라질 밀알선교단이 자리 잡혀 가고 전문인 사역자가 필요한 시점이 되었을 때, 한국의 세계밀알 사무국장인 최은성 목사가 브라질 밀알선교단장으로 초빙되었다. 필자는 2013년 4월 7일 이·취임예배를 드림으로써 4년간의 사역을 마무리했다.

# 생명샘축구학교

생명샘축구학교(Academia de Futebol Fonte de Vida)는 가난하여 제대로 배우지 못하고 배불리 먹지 못하며 세상을 원망하거나 꿈을 저버린 채 하루하루 닥치는 대로 살아가는 사람들을 위해 세워졌다. 그러므로 가난 때문에 방황하다가 범죄자의 길로 빠져드는 청소년들에게 꿈과 희망을 주는 것이 이 학교의 설립 목적이다.

찌라덴찌스(Tiradentes) 교회에 나오던 한 소년이 마약을 복용하고 그 후유증으로 사망한 사건이 일어났다. 이 사건은 나에게 충격으로 다가왔다. 그런데 충격이 채 가시기도 전에 또 다른 소년이 감옥에 감으로써 온 가족이 고통을 당하는 것을 지켜보게 되었다. 이를 계기로 주변의 청소년을 살펴보니, 대부분의 아이들이 결손가정과 극심한 가난 속에서 꿈을 잃어버린 채, 알코올 중독, 마약 중독, 폭력, 도둑질, 문란한 성관계 등을 경험을 하고 있었다. 이에 ABD는 찌라덴찌스 교회를 섬기는 루이스, 베네딕토,

죠세 형제들과 함께 '이들을 어떻게 도울 수 있을까?' 의논하던 중 축구학교를 세우게 되었고, 나아가 까자 두 메눌(기술학교), 문맹퇴치학교, 탁아소도 건립하게 되었다.

1997년 8월 시다지 찌라덴찌스에서 아무런 준비도 없이 축구학교를 열고 학생들을 모았다. 300명이 지원해 왔고, 그 중 200명을 뽑았다. 아이들은 잔디구장이 아닌 흙바닥에서 맨발로 공을 찼지만 즐거워하면서 열심히 연습을 하고 있다. 참으로 감사한 것은, 열약한 환경 속에서 훈련을 하는데도 우리 축구단이 사웅 빠울루 위성도시 대항 축구대회에 참석하여 여러 차례 우승컵을 차지한 것이다.

축구학교를 위해서 동양선교교회 선교부에서는 성경을 무료로 나누어 주고 있다. 또한 주기도문과 사도신경을 외우면 티셔츠를 선물하고, 사복음을 읽으면 반바지를, 신약성경을 한 번 읽으면 신발과 모자를 주고 있다. 기도, 성경읽기, '일일 일선' 운동을 펼치는 가운데 아이들이 찌라덴찌스 교회에 나오기 시작했다. 하루 일과는 학교 운동장에서 다 함께 주기도문을 외우는 것으로 시작된다.

죠쿰 (JOCUM, Jovens Com Uma Missão: 예수전도단) 형제들과 와이엠 선교팀은 정기적으로 헬몬수양관에서 3박 4일 수련회를 통해 신앙집중 훈련을 하는데, 해마다 예수를 영접하고 세례를 받는 청소년들이 생겨났다. 18년이 지난 지금에는 거기에서 세례를 받은 청소년들이 가정을 이루고 성실한 교인이 되어 찌라덴찌스 교회를 비롯한 각 교회의 주축 멤버들이 되었다. 그들은 교회를 섬기며 가끔 축구학교에 나와 봉사할 뿐 아니라, 축구대회 때에는 물심양면으로 지원하며 응원을 하고 있다.

2000년 말부터 축구학교 학생들이 주목을 받기 시작했다. 각 축구클럽 에이전트들이 시합하는 경기장에 와서 발이 빠르고 가망성이 보이는 아이들을 선발해 갔다. 사웅 빠울루에 있는 명문 축구클럽 꼬린찌아스(Coríntians) 팀에서 2명, 브라간사 파울리스타(Bragança Paulista) 팀에서 3명, 찌에떼(Tietê) 팀에서 3명, 불란서에서 온 축구 관계자가 5명의 선수를 발탁해 갔다. 운동장에

생명샘축구학교 어린이들. 축구학교는 열악한 환경 속에서 살아가던 아이들이 꿈과 비전의 에너지를 충전받는 터전이 되었다.

서 청소년들에게 꿈을 심어주고 함께 기도하며 열심히 연습하여
축구대회에 출전, 좋은 성적을 얻으니 이 같은 일이 생긴 것이다.

내세울 수 없는 열악한 환경 속에 살면서 어려서부터 사람들의
관심과 사랑을 받지 못한 사람들, 거절당하기 일쑤여서 인격성장
에 장애를 입은 사람들이 예수를 영접하고 하나님의 자녀가 되었
다. 그들은 성경을 읽고 배우며 세례를 받았고, 꿈과 비전을 갖게
되었다. 주님의 내적 치유가 일어난 것이다. 이것은 전적으로
하나님의 계획이며 은혜이다.

신상현 집사와 민찬욱 집사가 이 사역에 동참하여 물질적인
지원을 아끼지 않았다. 또 나의 아내는 함께 일하는 권사님의
도움을 받아, 강선원 집사가 제공한 원단으로 유니폼을 만들어
주었다. 신암교회 양보라 목사는 월드컵 응원단이 입었던 붉은
티셔츠 100벌을 주셨다. 또한 교포교회는 깨끗하게 사용한 헌
운동복과 티셔츠, 신발 등을 모아 주었다.

ABD는 찌라덴찌스 시 체육부의 후원을 받아 2007년부터
청소년 축구대회(Copa Pequeno Craque de Futebol de Base
2007)를 개최하였다. 첫 해는 8개 팀이 출전했는데, 2회부터는
36개 팀이 출전하여 불꽃 튀는 시합을 벌였다. 아래는 제2회
청소년 축구대회를 개최하면서 발간한 책자에 기록된 내용이다.

ABD(Associação Beneficente Diáspora) 선교부는 빈민가에 사는
청소년들에게 꿈과 비전을 심어주고 예수 사랑을 나누려는 목적으

로 시작한 "청소년 축구대회"(Copa Pequeno Craque De Futibol De Base)를 오는 7월 3일부터 Campo Do Clube Andre Vital 축구장에서 진행하게 되었다. 올해로 두 번째 대회인 2009년 청소년 축구대회는 36개 팀이 참가 신청을 하였다. 오는 7월 3일 전도축제인 "Liturgia Da Cerimônia  De Abertura Da Copa Pequeno Craque"로 그 장을 여는 축구대회는 선수단만 700여 명이며, 헤나토 바헤이로스 구청장을 비롯한 왈드리 시의원 마리사 소우자 체육부 담당관 등 많은 인사들이 함께하기로 하였다. 아카데미 생명샘 축구학교는 1997년에  시작되었다.

# 알코올 및 마약중독자 재활원

　　알코올 및 마약중독자 재활원의 공식 명칭은 Comunidade Liberdade E Vida Para Viver(살기 위한 자유와 생명의 공동체)이다. 이곳과 인연을 맺은 것은 1996년이다. 보아스 노바스(걸인교회) 교회 교인 중, 자기의 의지로는 도저히 마약중독에서 벗어나가 힘든 10명의 형제를 이곳에 위탁한 것이 계기가 되었다.

　　보아스 노바스 교회에 나오는 신자는 다양하다. 이리저리 몰려다니는 노숙자와 걸인 출신 성도들은 북동부 지역의 극심한 가뭄으로 인해 고향과 가정을 뒤로 한 채 사웅 빠울루로 왔지만, 돈도 떨어지고 직장도 못 얻어 어쩔 수 없이 거리의 삶을 시작한 사람들이다. 그리고 밥벌이가 시원찮은 게이, 극빈 가정에서 배를 채우려고 자녀와 함께 교회에 출석하는 사람들도 적지 않다. 주일이면 교회당은 이런 극빈자들로 북적거린다. 이들을 상담해 보면 의외로 알코올 중독자가 많고, 마약을 하는 사람들도 있다.

보아스 노바스 교회에 와서 말씀을 듣고 자기의 정체성을 찾으려고 하는 사람들 중에는 시설에 들어가서 중독치료를 받고 싶다는 사람들이 있었다. 그래서 5명의 형제를 수자노(Suzano)에 있는 알코올 및 마약자 재활원에 입소시키고 재정적인 지원을 하였다. 계속하여 2명 또는 3명씩 입소시키다 보니 18명이나 되었다. 높은 담장으로 둘러싸인 재활원에서는 60여 명이 14개월 동안 재활치료를 받는다.

어느 날이었다. 재활원의 간사 파울로가 찾아와서 "재활원의 히베이로 목사가 온다간다 소리도 없이 행방불명되어 더 이상 재활원을 운영할 수 없습니다"라며 도움을 청했다. 나는 찌라덴찌스 교회를 맡고 있는 루이스 목사를 보내어 그곳의 사정을 알아보게 했다. 루이스 목사에 따르면, 히베이로 목사는 몇 개월이 지나도 나타나지 않고 있으며, 재활원은 더 이상 유지할 수 없는 상태가 되었으니 문을 닫거나 대책을 세워야 한다고 했다. 그리하여 ABD 가 인수하여 운영하기로 결정했던 것이다.

1999년 5월, 찌라덴찌스에서 산을 돌아 수자노로 가는 한적한 길가에 있던 농장을 세 얻었고 재활원을 인수받았다. ABD는 경험이 없고 전문지식이 없었으나 재활원을 새롭게 단장하고, 신앙 중심의 군대식 프로그램을 짜서 운영하기 시작했다.

모든 원생을 네 팀으로 나누었다. 식사봉사 팀, 청소 팀, 채소밭 가꾸는 팀, 자원봉사 팀으로 나누어 일을 분배하였고, 한 주간마다 팀이 돌아가면서 공평하게 모든 일을 해볼 수 있도록 하였다. 재활원의 하루 일과는 다음과 같다.

- 6시 기상. 새벽기도, 성경읽기.
- 7시 아침식사팀: 식사준비, 청소팀: 재활원 안팎 청소, 그밖에 두 팀은 운동.
- 8시~12시 반까지 일부는 텃밭을 가꾸며 채소와 과일나무를 돌본다. 다른 일부는 하청받아 온 일을 하게 함으로써 자비량 선교의 기틀을 세워가고 있다.
- 오후 1시 점심을 먹고 오후 4시까지 휴식을 취함.
- 오후 4시부터 6시까지. 성경 공부.
- 저녁을 먹은 후 7시 반부터는 찬양시간을 가진 뒤 재활교육을 받는다. 외부 강사를 초청하여 강연회를 갖고, 정기적으로 의료팀이 와서 진료 및 치료를 해주고 있다. 알코올 및 마약을 끊고 성공한 사람들의 사례발표, 비디오를 통한 재활교육, 그밖에 웃음치료, 물리치료, 건강체조, 한의사들의 다양한 진료와 치료 등이 행해지고 있다.
- 오후 10시 취침.

습관은 제2의 천성이라는 말이 있다. 이들을 통하여 알게 된 것은, 아무리 좋은 교육을 시켜도 옛 습관을 버리고 새 사람이 되는 것은 정말 어렵다는 것이다. 14개월 과정을 마치면 30%의 사람은 마약과 알코올의 유혹을 이길 수 있다고 판정을 받았다. 그러나 출소한 사람들 중에는 몇 개월이 지나지 않아 다시 재활원을 찾아오거나 다른 재활원에 보내지는 사람들이 적지 않았다.

통계상으로는 불과 10% 이내의 사람들만이 재활치료가 된다고
한다. 오직 성령체험을 하면서 치료를 받은 사람만이 완전히 나쁜
습관에서 해방되었다.

8년의 세월이 흐르면서 그동안 이곳을 지나간 사람들이 무려
2,730여 명이 되었다. 이곳에서 예수님을 만나고 치료를 받은
사람들 가운데에는 이 재활원을 맡아 수고하는 호세나우도 죠세
실바 목사와 축구학교 코치로 있는 베네딕토 파울라 마또스 장로,
그리고 스태프로 수고하는 마르셀로 형제가 있다.

# 까자 두 메놀 Casa do Menor, 청소년을 위한 기술 학교

강우량이 적어 메마른 브라질 동북쪽 뻬르남부꾸 (Pernambuco) 주, 세아라 (Ceará) 주, 마라냐웅 (Maranhão) 주, 바이아 (Bahia) 주 등지에서 살던 주민들이 살길을 찾아 도시로 몰려들고 있다. 그 중에 가장 많은 사람들이 사웅 빠울루 주의 위성도시에서 산과 공터를 점령하여 집을 짓고 살고 있다. 한인교회와 ABD는 이러한 지역 빈민들을 대상으로 개척교회를 세워 나갔다. 이런 지역은 한국인은 물론 브라질 사람들도 가기를 꺼려하는 우범지대이다.

그동안 교회를 개척한 지역은 그리세리오, 시다지 찌라덴찌스, 고아비, 오자스꾸 (Osasco), 아에 까르발료 (A. E. Carvalho), 사뽀뻼바 (Sapopemba), 과룰료스, 궁비까 (Gumbica), 삐라시까바 알고도아 (Piracicaba Algodoa), 삐리뚜바 (Pirituba) 등이다.

도시빈민촌에 교회를 세우고 성도들의 가정을 심방을 하면서 기도 제목을 받아 보면, 첫 번째가 "일자리를 주옵소서!" 이고, 둘째는 "도망간 남편이 돌아오게 해주시든지, 새 남편을 주옵소서!"였다.

브라질 법은 이혼을 하면 집도, 자식 양육권도 모두 여자에게 돌아갈 뿐 아니라, 남자는 자녀가 18세가 될 때까지 의무적으로 양육비를 감당해야 한다. 이를 이행하지 않을 시에는 법적으로 구속된다. 이 때문에 남자들이 이혼하지 않고 도망가는 일이 빈번하다. 이러한 가정들의 자녀들은 방치되기 십상이고, 부모의 관심과 간섭이 소홀한 아이들은 점점 죄악에 쉽게 물들어 간다. 이것이 브라질의 현실이고 청소년들의 문제이다.

ABD는 거리를 방황하는 청소년들에게 기술을 가르쳐 주고 일자리를 마련해 주기 위한 사역으로 찌라덴찌스, 리베르다지, 아 에 까르발료, 삐리뚜바에 그 지방의 특성과 실정에 맞는 까자두 메놀을 세웠다.

1995년 4월 16일자 「남미동아」(브라질 판) 1면에 "브라질 청소년 문맹자 130만 명"이라는 기사가 실렸다. 그리고 유니세프(UNICEF, 유엔아동기금)에 의하면, 브라질 전국도시 별 청소년 문맹자 (15세~17세 사이) 수는 평균 9천 명이나 되었다. 또한 UNICEF와 IBGE (브라질 국토지리 통계청)의 공동조사도 15~17세 청소년들의 문맹률이 제일 낮다며, 브라질의 교육제도의 맹점이라고 지적했다. 이는 부모들의 무관심 속에서 배울 기회를 갖지 못해 생긴 사회적 병리현상이라 할 수 있다. 교회와 함께 선교를 시작한 한인교회와 ABD는 이러한 브라질의 현실 속에서 도시빈민들을 향한 가장 효과적인 선교사역이 교육을 통한 선교임을 확인하고, 각 지역에 탁아소와 까자 두 메놀을 세워 나가기 시작했다.

시다지 찌라덴찌스 고아비는 한국으로 말하면 70년대의 성남과 비슷한 지역이라고 할 수 있다. 사웅 빠울루 시에서 약 40km 떨어져 있는 이곳에는 정부 주택공사가 마련해준 무주택자들을 위한 주택단지가 있는데, 약 60만 명이 살고 있다. 여기에 찌라덴찌스 장로교회를 세우고 도시 빈민 사역으로 탁아소와 까자 두 메놀을 개원한 것이다. 처음에 50명을 모아, 먹이고 공부를 시켜주었다. 문맹을 타파할 수 있도록 포어를 가르치고, 예수님을 만날 수 있도록 성경을 가르쳐 주면서, 수학, 역사 등 일반교육도 가르치고 있다. 특히 이 학교는 기술교육(바느질, 미장이, 전기, 목공 등)을 중점적으로 가르쳤다. 문맹을 타파하고 신앙심을 갖도록 하며, 1인 2기 이상을 습득하도록 권면하고 있다. 일하고 공부하면서 언제든지 직업을 가질 수 있는 실력을 갖추도록, 이들에게 꿈과 비전을 심어주고 용기를 북돋아주고 있다. 이들의 이야기를 들어주고 위로하면서, 신앙인의 긍지를 가지고 사회에 적응하도록 교육하고 있다.

1996년 6월 18일 한인교회가 구입한 R. Trav. Ruggiero 2번지에 리베르다지 까자 두 메놀을 개원하였고, 컴퓨터과를 신설하였다. 까자 두 메놀이 추구하는 것은 방황하는 청소년들이 하나님과 바른 관계를 맺고 축복의 땅 브라질에서 행복하고 보람있게 사는 것이다.

# 소빠웅 sopão, 급식사역

"너는 네 식물을 물 위에 던지라 여러 날 후에 도로 찾으리라.
일곱에게나 여덟에게 나눠줄지어다. 무슨 재앙이 땅에 임할는지
네가 알지 못함이니라"(전 11:1-2).

브라질은 빈부격차가 심한 나라이다. 잘 사는 사람은 미국과
유럽의 상류층 사람보다 더 잘 살고 있다. 산 속에 별장이 있고,
해변에 요트가 드나드는 고급 아파트가 있으며, 식구별로 외제
자동차를 타고 다닌다. 거기에다 해마다 국내 여행 두 번, 해외여행
한 번은 기본적으로 갈 수 있는 형편이 되는 이들이 상위 그룹이다.
반면에 하위 그룹은 방글라데시의 빈곤층보다 더 못사는 사람들이
많다. 길거리를 가다보면 흔히 쓰레기통에서 먹을 것을 찾는 사람
들을 볼 수 있는데, 이들이 하위 그룹이다.

도시빈민 사역은 이와 같이 가난한 사람들을 대상으로 하는
사역이기에 사역을 다방면으로 펼칠 수밖에 없다. 배고픈 자에게

는 빵이 급하고, 목마른 자에게는 물이 더 시급하다. 추워서 떠는 자에게는 의복이 필요하고, 병든 자에게는 약이 더 급하다. 배고픈 자, 목마른 자, 추워서 떠는 자, 병든 자를 앉혀놓고 "예수 믿고 구원을 받으라"고 백 번 말하는 것보다 그들이 필요로 하는 것을 먼저 주어야 하지 않을까.

시다지 찌라덴찌스에 사는 사람들의 집은 모두가 무허가 건물인 데다가 대부분 시유지 위에 지어진 것이다. 그리고 집세가 부담되어 한 집에 대여섯 가정이 모여 사는데, 대부분은 살라리오 (salário mínimo 월급)를 한 개 (680 헤알, 약 28만 원 정도)를 받는다. 그 돈으로는 도저히 집세와 공과금을 내고 먹고 살 수가 없다. 딱한 것은 직장도 없이 일거리를 찾아다니는 사람이 태반이나

찌라덴찌스 교회의 예배 모습. 빈민지역의 성도들이면서도 그들은 더 가난한 자, 헐벗은 자를 위해 기꺼이 손을 내밀어주었다.

된다는 것이다. 이들은 아침 5시에 인력 시장으로 나간다. 다행히 일을 할 수 있게 되면 품삯을 받아서 생필품을 살 수 있지만, 일거리를 못 찾고 허탕을 치는 날에는 실의에 찬 얼굴을 하고 터덜터덜 힘없이 집으로 돌아와서 허기진 배를 부여안고 잠자리에 들어가야 한다.

ABD는 이들에게 빵을 나눠 주기로 결정하고 백방으로 먹을 것, 입을 것을 모았다. 첫 번째로 개척한 찌라덴찌스 교회 성도들에게 '이웃을 사랑함은 손을 펼쳐 선을 행하는 것'임을 가르쳤다. 목회자를 비롯한 교회의 리더들이 솔선해서 급식 헌금을 냈다. 자신들에게도 필요한 돈, 쌀, 기름, 옷, 장난감이지만 자신들보다 더 어려운 이웃들과 나누어 쓰자면서 가져오기 시작했다. "주는 것이 받는 것보다 복이 있다"(행 20:35)는 성경말씀을 인용하면서 "내게도 필요하지만 그래도 줄 수 있을 때 감사하며 주자, 그리고 하나님의 축복을 경험하며 살자"고 강조하였다.

감사한 것은 찌라덴찌스 교회에서 예수를 영접하고 주님의 자녀들이 된 성도들이, 이 교회에 보내심을 받은 부족한 나를 주의 종으로 따르며 사랑하고 존경해 준 점이다. 그들은 내가 전하는 말을 믿어 주고, 귀담아 듣고, 실천해 주었다. 매주 목요일마다 소빠웅 사역을 할 수 있도록 먹을 것이 모아졌다. 배고프고 가난한 사람들이 매주 한 끼는 배부르게 먹을 수 있게 되었다. 또한 교포교회에 광고하여 의류, 치약, 비누, 생활필수품, 쌀, 페이자웅 (feijão, 동부), 밀가루, 기름 등을 모아 일부는 소빠웅 (죽) 사역에 사용하고, 나머지는 특별히 도움이 필요한 가정들에게 공급해 주었다.

ABD는 항상 100인분 이상의 음식을 조리하여 동료 및 이웃과 나누고 있다. GMS 신학교도 학생들에게 아침과 점심을 무상으로 공급해 주고 있으며, 꼴레지오 디아스포라에서도 매일 교사들과 일부 학생들에게 음식을 공급하고 있다. 알코올 및 마약 중독자 재활원에도, 밀알선교단에 있는 장애아 학생과 교사와 자원봉사자에게도, 탁아소 원생과 교사들에게도 일용할 양식을 공급하고 있다. 한두 번 주는 것이 아니라 매일 준다는 것이 생각보다 쉬운 일은 아니다. 그런데 20여 년 동안 한 번도 중단하지 않고 정한 시간 정한 장소에서 급식할 수 있었던 것은 하나님의 전적인 은혜가 아닐 수 없다.

예수께서 축사하시고 보리떡 다섯 덩이, 물고기 두 마리로 5천 명을 먹이고도 남게 하신 기적의 역사는 지금도 이어지고 있다. 거기에는 분명한 해답이 있다. 이 일은 자타가 공인하는 선한 일이고 좋은 일이기 때문이다.

동참하는 분들도 다양하다. 자기의 이름을 절대 거론하지 말라고 부탁하는 사람이 있는가 하면, 꼭 사진을 찍고 신문에 이름 내기를 좋아하는 사람도 있다. 그러나 대부분의 사람들은 자신의 형편도 어려우면서 주님의 은혜에 보답하고자 헌금을 하는 분들이다. 많은 분들의 후원으로 지금까지 모자람이 없이 지속적인 사역을 하고 있는 것이다.

가끔은 슈퍼마켓, 또는 메르까두(mercado, 도산매시장) 등지에서 유통기한이 얼마 남지 않은 우유, 각종 식품 및 과자, 그 밖의 생필품을 트럭으로 줄 때가 있다. 그런 경우에는 유통기한 안에 물품을 다 소비해야 하기 때문에 필요한 모든 사람들에게 골고루 나누어줄 뿐 아니라 찌라덴찌스 교우들에게도 나누어준다.

하루는 사랑의 교회에 새벽기도를 갔다가 돌아오는 길에 밀알선교단 사무실에 들렀다. 무명의 성도가 정기적으로 쌀을 공급해 주시는데, 쌀이 많이 남았다면서 "목사님, 선교지에 필요하면 가져다 쓰세요"라고 해서 쌀 120kg을 가져왔다.

GMS신학교는 밀알선교단에서 해마다 비정기적으로 공급해 주는 쌀로 신학생과 교수를 비롯한 방문객들에게 무상으로 식사를 제공하고 있다. 합력하여 선을 이루게 하신 하나님을 찬양한다.

# 노인대학 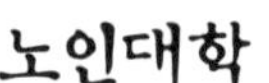

교회는 시대 상황을 제대로 읽을 줄 알아야 하고, 변화의 위기상황을 시대발전의 기회로 삼을 수 있어야 한다. 그러기 위해서는 하나님께서 주신 꿈과 비전을 항상 나눠야 한다고 생각한다. 하나님께서는 아브라함을 부르시고 본토 친척 아비집을 떠나라 하시면서, "네가 복의 근원이 될 것"이라고 약속하신다. 그리고 말씀을 좇아 살았던 아브라함과 늘 함께 하신다. 롯을 떠나보낸 후 하나님은 아브라함에게 "눈을 들어 동서남북을 바라보라. 보이는 땅을 내가 너와 네 자손에게 주리니 영원히 이르리라"며 꿈과 비전을 주셨다.

미래의 번영은 객관적 조건과 환경들에 의해 그냥 막연히 오는 것이 아니라, 하나님의 약속을 믿고 주체적인 의지로 전망하고 시작할 때 주어지는 것이리라.

디아스포라 노인대학의 출발은, 어느 날 성경을 읽다가 아브라함, 모세, 갈렙이 나이가 많았음에도 하나님과 함께 꿈과 비전을 가지고 출발하여 멋지게 사역을 한 장면들을 보고 도전을 받은 것이 시초가 되었다. 고생고생하며 이국땅에 한국인 삶의 터전을 일군, 나이 들어 버린 이민 1세 어버이들을 생각하게 되었다.

브라질 이민 1세들은 낯선 땅에 굳건한 한인 사회를 세우고, 교회를 헌신적으로 섬기며, 어렵고 힘든 여건 속에서 자녀들에게 꿈을 심어주고 대학을 졸업할 수 있도록 뒷바라지했다. 이제 백발이 성성한 이들이 천국에 소망을 두고, 이 땅에서의 남은 시간을 보람되게 보내며 즐겁게 살 수 있도록 돕는 교회가 되고 싶었다. 그렇게 시작된 것이 노인대학이다.

이 학교의 첫 단추는, 1996년 한인교회에서 교포교회 노인들을 대상으로 시작한 사역이다. 처음부터 디아스포라 노인대학으로 출발하였다. 개교예배 설교는 마침 브라질을 방문한 전 총신대 총장이었던 김의환 목사가 맡아 주었다. 주 3일 오전 9시에 시작하여 비디오 성서통신대학, 건강강좌, 즐거운 노래시간, 명사 초청 강의, 점심식사 등의 순으로 진행된다. 매주 금요일은 탐방교육 시간으로 박물관, 방송국, 미술관 등, 바쁜 이민생활 때문에 한 번도 가보지 못한 곳을 방문하여 사진도 찍고 브라질의 역사와 문화를 배우게 했다.

1년이 지난 뒤엔 졸업식을 성대하게 치렀다. 졸업식에는 총영사를 비롯하여 한인회장과 교포사회 유지들이 참석한 가운데 졸업생 자녀들과 손자들이 대거 참석하여 교포사회에서 가장 큰 잔치가 되었다. 평생 꿈이었던 사각모자에 가운을 입은 졸업생들은 눈물을 흘리며 감격하였고, 그 모습을 본 가족들은 함께 축하하며 행복해했다.

해마다 프로그램이 업그레이드되었고, 좋은 강사들이 줄을 이어 협력해 주었다. 그런데 한인교회 노인들이 "우리교회에서 모든 경비를 대어 운영한다"고 불평하였고, 다른 교회에서 온 노인들은 시샘을 하는 등, 조금씩 문제가 드러났다. 노인대학 건물까지 별도로 지었지만, 노인대학의 미래를 위해서 현재 디아스포라 선교관으로 사용하고 있는 Rua Lavapés 474 건물로 장소를 이전하였다 (2004년 9월). 그리고 목회연구원 멤버이며 가까운 동역자인 홍순표 목사, 배성학 목사, 김영수 목사, 이한우 목사, 황신확 목사 등의 협조를 받아서 노인대학을 재정비하였다.

한인들이 많이 살고 있는 4개 지역을 나누어 동료 목사들이 각 지역을 교회의 미니버스로 돌며 노인대학생들의 통학을 돕고 한 강의씩 맡아 주었다. 또한 노인대학 학장을 1년씩 돌아가며 봉사하게 하여, 노인사역은 점점 성숙되어 갔다. 노인대학생들은 효자보다 노인대학이 낫다며 자랑하였다. 매 학기를 마친 다음에는 브라질의 명소를 두루 다니며 3박 4일 수련회를 가졌고, 수학여행으로 성지순례도 다녀왔다. 그러다보니 브라질의 유명온천은 다 다녀왔을 뿐 아니라, 아름답고 물 좋은 곳은 다 방문한 셈이 되었다. 그러자 노인대학생의 자녀들이 학교에 감사하는 마음을 가지게 되었고, 교포사회 역시 따뜻한 시선을 보내기 시작했다.

그런 가운데 교포사회 안에서 노인 사역이 여기저기에서 시작되었고, 교회들 역시 노인사역에 관심을 갖게 되었다. 새소망교회와 연합교회가 노인대학과 비슷한 사역을 시작하여 노인들께 선물과 용돈을 드렸다. 또한 취미교실 등 색다른 프로그램을 개발하여 주 1회 노인사역을 시작했다.

디아스포라 노인대학은 다른 교회가 노인 사역에 관심을 갖고 프로그램을 시작하더라도 거기에 감사하면서 날짜와 시간이 중복되지 않도록 시간을 변경하는 등, 경쟁구도로 가지 않도록 노력했다. 특별히 노인들끼리 경쟁을 하거나 눈치를 보지 않도록, 여러 곳을 다니며 즐겁게 노년을 보내라고 권면하였다.

세월이 흐르면서 노인들의 나이가 팔순이 넘는 분들이 많아졌다. 엘리베이터가 없는 4층을 오르기 힘들어 하여, 봉헤찌로에 있는 '행복한 교회'로 장소를 이전하였다. 하지만 '행복한 교회' 설립자의 반대로 다시 장소를 '선교교회'로 옮겼고, 다시 사정이 생기는 바람에 한 학기를 마치고 다시 '주선두교회'로 이전하였다. 하지만 '주선두교회'마저 교회당이 팔려 이전하게 되어 다시 장소를 옮길 수밖에 없었다.

어느새 담당교수들도 노인대학의 입학연령이 되었고, 여러 가지 사정이 생겨 더 이상은 노인사역을 계속할 수가 없게 되었다. 노인대학생들은 간절하게 원했지만, 부득이하게 디아스포라 노인대학은 막을 내릴 수밖에 없었다.

# 브라질 GMS신학교

브라질 GMS신학교(Seminário Teológico GMS do Brasil) 사역은 대한예수교장로회(합동) GMS(Global Mission Society) 선교부에서 파송한 브라질 지부의 공동사역이다. 브라질로 파송받은 선교사들의 사역은 다양하다. 그 중 GMS 남부의 지부원 25가정은 각자 다른 현지사역을 진행하면서 함께 일할 현지인 사역자들을 절실히 필요로 했다. 전통 있는 브라질장로교(Igreja Presbiteriana do Brasil)는 정책적으로 노회에서 신학생들을 주관하기 때문에 고정임금과 장학금을 지불하지 않으면 함께 일할 수 없는 조건인지라, 부득불 침례교 또는 오순절 신학교 출신의 현지인 동역자들과 일을 할 수밖에 없었다. 그런데 함께 일을 하다보면 서로의 문화와 세계관이 달라 종종 어려움에 봉착하게 된다.

현지인 동역자들 중엔 기본신학이 정립되지 않은 사람도 있었고, 아주 다른 신앙노선에 서 있는 사역자도 있었다. 대부분의 사람들은 신학적인 기초가 약하여 함께 동역함에 어려움이 많았다. 특히 브라질은 하나님의 성회에서 파생되어 나온 대형교회가 많을 뿐 아니라, 매스컴을 통해 브라질 사회 전반에 영향을 미치고 있기에 바른 신앙과 바른 신학이 반드시 정립되어야만 하는 실정이다. 이런 상황 가운데 신학교 설립에 대한 의견이 가끔씩 지부회의에서 거론되었다. 그러나 그때마다 찬반 의견이 오고 갔다.

"이 나라에는 이미 신학교가 많은데 꼭 언어와 문화에 미숙한 한국인들이 또 하나의 신학교를 세울 필요가 있느냐?"는 반대 의견과 함께, 개혁주의 노선의 "복음주의 교회를 세우려면 바른 신학과 신앙을 소유한 신학생을 양성할 신학교가 반드시 필요하다"는 의견으로 나누어졌다. 더욱이 개혁주의 노선에서는 브라질에서 공인받은 좋은 신학교는 대부분이 교단 신학교이기에 교단성이 강하고 한국선교사들이 세운 교회에 관심이 없을뿐더러, 자신들의 조건을 수락하지 않는 이상 교역자 공급은 해줄 수 없다는 강경한 입장을 내세웠다. 상황이 그렇게 돌아가자, 한국 신학교의 설립이 필요하다는 의견이 갈수록 많아져 갔다.

그러던 중, 2001년 한국 GMS선교부의 허명호 사역국장이 브라질을 방문했다. 허국장은 시니어 선교사들과 산또스 해변에서 친목을 겸한 회의를 인도하던 중, GMS 남부지부 공동사역으로 신학교 설립을 하기로 의견을 모으고, 사웅 빠울루에 올라와 지부 총회를 열어 브라질 GMS지부 공동사역으로 신학교 설립을 결의하였다. 그 당시 나는 이사장으로 선출되었고, 학장으로는 송진윤 선교사가 뽑혔다. 그리고는 때마침 한국방문을 하는 나에게 새로 설립하고 운영할 브라질 신학교 이사조직 및 후원회 조직에 대한 전권을 위임했다.

그 후 한국방문 중에 GMS 본부와 의논한 뒤 사무총장의 협조를 받아, 브라질에 선교사를 파송한 교회의 당회장들을 중심으로 브라질 신학교 이사회를 조직하였다. 이사장에는 동도교회 홍성개 목사가 선출되었다. 동도교회가 신학교 후원금으로 5만 불을 작정해 주었고, 전국 여전도회 연합회에서는 정기적인 후원과 매해 '한 교회 설립'을 약속해 주었다. 나는 주어진 임무를 마치고, 며칠 후 한국을 방문하는 신임 학장 송진윤 선교사에게 경과보고를 하여 나머지 일들을 추진하도록 했다. 나는 애초에 계획했던 대로 3개월 간 러시아, 카자흐스탄, 터키 등 선교지를 탐방하고 GP선교회의 전략회의에 참관한 후 브라질에 돌아왔다.

브라질에 돌아와 보니 상황이 많이 달라져 있었다. 내가 섬기는 교포교회에 문제가 있었고, 특별히 공동사역으로 결의하고 새 임원진을 선출한 신학교의 조직에 변화가 있었다. GMS 지부 정기 모임이 있어 출석하였는데, 개회를 하자마자 일부 회원들이 큰소리로 지부장이며 신학교 학장인 송진윤 선교사에게 동도교회가 브라질 신학교 후원금으로 약속한 5만 불에 대한 분명한 답변을 요구하였다. 그리고 그동안 브라질에서 이춘기 장로와 노재영 집사 등을 통하여 5만 불이 신학교설립헌금으로 들어왔다며, 새로운 운영진 선출을 제기하였다.

나는 그때 교회적으로 할 일이 많았고 또 새로운 변혁을 시도하고 있었기에 잘 되었다 싶었다. 이미 한국에 나가서 이사회를 조직한 것으로 내 임무는 끝났다고 생각하고 있었다. 그래서 기쁜 마음으로 이사장직을 사임했다. 찬반 의견이 갈렸다. 그런데 지부장 송진윤 목사는 문제가 복잡하고 회의장이 어수선해지자, 정회를 선포하고 속회를 선포하지 않았다. 그러자 부지부장인 故 김활수 목사가 속회를 선포했다. 그 자리에서 이사장 사표를 처리했고, 학장을 경질하였으며, 새로운 이사회 조직과 함께 학장을 선출했다. 또한 양승만 목사, 노시영 선교사, 홍석기 선교사를 신학교 건립모금 위원으로 정하였다. 그 후 이들이 전국교회를 다니면서 후원금을 모금하여 Rua Dr. Luiz Carlos 1094에 신학교 건물을 신축하고 운영을 시작하였다.

얼마의 시간이 흐른 후, 다시 운영자들 간에 의견충돌이 일어나 시끄러운 일들이 벌어졌다. 이것이 한국 GMS본부에 보고되어 한국에서 특별위원(김성길 이사장, 김주경 사무총장, 조병철 브라질부위원장)이 브라질을 방문하여 그간의 일들을 살펴보게 되었다. 그동안 브라질 신학교와 교단문제로 선교사 간에 화합이 이루어지지 못했음에 관계자들은 주님 앞에서 사죄하고 서로 용서하게 되었고, 그로써 새로운 공동사역의 장이 마련되었다.

그 후 2004년 한국을 방문 중이었을 때였다. GMS선교본부 이사장인 시온소교회 김성길 목사가 어려움에 봉착한 신학교를 바로 세우기 위해 사명감을 갖고 브라질신학교 학장직을 맡아 달라고 요청했다. 쉽게 결정할 사안은 아니었지만, 주님의 명령이라고 생각하고 고민 속에 학장직을 수락하였다. 그리고 GMS남부 지부 모임을 소집하여, "모든 것이 합력하여 선을 이룰 수 있도록 지금까지 신학교 교사 건립을 위해 모금을 하고 학교설립에 땀 흘려 수고한 모든 분들의 공이 희석되지 않도록 하자"고 의견을 모았다. 또한 경제적으로 손실을 본 김활수 선교사의 모든 채무를 갚아주기로 하고, 정식으로 날짜를 정하여 학장 이취임식을 졸업식과 함께 하기로 결의하였다. 이 결의는 학장이었던 김활수 선교사도 함께 동참한 자리에서 한 것이었다.

인수인계 절차를 밟아 가던 중에 전 지부회원들이 빵야에 있는 신학교를 방문했다. 그런데 김 선교사가 학교 문을 열어주지도 않고, 면담을 거절하였다. 그 후 모든 결의를 파기하고 김 선교사는 졸업식 장소와 날짜를 바꾸어 단독으로 거행하였다. 지부 서기가 이 사실을 그대로 본부에 보고하자 GMS본부는 김활수 선교사를 소환하여 재판국을 설치하고 뜻을 굽히지 않는 김 선교사를 면직하였다.

그 후 한국 GMS본부는 빵야에 있는 신학교 건물을 되찾아서, 그곳에서 신학교를 운영해 줄 것을 요구했으나, 브라질 GMS신학교 임원들과 지부 임원들은 재산권을 찾기 위해서 사회법정으로 가는 일은 하지 않기로 결의했다. 그리고 원만하게 문제가 해결되기까지, 브라질 현재 실정에도 맞는 '주말 학점제' 신학교를 운영하기로 결의했다. 장소는 Lavapés 474에 있는 디아스포라 선교관을 사용하기로 했다.

이상과 같이 파란 많은 사연 속에 시작된 GMS신학교는 그동안 3회 졸업생을 배출했으며, 해마다 10~20여 명의 신입생이

들어오고 있다. 타 교단에서 목사 안수를 받고 목회를 하는 분들 가운데서도 올바른 신학과 한국 신앙을 배우고자 지원하는 수가 적지 않다. 교수는 포어 강의를 할 수 있고 석사학위 이상을 가진 한국 선교사와 목사가 50%이고, 나머지 50%는 현지 신학교 교수 또는 성공적인 목회자 가운데 책을 펴낸 저자나 석사학위 이상을 소유한 분들이다. 자연히 실력있는 교수들이 잘 가르치는 학교, 아침과 점심을 잘 주는 학교로 소문이 나서 광고 한 번 하지 않았지만, 학생들이 계속하여 지원하고 있다.

또한 브라질 GMS신학교는 AETAL(Associação Evangélica Educação Teológica na América Latina, 라틴신학협의회)에 가입

GMS 신학교 수업 장면. 브라질 파송 GMS지부 선교사들이 공동사역으로 시작한 GMS신학교는 11년이 지나면서 3회의 졸업생을 배출하고 그 중 8명의 졸업생이 졸업 후 2년의 목회훈련을 받은 후 목사고시를 치른 후 목사안수를 받았다.

되어 커리큘럼을 공유하고 있으며, 신학교의 질적 향상에 힘쓰고 있다. 아울러 보수적인 성경신학을 견지하고, 예수 그리스도의 생명으로 교회를 새롭게 하며, 예수 그리스도의 복음과 사랑으로 세상을 변화시키기를 열망하면서, 주님의 마지막 명령인 선교사명을 수행하는 일꾼을 양성하고자 최선을 다하고 있다.

브라질 GMS신학교는 목회현장에서 조직신학, 역사신학, 성경신학 외에 실질적으로 사용할 수 있는 실천신학 과목을 채택하여 어린이전도협회 강사를 초청, 집중적으로 강의를 들은 후 자격증을 얻게 하고 있다. 또한 음악, 교회 재정관리학, 전기, 수도, 컴퓨터, 교회일람 제작 및 교우 관리법 등을 한 학기씩 수강할 수 있도록 하고 있다.

교수들에게는 강의 전에 강의안을 제출하게 함으로써 강의의 질을 높이고 신학적 문제가 야기되지 않도록 사전에 점검하고 있다. 학제는 4년제이지만, 학점제 운영이기 때문에 보통은 5년, 길게는 7년 만에 졸업을 한다. 졸업 후 2년의 목회 현장경험을 쌓은 뒤 성경강해와 함께, 자신의 목회현장을 중심으로 한 소논문을 제출하게 하고 있다. 목사고시위원은 GMS시니어 선교사와 교수, 그리고 본교를 졸업한 목사들로 구성된다. 목사안수는 신학교 졸업식장에서 거행되고 있다. 지금은 독노회 조직을 준비하고 있다. 총회 성격을 띤 독노회가 조직되고 교회가 성장하게 되면 노회에 신학교를 이양할 계획이다.

# 브라질 기독신문

「브라질 기독신문」은 1985년 7월 7일 창간되었다. 그 당시 브라질에는 한글로 된 인쇄물이 많지 않았다. 하루는 브라질 한국일보 홍성천 사장이 "불교인들이 불교신문을 만들고자 움직이는데 교포사회의 중심이 되는 교회에서 먼저 신문을 만들어야 하지 않겠느냐?"면서, 자신이 인쇄인으로 협력할 터이니 신문을 제작해 보라고 하였다.

한국에서 브라질로 떠나기 전에 「월간 목회」 편집인이었던 친구 김윤규 목사가 "외국에 나가면 문서활동을 할 기회가 있을 터이니 인쇄물을 편집하는 데 관심을 가지라"며 몇 가지를 일러주었었다. 무식하면 용감하다고 했던가. 신문인이 아니면서도 용감하게 신문을 발간하기로 작정하고, 뜻이 있는 몇 사람을 모아

신문을 발간하기 시작하였다.

"개혁 신앙의 보수, 진리 수호의 대변, 세계 선교의 교량, 교회일치와 사회봉사"로 사시를 정하고, 제호를 "브라질 기독신문"으로 정했다. 발행인 조용덕, 편집인 강성철, 인쇄인 한옥균으로 조직하고, 7월 8일 아세아식당에서 교계의 많은 교역자 및 교우들, 그리고 한인회장을 비롯한 각계 인사들이 참석한 가운데 기독신문 창간예배를 드렸다.

기독교연합회 박성준 목사, 남미노회장 이장수 목사, 공로명 브라질 대사, 박태순 한인회장, 오채기 총영사, 한국선교100주년 기념사업 협의회 회장 김용천 목사, 교역자회 장명도 목사, 장로회 회장 김승준 장로 등의 축하를 받으며 시작된 문서선교는 그동안 참으로 많은 일들을 했다.

기독신문이 펼쳤던 일을 돌아보면 다음과 같다.

- 기독청소년들의 정체성을 찾기 위한 청소년 연합수양회를 열수 있도록 지원하고, 교사 강습회와 모임을 자주 갖도록 실질적인 산파 역할을 함.

- 교계와 교회사회의 화합을 주도해 나가면서 각 교회가 선교를할 수 있도록 정보를 제공하고 선교비를 지원할 수 있도록 홍보함.

- 현지인 교단과 교포교회, 현지인 선교단체와 협력할 수 있는장을 열고, 북미총회와 남미노회가 협력선교를 할 수 있도록

교량역할을 하고, 교회가 앞장서서 펼쳐야 할 사회사업을 개발함.

- 고국의 교회소식과 세계선교의 동향을 알리고 이단들이 들어오지 못하도록 교회를 보호함.

- 기독교 문화권이 교포사회에 자리 잡아 가도록 문화활동, 사회봉사, 구제 등을 적극적으로 펼칠 수 있도록 캠페인을 벌이고, 평신도 단체들을 조직케 하고, 사업을 할 수 있도록 정보를 제공하고 기회를 만듦.

- 평신도 협의회(지휘자 협의회, 청장년면려회, 총대학생회, 교사연합회 등)의 조직을 도움. 정관을 만들 수 있는 기초자료를 제공하고 첫 사업을 할 수 있도록 일거리 제공 및 홍보, 조직된 평신도 협의회를 기독교 연합회 산하에 두어 교회와 유대관계를 맺고 목회자들의 지도를 받으며 마음껏 할 수 있도록 교량역할을 함.

- 지휘자협의회 (회장 이수훈집사)를 조직하고, 첫 사업으로 "성가연합합창제"를 엶. 청장년 면려회 (기독교남전도회 전신, 회장 이화평 목사)와 함께 이광재, 박재란, 은방울자매 김진협 씨를 초청하여 연예인 찬양과 간증의 밤, 김동길 교수 세미나 등의 사업을 펼침.

- 여전도회연합회 (회장 이경애)의 신학교 돕기 의류바자회, 어버이 잔치, 한인 총대학생회(회장 허명종)의 대학인 음악회, 대동제 등을 개최함.

- 주일학교 연합회 (회장 박철훈 장로)를 20년 만에 처음으로

조직하여 첫 사업으로 주일학교 지도자 강습회를 개최함. 교과 과목 및 강사는 다음과 같다.

교사의 사명 (김용천 목사), 교회 교리 (이장수 목사), 교사론 (정성 대 목사), 주일학교 운영 및 관리 (한원엽 목사), 성경지리 (박동실 목사), 기독교 교육 (손창호 목사), 어린이 훈련 (홍순표 목사), 자율적 성경공부 (임창진 목사), 설교작성 및 설교법 (신세균 목사), 주일학교 분반지도 (배성학 목사), 청소년 이성문제 지도 (강성철 목사), 성경학교 특별활동 및 동화 구연법 (박희성 목사), 제자 훈련 (배영식 목사), 어린이 심리학 (문명철 목사), 교회학교 운영 및 회의법 (박재호 목사), 상담학 (김환모 목사), 복음송 지도 (하경 남 전도사), 찬송 지도 (문선미 선생), 율동 지도 (홍성애 사모), 레크레이션 지도 (이광이 집사), 시청각 교육 (어린이전도협회) 등으로 조직하였다. 초교파적으로 인원을 동원했으며, 5일간 교포 사회의 교육축제가 되도록 뒷바라지를 하였다.


기독신문은 특히 이민 1세 부모들이 청소년 자녀들을 이해할 수 있도록 좌담회 등 대화의 광장을 마련하였다. 좋은 강사들을 선정하여 부모들의 의식을 일깨워 갔다. 그밖에 교회대항 청소년 배구대회, 사라웅 (Salão) 축구대회, 깜뽀 (Campo, 운동장) 축구대 회를 개최하여 청소년들과 부모들이 함께 어우러져 친밀한 교제를 나누게 하였고, 복음성가 경연대회를 통해 교포사회 인재들을 발굴하고 양성하였다.

브라질은 어디에서나 마약을 쉽게 가까이 할 수 있는 환경이기 때문에, 편집실에서 특집으로 마약을 다루었다. 마약중독자들의

144

증상과 말로를 여실히 보여주면서 "그리스도인은 정신적 불안과 갈등을 믿음으로 극복해야 하며 마약과 같은 환각제에 의지해서는 안 된다"고 강조했다. 마리화나, LGD 25, Cocaína, Anfetamina, 대마초 등을 다루면서 '왜 마약 중독자가 되며 어떻게 시작되는지'를 알려주고, 청소년 시절에 마약을 가까이 하는 원인이 부모와의 대화부족에서 옴을 강조하면서 부모와 자녀 간에 대화가 원만하게 이루어지도록 홍보했다.

아울러 기도원 운동을 펼쳤다. 영성훈련을 위해서 주말 기도원 기도, 특별 금식기도 등을 장려했다. 특별히 감사한 일은 창간 1주년을 맞으면서 대학생 총연합회가 주축이 되어 기독신문 부설 '포어신문'(O Jornal Evangélico Coreano)을 발간하기 시작한 것이었다.

1987년 기독신문 100호를 내면서 축쇄판을 만들어 보급할 정도로 브라질 교계에 중심 역할을 해 나갔다. 기독신문의 역할이 많은 사람들에게 도전이 되어 브라질 사회에 새로운 문서들이 쏟아져 나왔다. 「주간 한국」(홍성학), 「주간 조선」(민병진)에 이어 「복음의 빛」(박정석), 「빛」(연합교회), 「무궁화」(한인회), 「새생명」(양삼열), 「만나」(동양선교교회), 「새소망」(새소망교회)이 간행되고, 향군지, 태권도, 골프, 테니스 관련 간행물이 줄을 이어 발간되었다. 그 후에도 「남미동아」(박태순), 「뉴스브라질」(김정남), 「사웅 빠울루 저널」(김우진) 등이 발행되어 읽을거리, 볼거리 들이 풍성해졌다.

# 현지인 목사들의 한국방문

ABD는 2005년 9월 29~10월 13일, 한국교회 성장을 공부하기 원하는 브라질 현지인교회 목사 12명을 인솔하여 한국을 방문하도록 주선하였다. 디아스포라선교회 한국본부(대표회장 정회길 목사, 사무총장 방한길 목사, 총무 문인주 목사)의 환영을 받고, 명성교회(김삼환 목사)가 선교관을 숙소로 제공해 주셨다.

100년의 역사와 전통을 자랑하는 승동교회와 군산개복교회(최광렬 목사), 남미의 모든 목사들이 방문하기를 요청하는 여의도 순복음교회(조용기 목사), 금란교회(김홍도 목사), 명성교회(김삼환 목사), 부산수영로교회(정필도 목사), 중형교회인 승동교회, 동도교회(홍성개 목사), 농촌교회인 광주영광교회(김대근 목사), 지방교회인 부천 천산중앙교회(조원형 목사), 부산 시민교회(원동연 목사),

146

광주 삼애교회(정금재 목사), 상가교회인 천우교회(배광영 목사), 선교 중심의 교회인 전주 안디옥교회(이동휘 목사), 제자훈련 교회인 사랑의 교회(오정현 목사), 개혁주의 교회로 사회변혁을 추구하는 강변교회(김명혁 목사)를 방문하였다.

또한 CTS기독교 텔레비전 방송국을 방문하여 프로그램에 출연, 찬양하는 시간을 가졌고, 대한예수교장로회(합동) 총회회관을 방문하여 황승기 총회장과 장차남 부총회장을 모시고 간담회를 가졌다. 또한 마침 기독신문 김원삼 장로가 사장에 취임하게 되어 축하사절단으로 취임축하도 하였다.

브라질 현지인 지도자 일행은 여수 손양원 목사 기념관과 묘소를 돌아보며, 한국에 흐르고 있는 순교자들의 피가 오늘의 한국교회 성장의 원동력이 되고 있음을 깨달았다. 또한 각 교회 담임 목사들의 목회철학을 들으며 질문도 하고 음식도 나누는 가운데 한국교회의 강점을 배우는 시간을 가졌다. 특별히 명성교회의 토요새벽기도회에 참여했는데, 그날은 남자교인만 5천 여 명이 참석하고 예배 후 다 같이 식사하는 모습을 지켜보았다. 브라질 목사들은 한국교회 성장의 맥박 소리를 들었다고 말했다.

여의도순복음교회 금요철야기도회에 참석하여 함께 기도하고, 오산리금식기도원의 산상집회에 참석했으며, 여의도순복음교회가 제공한 기도원 안에 현대식으로 잘 지은 호텔식 숙소에서 하룻밤을 자면서 하나님의 축복과 사랑을 경험하였다. 그밖에 대형, 중형, 상가, 농촌, 특징 있는 교회들을 방문하여 영아부부터

장년까지의 예배에 골고루 참석했다. 또한 여러 시설을 둘러보면서 현장체험을 통해 한국교회를 배웠다.

강변교회에서는 CTS 방송국의 주관으로 방지일 목사와 김명혁 목사를 모시고 "브라질 현지인 지도자들이 본 한국교회"라는 제목으로 간담회를 가졌다. 질의와 응답 형식으로 진행되었는데 먼저 CTS 방송국 기자가 "한국교회와 기독교 유산이 담겨 있는 현장을 다녀 보셨는데 한국교회의 성장 요인이 어디에 있다고 보았느냐?"고 질문을 했다. 브라질 현지인 목사들은 대답하기를 "한국교회는 순교자들의 피흘림이 있는 터 위에 세워져 있기 때문임을 알게 되었다"고 했다. "방문한 교회 중 어느 교회가 제일 인상적이었느냐?"라는 질문에는 "전주 안디옥교회"라고 답했다. 또한 "브라질교회에 도입하고 싶은 프로그램이 있다면 어느 것을 택하겠느냐?"라고 물으니, "사랑의 교회 제자훈련 프로그램을 가져가고 싶다"고 했다.

브리질 쪽의 질문도 물론 제기되었다. 현지 브라질에서 성도가 500명 이상 되는 교회에서 사역하는 목회지도자이니만큼 그 질문은 날카로웠고 한국교회의 정곡을 찌르는 것이었다. 몇 가지를 소개하면 다음과 같다.

1. 한국교회 성장을 볼 수 있게 되어 감사하다. 그런데 좀처럼 이해하기 어려운 것은 그렇게 많은 사람들이 모여서 예배를 드리는데 예배가 끝나면 썰물처럼 순식간에 모든 교인들이 다 흩어지는 것이었다. 신앙고백 속에 들어 있는 성도의 교제

는 언제 하느냐? 교제 없이 믿음의 향상과 사랑을 행할 수 있느냐?

2. 당회장 목사의 카리스마는 인정하겠는데 부교역자들과의 관계가 우리 눈에는 물과 기름처럼 겉도는 느낌이 들었다. 우리가 잘못 보고 느낀 것이냐?

3. 장년은 숫자적으로 많은데 청년, 학생, 주일학교의 유치부, 영아부로 내려갈수록 숫자가 급격히 줄어드는 현상은 한국교회의 미래가 어둡다는 진단을 하게 한다. 어떻게 생각하느냐?

4. 10년 전 여의도순복음교회 신자가 70만이라고 했는데 우리가 방문해 보니 70만이 안 되는 것 같다. 한국교회 성장이 멈춘 것은 아니냐?

5. 한국교회의 부유함을 보고 놀랐다. 교회 시설을 돌아볼 때 초현대식 건물에 최신식 기기들을 도입해 관리비가 엄청나게 지출될 것 같다. 꼭 그렇게 해야 되는지 이해가 안 된다. 하나님께 드린 헌금이 너무 비본질적인 곳에 사용된다는 생각이 든다. 어떻게 생각하느냐?

그밖에도 많은 질문이 있었다. 그리고 질의들에 대한 답변은 방지일 목사와 김명혁 목사가 해주셨다.

일행은 틈틈이 한국 사회를 배울 수 있도록 여러 곳을 방문하였다. 통일촌에서는 한국민족의 분단의 아픔과 일제 압박, 6.25동란이라는 민족의 큰 시련 속에서 성장한 한국교회의 역사를 가르쳤고, 경주 불국사를 방문해서는 한국 역사 속에 깊이 자리잡은 불교와 강하게 도전해 오는 세속물결에 대응하는 한국교회를 소개하였다. 그리고 남대문 시장, 동대문 시장, 테크노마트, 새로 단장된 청계천을 걸어 다니면서 한국 사람들의 삶을 엿볼 수 있게 했다. 한국민속관을 방문해서는 다양한 한국음식을 맛보고, 한복을 입어보며 사진을 찍는 등 한국전통문화와 접촉하는 시간을 가졌다.

13일간의 짧은 여정이었지만 많은 것을 보고 느끼며 경험한 일정이었다. 한국을 방문한 브라질 목사들은 브라질의 전 지역에서 왔다. 남쪽 산따 까따리나(Santa Catarina), 뽄따 그로싸(Ponta Grossa), 히우 데 자네이루 (Rio de Janeiro), 사우바도르 (Salvador), 마쎄이오 (Maceió), 헤시피 (Recife), 사웅 루이스 (São Luis) 등에서 목회를 하고 있는 유능한 목회자들이다. 이들은 한국교회뿐만 아니라 한국의 문화, 경제, 교육에 대해서도 많은 관심을 보여주었다.

# 디아스포라 선교합창단

디아스포라 선교합창단(단장 강성철 목사, 상임지휘자 최공필 장로)은 국내외적으로 꽤 알려진 합창단이다. 사웅 빠울루에서 3,000km 떨어진 뻬르남부꾸 주의 여러 도시에 소재한 교회들의 리더 및 음악지도자들로 구성되었다. 합창단이다. 동북쪽 장로교회 중 가장 규모가 크고 오래된 은혜장로교 성가대 지휘자인 최공필 장로가 장로교 대회의 100주년기념합창제에서 지휘를 맡음으로써 시작되었다.

어느 날 최장로로부터 전화가 걸려왔다.

"기독신문을 하시면서 한인교회를 담임하시는 강성철 목사님이십니까?"

"예, 그렇습니다."

"저는 헤시피 브라질인 교회에 나가 성가대를 지휘하는 최공필 장로입니다. 초면에 실례를 무릅쓰고 어려운 부탁을 하려고 전화를 드렸습니다."

“말씀해 보시지요.”

“다름이 아니오라 제가 이번 브라질장로교 100주년 기념 뻬르남부꾸 주 대회의 성가대 상임지휘를 맡았습니다. 그런데 한국인인 제가 중책을 맡아 합창제 지휘를 하려니 어려움이 많습니다. 그래서 단원 여러분들에게 목표를 제시하면 통솔하기가 쉬울 것 같아 이렇게 염치불구하고 용기를 내어 전화 드렸습니다. 좀 도와주세요.”

“말씀하시지요. 무엇을 어떻게 도와드릴까요?”

“이곳에 있는 사람들의 소원이 사웅 빠울루에 한번 가보는 것입니다. 사웅 빠울루를 시작으로 브라질 전역을 순회하는 선교 음악 여행을 가기를 소원합니다. 혹 도울 수 있으시면 관광버스 한 대를 빌려주셨으면 합니다.”

나는 쉽게 그렇게 하겠다고 대답을 하고, 자동차 대여비로 6천 불을 해 주었다. 이것을 계기로 뻬르남부꾸 합창단과 인연을 맺게 되었다.

1989년 7월 7일은 한인교회 창립 20주년이었다. 기념행사로 7월 10일 “한백선교 음악예배”를 준비하면서 뻬르남부꾸 노회 성가대 48명의 순서를 넣었다. 그런데 이들이 한인교회에 고맙다는 답례로 한국 찬송가 2곡과 메들리로 우리 동요를 불렀는데, 나를 비롯한 온 교우들에게 소름이 끼칠 정도로 깊은 감동을 주었다.

그 후 한 번 더 초청해 주기를 소원해, 1992년 남미동아일보 (사장 박태순)와 협력하여 사웅 빠울루에서 가장 큰 안엠비 대강당에서 "한-브 친선 음악회"를 개최하였다. 2천여 명의 교포들이 함께 한 음악회는 깊은 감동을 주었다. 특히 고국을 떠나온 교포들에게 고국의 향수를 달래도록 우리 가곡 12곡과 민족의 아픔이 담겨 있는 '오빠생각', '따오기', '꽃밭에서', '나의 살던 고향', '울밑에 선 봉숭화' 등을 메들리로 불렀는데, 다함께 노래하며 눈물을 흘리고 감격해 하였다.

88올림픽이 성공적으로 끝난 이후에야 브라질 사람들은 한국을 알게 되었고 관심을 갖게 되었다. 이때 최장로는 "목사님! 세계 여행을 갈 수 있도록 한 번 더 도와주세요"라고 요청했고, 필자는 "그래요, 한번 연구해 보지요"라고 답했다.

나는 지금까지 선교사역을 하면서 항상 빌립보서 4장 13절 "내게 능력 주시는 자 안에서 내가 모든 것을 할 수 있느니라"는 말씀을 믿는다. 그래서 무슨 일이든지 일단 수용하고, 여호와 이레 하나님께서 어떻게 준비해 주시는지를 기대하면서 기도한다. 그동안 너무나 많은 경험을 하였기 때문에 조금도 의심하지 않고 추진해 나갔다. 이 방법이 아니면 다음 방안을 생각하고, 또 그것이 안 되면 또 다른 방법을 강구했다.

이때도 이 일을 생각하던 중의 어느 날 영사관에서 전화가 왔다. 강원용 목사가 브라질 환경회의에 앞서 깜뽀스 두 조르다웅 (Campos do Jordão)에서 학자 모임이 있어서 사웅 빠울루를 방문하는데 정부로부터 잘 모시라는 통보를 받았다는 것이었다. "어떻게 목사님을 잘 모실 수 있는지 도무지 방도가 생각이 나지 않아 목사님의 도움을 구합니다"라고 말하면서, 만찬의 자리를 총영사관저에 마련할 터이니 나에게 와서 대화를 주관해 달라고 했다. 그래서 가까운 동역자 몇 분과 함께 관저에 참석하여 함께 의미있는 시간을 가졌다.

그 후 한철수 대사도 동일하게 자리를 마련하고 대화를 이끌어 달라고 했다. 이에 강원용 목사와 많은 시간을 함께 할 수 있었다. 나는 "저녁에 심심하시면 한-브 친선음악회 테이프를 보시고, 가능하시면 한국방문할 기회를 마련해 주기 바랍니다"라고 말한 뒤 테이프를 건넸다. 강 목사는 "다음 달에 정원식 국무총리가 환경회의 때문에 브라질을 방문할 때 내가 미리 이야기해 놓을 테니, 그때 부탁하면 일이 성사될 것이다"라고 말했다. 그동안 한국과 미국에서 온 목사들이 큰소리치며 약속했지만 지키는 사람이 별로 없어서 큰 기대를 갖고 있지 않았다.

그런데 다음 달 정원식 국무총리가 사웅 빠울루를 방문하면서 약속대로 쉐라톤 호텔의 만찬에 나를 초대했다. 그리고는 "목사님, 제가 강원용 목사님께 말씀 들었습니다. 무엇을 도와드릴까요?"라고 말하는 것이었다.

"저희 합창단이 한국을 방문하여 산업시찰을 할 수 있도록 기회를 주십시오."

그러자 정총리는 그 자리에서 외무부장관과 비서실장을 불러 지시를 내렸다. "무엇이든지 목사님께서 원하는 것을 도와주세요."

참으로 꿈같은 일이 눈앞에 벌어진 것이었다. 나중에 알고 보니 강 목사가 대통령 자문위원으로 있으면서 추천한 세 사람, 곧 강영훈, 한명숙, 정원식 모두가 국무총리가 되었다. 강 목사는 당시 대한민국 방송위원장을 8년째 하고 있었기에 그 영향력이 실제로 컸던 것 같다.

뻬르남부꾸 합창단의 세계일주를 기획하고 있을 무렵, 미국 나성한인교회를 담임하고 있는 김의환 목사로부터 전화가 왔다.

"강 목사, 목사님이 섬기는 교회가 한인교회이지?"

"네."

"우리 교회도 한인교회인데 우리 선교적인 차원에서 서로 자매결연을 맺자."

은사님이 부탁하신 일이기에 당연히 "네, 그렇게 하지요."라고 대답했다.

김 목사는 미국에서 친히 자매결연 패를 만들어 오셔서 1992년 5월 10일 한인교회와 나성한인교회가 자매결연을 맺었다. 자매결연 기념으로 브라질에 입국한 세계 선교사 및 한국인 선교사, 브라질 교회 목회자를 초청하여 "21세기를 향한 목회자"란 제목으로 세미나를 개최하였다 (강사 김의환 박사).

식사하는 자리에서 "정원식 국무총리가 우리 합창단을 한국으로 초대해 주었는데, 미국에서의 일정은 김의환 목사님께서 잡아주십시오"라고 청하자, 목사님은 몸소 준비위원장이 되어 주겠다며 흔쾌히 승낙하셨다.

한국을 방문하기 전 선교팀은 일본도 방문하기를 원했다.

여의도순복음교회 선교국장인 박요한 목사에게 부탁하니, 일본동경순복음교회를 소개해 주었다.

1992년 6월 29일, 뻬르남부꾸 성가대는 마침내 세계선교여행에 올랐다. 미국에 도착하여 나성한인교회(김의환 목사), 동양선교교회(임동선 목사), 나성영락교회(박희민 목사), 오렌지카운티 한인교회(양춘길 목사), 중앙일보, 방송국, 나성흑인 폭동 후 불에 탄 상가 등을 순회하며 찬양과 한국가곡 및 동요를 불렀다. 합창단은 매스컴에 큰 기사거리로 등장했다. "미국도 브라질과 같이 현지인과 친밀하게 지냈으면 오늘과 같은 폭동이 일어나지 않았을 텐데…."

그런데 문제가 생겼다. 일본 순회공연이 확정된 교회에 문제가 생겼기 때문에 방문할 수 없다면서 일정을 취소해 달라는 연락이 한국에서 온 것이다. 하지만 이미 항공권을 사놓았기 때문에 갈 수밖에 없는 상황이었다. 급히 값이 싼 유스호스텔에 숙소를 정하고, 리무진 버스를 한 대 예약하여 공항에 대기해 줄 것을 부탁했다. 미국일정을 마치고 대원들과 함께 기도하면서 일본 나리타공항에 도착했다. 광장에 나가니 리무진 버스들이 가득 차 있었다. 어렵사리 우리 차를 찾아내어 유스호스텔에 도착하였다. 점심으로 도시락을 주문하고 호텔에 비치되어 있는 신문을 살펴보니 교회광고가 나와 있었다.

마침 수요일인지라 예배도 참석할 겸 전화를 했더니, 차편이 있느냐고 물어왔다. 대절한 버스가 있다고 하니 참 잘되었다며

한 시간 뒤에 예배를 드리니 오라는 것이다. 점심식사를 마치고 우리 일행이 교회로 갔더니, 이게 웬일인가. 그 교회가 바로 우리와 약속한 교회였다. 서울 여의도순복음교회와 의견을 달리하게 되어 모든 행정이 보류된 상태여서 일이 그렇게 된 것이라고 했다.

예배시간에 설교와 함께 준비된 찬양과 한국말 가곡, 그리고 동요를 불렀다. 많은 사람들이 눈물을 흘리며, 일본 이민생활 중 가장 감격적인 날이었다고 했다. 특별히 감사한 것은, 이름도 모르는 교사로부터 큰 사랑을 받은 일이다. 평소 수요예배를 한 번도 참석하지 않았는데, 오늘은 이상하게 발걸음을 교회로 인도해 주셨다는 것이다. 예배를 드리면서 찬양을 듣는 가운데 왜 하나님이 교회로 향하도록 하셨는지를 알았다면서, 일본 체재경비가 어느 정도인지를 물어 왔다. 그는 버스비용 및 숙박비 일체를 부담해 주었을 뿐 아니라, 일일관광도 시켜주고 긴자거리에서 일인당 80불 하는 좋은 음식도 푸짐하게 대접해 주었다. 여호와이레 하나님께서 경비가 모자라 큰 걱정을 하며 기도한 우리보다 앞서서 그렇게 돌보아 주신 것이었다.

한국에 도착한 날부터 총신 73회 기도동지들과 새성복교회 김장수 목사가 대형버스를 사용토록 해주었다. 정원식 국무총리가 우리 일행 대표 5인을 삼성 사장, 포항제철 사장, 한철수 브라질대사와 함께 국무총리실로 초대하였다. 총리는 한국방문을 환영한다면서 삼성과 포철 사장에게 산업시찰을 잘 할 수 있도록 부탁을 해주고, 충현교회 예배 참석 시에 가능하면 함께 하겠다고 말했다.

여의도순복음교회, 충현교회, 광림교회를 비롯한 한국교회들을 방문하였고, 아카데미하우스를 방문할 때에는 강원용 목사에게 찬양으로 보답했다. 브라질 한철수 대사는 성대한 리셉션을 열어주었고, 100주년 기념회관에서 앙코르 공연까지 두 차례 음악회를 가졌으며, MBC방송국은 전국 방영되는 주일 초청음악회의 전시간을 우리에게 내주었다. 우리 일행은 정부가 주선해 준 삼성전자, 용인 민속촌, 제일모직, 포항제철 등 산업시찰을 하면서 눈부시게 발전한 산업계를 돌아보았다. 가는 곳마다 부사장급 이상의 간부들의 섬김 속에 정성어린 대접을 받았다. 계속하여 총회 회관, 총신대학, 중앙일보, 판문점, 남대문시장, 동대문 시장 등을 방문하였고, 홍콩에도 갔다.

그 후 뻬르남부꾸 합창단을 '디아스포라 선교합창단'으로 이름을 바꾸었다. 2차 세계여행도 떠나게 되었는데, 미국 동부 필라델피아 영생교회(이용걸 목사), 워싱턴한인제일 침례교회, 뉴욕 퀸즈한인교회(한진관 목사), 퀸즈한인장로교회(장영춘 목사), 캐나다교회연합회(회장 김사무엘) 주최 광복절기념 음악회를 다녀왔다.

디아스포라 선교합창단의 구성원은 각 교회성가대 지휘자, 반주자, 음악대학 교수, 의사, 변호사, 계리사, 검찰총장 등 다양한 직업을 가진 사람들로, 음악에 상당한 실력을 갖춘 브라질 상위그룹에 속한 사람들이다. 이들 가운데에는 텔레비전에 자주 등장하는 유명 인사들도 있다. 노래만이 아닌 문화 선교사역을 개발하여 복음을 전파하자는 의미로 재조직되어, 지금까지 정기적으로 고아원 사역, 문화축제, 한국기업 진출의 축하행사 참석(삼성마나우스

공장 개관식 등)을 하고 있다. 이러한 다방면의 활동이 알려져 상임지휘자인 최공필 장로는 대통령훈장을 받았다.

2014년 9월, 헤시피 디아스포라 선교합창단은 뻬르남부꾸 주 한국문화의 날 행사에 한복을 입고 우리 가곡 및 노래를 합창하여 자리를 더욱 빛나게 했다. 이때 함께 했던 세계한민족여성네트워크(KOWIN) 브라질지부는 2015년 3월 24일 주 사웅 빠울루 한국교육원(원장 오석진)에서 한국의 전통한복 22벌을 기증했다.

# 한인교회

　　한인교회는 1969년 7월에 사웅 빠울루에 거주하는 오춘식, 안명환, 이근실, 한봉옥, 정규호, 이현철, 김상옥, 백승훈 씨의 요청에 의해 미국 성서감리교단에서 남미에 파송된 한성욱 선교사가 설립한 교회이다. 1969년 8월 21일에 김승만 목사가 초대목사로 부임하였고, 1972년 6월 4일 미국 성서감리교단을 탈퇴하여 독립교회로 있다가 1975년 1월 대한예수교 장로회 한인교회가 되었다. 1983년 9월 첫 주 내가 2대 목사로 부임하여 교회정관을 개정한 뒤 위임투표에서 만장일치로 가결된 뒤, 선교적 교회로 이끌었다. 성전을 건축하고 교회와 함께 "한 가정이 한 교회 설립" 운동을 펼치면서 다양한 선교사역을 하다가, 2004년 부활절 아침 예배를 드린 후 동 교회를 한봉헌 목사에게 위임하고 필자는 현지인 사역에 전념하게 되었다.

　　한인교회는 한성욱 선교사가 설립하였고, 초대 목사인 김승만 목사는 교포교회 사역을 마치고 선교사로 현지인 사역을 했으며, 2대인 필자도 브라질 선교사로 파송받아 21년 반을 교회와 함께 선교를 하였다. 한인교회는 1984년 새 성전을 건축하다가 붕괴되는 아픔 속에서도 선교를 중단하지 않았다. 동 교회의 선교는 도시빈민을 향했고, 항상 브라질 현지인교회와 함께 힘을 합쳐서 실행했다.

Igreja Presbiteriana Conservador(보수장로) 교단에 속한 과룰료스 제1교회(Isael Lopes 목사)와 협력하여 과룰료스 지역에 쿰비카 교회, 코카이아 교회, 자마이하 교회를 개척하였다. 시설 및 재정지원은 한인교회가 하고, 교역자 관리와 행정지도는 과룰료스 제1교회가 하였으며, 교육대회 및 선교대회 행사는 공동으로 실시하였다. 아 에 까르발료 지역은 아 에 까르발료 장로교회(브리졸라 목사)와 협력, 교회를 개척하고 무료진료소와 탁아소를 세웠으며, 삐리뚜바(Pirituba) 지역에는 삐리뚜바장로교회와 삐라시까바(Piracicaba) 시의 삐라시까바 중앙교회와 자매결연을 맺고 (1989년 10월 29일) 알고도아(Algodoa) 교회와 진료소를 세웠다.

한인교회는 선교에 앞서 교인들의 패러다임을 바꾸기 위해, 1989년 7월 방지일 목사를 모시고 선교부흥사경회를 열었다. 방지일 목사는 중국 선교사였던 아버지를 따라 중국으로 갔던 한국선교 역사상 최초의 MK 선교사이며, 중국이 공산화되어도 끝까지 남아 선교하다가 추방당하셨다. 한국으로 돌아와서는 20년간 영등포교회를 시무한 후 원로목사로 추대되었다. 1987년 11월 25일~29일에는 한국이 낳은 선교학자 조동진 목사를 모시고 선교세미나 및 선교부흥회를 개최하였다. 또한 1987년 5월

11일에는 성공적인 교포교회를 세우고 세계선교에 앞장선 동양선교교회 임동선 목사를 모시고 "브라질 복음화 선교대회 및 부흥성회"를 열었다. 1992년 5월 6~10일에는 총신대 총장을 역임한 나성한인교회 김의환 목사를 모시고 선교부흥 사경회와 선교세미나를 가졌다. 그 외에도 연예인 출신 이종용 목사와 LA청년대학생과 함께 한 'Diasporá 89' 대회를 진행하여 청년들에게 선교헌신을 할 수 있는 계기를 만들어주었다. 계속하여 교인들의 선교의식을 깨우고, 청년과 대학생들이 선교에 대한 꿈과 비전을 나누며 도전을 받게 했다.

한인교회는 선교와 교육에 중점을 두고 있었다. 기독신문, 노인대학, TV디아스포라, 한글학교, 디아스포라 선교, 청소년선교, KCM 대학생선교, 하나로 선교단 등을 통하여 교포사회와 교포교회의 사역을 연구하고 개발해 나갔다. 아울러 청소년, 평신도 조직과 활성화를 위하여 각종 대회를 개최했다.

당회 중심의 교회를 17개 위원회로 나누어 위원장 중심으로 사역을 골고루 나누었으며, 선교대회, 선교세미나, 선교부흥회를 통해 교우들의 선교의식을 깨웠다. 또한 현지인교회와 함께 합동예배를 드렸고, 교육대회를 실시했으며, 복음화대회를 펼쳐 나갔다. 해마다 현지인 교회를 설립했는데, 1984년에 꿍비까(Cumbica) 교회를 개척하였고, 같은 해에 과룰료스 제2교회, 1985년 꼬까이아(Cocaia) 교회, 자마이하(Jamaia) 교회를 설립하였다. 1987년에는 삐리뚜바(Pirituba) 교회, 1989년 삐라시까바 알고도(Piracicaba Algodoa) 교회와 무료 진료소, 1990년 그리세리오

(Gricério) 장로교회, 1991년 미란다 (Miranda) 인디오 교회, 바이아 (Bahia) 주 개척교회, 1992년 아 에 까르발료 선교사관 입주 및 탁아소 개원, 사뽀뼴바 (Sapopemba), 오자시꾸 (Osasco) 등 여러 지역에 교회와 진료소, 탁아소를 세웠다. 그리고 계속하여 100교회 설립을 목표로, 32곳에 선교사역 터를 개발하여 교회와 탁아소, 소빠웅, 청소년 축구학교, 걸인교회 등의 사역을 전개해 나갔다.

나는 한인교회에 부임한 첫 날부터 새벽기도회를 인도하며 창세기부터 요한계시록까지 매일 한 장씩 강해해 나갔다. 그리고 성전 붕괴 후에는 "성전건축을 위한 100일 기도회" (1984년 4월 10일부터), 40일 저녁기도회 (1987년 5월 31~7월 9일), 임직자 선출을 위한 40일 특별새벽기도회 (1989년 9월 및 1992년 9월 20~10월 25일)를 인도했다. 그 외에도 천정웅 목사를 모시고 종말론 대각성 대회 (1991년 7월 18~21일), 여리고 작전 7일 특별기도회, 100일 특별 새벽기도회 등의 시간을 가짐으로써 영성을 일깨우고 선교지향적 교회로 나아가기 위해서 최선을 다했다.

한인교회의 1999년 '한인 목회 안내서'는 비전 2006년을 제시하고 있는데, 한인교회는 1995년부터 2006년까지 "성도를 훈련시켜 인재를 양성하는 교회" (마 28:18~20)의 비전을 제시했다.

하나, 사람이 되라 (눅 6:40): 전인교육
둘, 하나님의 자녀가 되라 (요 1:12): 구원의 확신

셋, 배우는 자가 되라 (딤후 3:14-15): 제자 삼는 제자
넷, 경건한 자가 되라 (딤후 2:22): 부끄러울 것이 없는 일꾼
다섯, 전도자가 되라 (막 16:15): 만민 전도
여섯, 다스리는 자가 되라 (롬 12:15): 지도자가 되라

한인교회는 '비전 2006년'의 중심사역으로 "교육하는 교회,
선교하는 교회, 차세대 인재를 양성하는 교회"라는 목표를 세우고
집중해서 사역을 전개해 나갔다. 한인교회 교육선교는 예배중심의
교육(신앙 훈련), 기도중심의 교육(영성 훈련), 성경공부 중심의
교육(말씀 훈련), 말씀을 생활에 적용토록 교육(인격 훈련)하는
것이었다. 영아부부터 노년부에 이르기까지 전 교인이 훈련생이

1990년 1월 1-4일 성 베드로시의 Fazenda Hotel에서 가진 가족수련회. 각 부서들이
어떻게 교회를 잘 섬길 수 있는지를 의논하고 함께 기도하며 쉼을 가졌다.

되어 성령님의 은혜와 하나님의 말씀으로 신앙 인격자 되는 훈련을 받는 데에 중점을 두었다. 그러기 위해서 예배를 중히 여기는 교육, 무엇보다 온 성도들이 예배드리는 일을 우선적으로 생각하도록 가르치고 지도했다.

한인교회는 선교하는 교회되기 위해 2006년까지 선교적 꿈과 비전을 끊임없이 나누면서 교육선교로, 한인유치원(1991년 2월 3일 개원), 찌라덴찌스 유치원 (1992년), 자르딩 산따나 (Jardim Santana) 유치원, 찌라덴찌스 까자 두 메놀, 기독교 선교센타(구 리베르다지 까자 두 메놀) 디아스포라 한인선교대학, 디아스포라 노인대학, 한인토요한글학교 등 교육을 통한 선교를 실행하였다. 또한 문서선교 및 인터넷 선교로 '한인세계선교정보'(Korean World Mission Information)실을 강화하여 세계선교센터의 역할을 할 수 있도록 노력했다. 그밖에 디아스포라 노인대학보, 디아스포라 한인 등 인쇄물을 발간하여 교우들 간의 유대를 강화하며 전도의 방편으로 사용하게 하였다. 또한 한인교회는 계속하여 개척교회를 세워 나가면서 지도자 교육, 농원선교, 항공선교, 걸인선교를 펼쳐 갔다.

또한 한인교회는 차세대 인재를 양성하는 교회가 될 수 있도록 방학이 되면 교역자들과 청소년들이 함께 국토순행 선교여행을 통하여 청소년들의 은사를 개발하고 끼를 살려줌으로써 마음껏 봉사하며 섬길 수 있는 기회를 주었다. 미지의 세계를 밟아보면서 미래를 연구 개발하게 했으며, 좋은 인간관계를 배움으로써 거대하고 광활한 땅을 받쳐주고 흐르게 하는 아미고 정신을 함양하도록 훈련하였다. 교회 안에서 지도력을 개발하고, 장학위원회를 통하여 교회 안과 밖에서 숨은 인재를 찾아 실력 있고 덕망을 갖춘 인재들을 육성하고 이들에게 장학금을 지원해 줌으로써 지도자를 배출해 왔다.

# 한국 디아스포라 텔레비전 방송국

하찮은 것 속에 귀중한 것이 있다. 하찮은 것을 놓치면 하찮게 여기면 귀중한 것도 놓치게 된다. 하찮은 소리 속에 사랑과 행복, 그리고 평안함이 깃들어 있을 수 있다. 하찮은 소리를 지나치면 다른 모든 것도 지나치게 된다. 귀하고 소중한 것일수록 하찮은 것 속에 다소곳이 감춰져 있음을 볼 수 있다.

도시빈민을 대상으로 하는 다양한 선교사역은 대부분 하찮고 번거롭고 힘이 들 뿐 아니라 돈이 끝도 없이 들어간다. 대책도 없을 뿐 아니라 잘해 보려고 할수록 어려움을 만나게 된다. 걸인 사역이 그랬고, 알코올 및 마약중독자 재활원이 그러했다. 맞벌이 부부를 돕기 위한 탁아소 사역 역시 만만치 않았으며, 축구학교 역시 보람은 있어도 힘든 일이 많았다. 소빠웅 사역, 직장선교 등 쉬운 일은 하나도 없었다.

하지만 이 모든 사역이 하나님이 원하시는 사역이며, 주님이 세상에 계실 때 가장 많은 시간을 할애하면서 제자들과 함께 진행한 사역이다. 주님은 공중을 나는 새 한 마리도 놓치지 않으시고 시청각 재료로 삼으셔서 삶의 지혜를 깨닫게 하시며, 천국 시민으로서 가져야 할 마음공부를 시켜 주셨다.

걸인 사역은 참으로 많은 일을 시작할 수 있는 동기를 제공해 주었으며, 많은 사람을 만나게 해주었다. 선거철에는 정치인들이 정치선전의 도구로 이용하려고 했다. 사회주의 운동을 펼치는 사람은 데모대 앞에 행동대원으로 세우려고 했다. 더러는 빵 몇 개 가져와서 사진 찍고 자기가 하는 사역인 양 선전하며 선교모금을 하는 이가 있는가 하면, 타종교에서는 선행에 종교간 경계가 있어서는 안 된다며 함께 일하자고 제안하기도 했다.

처음에는 좋은 마음으로 자리를 내주었는데 뒤늦게 다른 마음을 가지고 접근한 사실을 깨닫고는, 예배와 복음 전파 외에는 어떠한 행사나 모임에도 인원을 동원할 수 없도록 조치를 취했다. 아무리 경제적으로 힘들어도 그 누구의 도움도 청하지 않았기에 오늘까지 변질되지 않고 사역을 계속할 수 있게 되었고 생각한다.

어느 날, 반데이란찌(Bandeirante) 텔레비전 피디가 한인교회 목양실로 필자를 찾아왔다. 사웅 빠울루의 명물로 알려진 다리 밑 급식행사를 촬영하여 방영할 수 있도록 허락해 달라는 것이었다. 예배에 중점을 둔 급식선교이기 때문에 예배를 방해하지 않는 범위 내에서 촬영을 허락했다. 그러자 방송국에서는 그 다음 주에 사방에서 보아스 노바스 교회를 찾아오는 걸인들의 모습을 찍었고, 배식을 준비하는 모습, 줄을 서서 표를 받고 모여서 다 함께 큰소리로 찬양하는 모습, 손을 들고 기도하는 형제자매들의 모습을 방영했다. 몇몇 사람들을 인터뷰하여 도시 빈민, 특히 걸인과 노숙자들의 실태를 방영했는데, 의외로 시청률이 좋았다.

앙코르 방송을 내보낸 방송국 피디와 카메라맨이 그 후 다시 사무실을 찾아왔다. 오랜 경험과 노하우를 가졌지만, 새로운 방송 장비들이 나오는 바람에 자기들이 설 자리가 없어져 명퇴를 당했다는 것이었다. 이번 방영을 통해 깨달은 것이라며, 함께 선교방송 프로그램을 만들자고 제안했다. 나는 방송을 모르면서도, "내가 기획하는 대로 제작하여 방영하겠다면 함께 할 수 있겠다"고 했더니 "그렇게 하자"고 하였다.

TV방송국 중 까날 14번 Comunitário(소수민족 협의회 공동 방송)로 저녁 11~12시에 'TV Diáspora Coreia'란 이름으로 나가기로 계약을 했다. 주 1회 방영하는데, 첫 방송에서는 한인교회의 선교사역을 소개하였다. 걸인교회, 소빠웅 사역, 축구학교, 알코올 및 마약 중독자 재활원 등을 있는 그대로 방영했다. 그리고 계속하여 미국에서 온 단기선교팀들이 브라질리아 이원길 선교사의 학교사역을 돕는 것을 방영하였다. 또한 한인유치원 사역과 '사랑 유치원', 그리고 한국학교에서 실시하는 백일장 행사를 방영했다.

재정적인 형편이 안 되어 따로 아나운서를 채용할 수가 없어서 아들 친구에게 6개월 동안만 아나운서로 봉사해 달라고 사정했다.

그렇게 해서 마침내 기획 방송을 하기 시작했다. 한국의 화랑도에 대한 역사적 배경과 함께 국군의 날 태권도 시범을 보여준 다음, 사웅 빠울루 리베르다지 태권도장을 소개하였다. 브라질 사람들은 태권도를 좋아했다. 그래서 TV 태권도 교실을 마련하여, 매주 10분씩 기초부터 배울 수 있도록 방영했는데, 상당히 인기 있는 프로그램이 되었다.

브라질의 태권도 역사는 1970년 한백문화협회 초청으로 4명의 태권도 사범이 사웅 빠울루에 도착함으로 시작되었다. 지금은 사웅 빠울루에만 300개의 도장이 있으며, 브라질 전역에 1,300개의 도장이 운영 중이다. 태권도 인구는 20만 명이 넘는다. 브라질 전역에 있는 태권도장에는 한국의 태극기가 걸려 있으며, 모든 구령이 한국말로 이루어지고, 도복에도 태극기가 붙어 있다. 태권도는 브라질 연방경찰, 민경, 군경에 골고루 보급되어 있으며, 2014년부터 리베르다지 체육관과 사웅 빠울루 주정부 체육부가 공동으로 태권도 보급운동을 펼치고 있다. 이에 꼴레지오 디아스 포라가 시범학교로 선정되어, 전교생이 무상으로 태권도 도복을 선물로 받고 파견된 사범으로부터 태권도를 배우고 있다.

한국 디아스포라 텔레비전 방송국에서는 한국농장에서 배추, 무, 깻잎 등 농사하는 풍경도 방영했다. 한국 식품점과 한국음식을 만들어 파는 해운대식당과 리베르다지 식당에서 한국음식을 먹는 모습도 소개하였다. 또한 아넹비(Anhembi)에서 실시한 세계음식 대회에 참여한 한국의 다양한 요리들을 소개하고, 만드는 과정과 맛을 본 브라질 사람들의 소감도 방영하였다. 방영이 된 후 한국음식에 대한 관심이 커졌다는 소식과 함께 한국음식의 세계화에 대한 이야기들이 오고 갔다.

한국의 음악도 소개하였다. 폭포 속에서 목청을 돋우어 창을 연습하는 광경과 판소리를 연습하는 학교를 보여주면서 한국의 소리를 직접 듣게 하였다. 삼바에 익숙한 브라질 사람들에게 정이 흐르는 한국의 소리를 들려주니, 반응이 대단했다. 또한 한국 성악가들의 노래들 골고루 들려줌으로써 수준 높은 한국의 음악을 소개했다. 이탈리아 출신 사람들은 자기들만이 가곡을 가진 줄 알았는데 한국 사람들에게 이렇게 뛰어난 음악이 있는 줄 몰랐다면서, 풍부하고 섬세한 감정 표현에 놀랐다고 말했다. 특히 현지인으로 조직된 디아스포라 선교합창단이 우리의 가곡인 "그리운 금강산", "보리밭", "내 마음", "울 밑에 선 봉숭아", "선구자" 등을 부르는 모습들을 보고는 관심과 사랑을 보내왔다.

명사를 초청하여 좌담회를 열고 이를 방영했다. 한국인 연방판사 배동원 검사, 이규순 변호사, 김규열 등 법조인들과 좌담회를 열고, 이민을 오게 된 배경을 설명하고 왜 법조인의 길을 택했는지, 학창생활의 에피소드와 함께 지금 어디에서 어떤 일을 하고 있는지, 차세대 후배들에게 하고 싶은 이야기는 무엇인지, 그리고 이 나라에서 살면서 우리가 꼭 알아야 할 상식과 함께 지켜 가야 할 자세는 무엇이라고 생각하는지 등을 몇 회에 걸쳐 나누어 소개하였다. 또 몇 회는 의료인들을 초청하였다. 마취과, 심장과, 안과 등 전문 의료인들과 함께 대담을 나누면서 이민 온 동기 및 의료인의 길을 택하게 된 내력, 의료활동의 보람, 앞으로의 계획과 희망 들을 소개했다. 아울러 의학적인 상식과 브라질 병원을 이용하는 데 있어서 알아두면 좋은 일들을 골고루 다루었다.

브라질에서 활동하는 한국인 변호사가 100명 넘고, 의사도 100명 넘었다. 거기에 대학교수 20여 명, 연방판사 6명, 검사 2명, 경찰서장 2명 등, 한국인들이 브라질 사회 깊숙이 스며들어 활동하고 있음을 알게 되었다. 사업가로 성공한 젊은이들도 많았다. 이런 사실은 방송일을 하면서 알게 되었다.

방송의 힘은 컸다. 어느 날, 사웅 빠울루 주의 문공부에서 우리가 방영한 내용들을 점검했는지, 선거를 앞둔 집권당의 주통령인 꿔바스의 영부인을 비롯한 상원의원 부인들이 대거 출동하여 한인교회를 찾아왔다. 오기 전날에는 20여 명의 검정 양복을 입은 사람들이 교회 주변을 자세히 관찰하고 돌아가더니 주일날 20여 명의 수행원과 함께 온 것이다. 방송을 통하여 한국인의 문화수준이 높은 것을 알았으며, 한국인들이 브라질 사회 깊숙이 스며들어 활동을 하고 있음을 높이 평가한다고 하면서, 앞으로 함께 건강한 브라질을 만들어 가자고 했다.

# 나의 롤모델이 된 사이몬튼 선교사

브라질 장로교회의 창립일은 1859년 8월 12일이다. 이 날은 미국 북장로교에서 브라질로 파송받은 애쉬벨 그린 사이몬튼이 히우 데 자네이루 항구에 도착한 날이다. 그는 8년이라는 그리 길지 않은 시간 동안 선교사역을 감당했지만, 브라질 장로교의 초석을 다진 목사로 인정받고 있다. 사이몬튼 목사는 미국 펜실베이니아 주의 하노버에서 의사의 아들로 태어났다. 대학에서는 법학을 공부하였으나, 22세부터 영적인 문제에 관심을 갖게 되었고 성경공부와 말씀사경회를 통해 도전을 받고 목사가 되기로 결심하였다. 그는 프린스턴 신학교에서 공부를 마치고 미국북장로교 선교부로부터 파송을 받아 브라질에 도착했다. 사이몬튼 선교사가 도착할 당시 브라질은 중세기에서 새 시대로 들어가고 있었다.

브라질 가톨릭은 보수적인 포르투갈 가톨릭교회의 전통을 이어받음으로써 다른 종교를 인정하지 않았다. 1810년 영국과 브라질 사이에 맺어진 통상협정으로 인해 1835년이 되어서야 처음으로 감리교 선교사가 이 땅에 도착하였고, 1854년 성서공회가 설립되어 성경 4천 권을 배부하였다. 사이몬튼 선교사는 종교의 자유가 제한되어 있던 시기에 브라질에 도착한 것이다.

사이몬튼은 브라질에 도착한 며칠 후부터 영국인, 독일인, 미국인 들을 중심으로 목회를 시작하였다. 그리고 포어를 배우면서 브라질 사람들에게 접근, 교제하기 시작하였다. 그는 자신이 그 당시 방문했던 브라질인 가정의 형편을 다음과 같이 묘사했다. "나를 환영한 가정은 대단히 친절했지만, 그 환경은 대단히 어수선했다. 돼지, 닭, 말, 당나귀 들과 더불어 백인, 흑인 아이들이 흙바닥에서 놀고 있으니 친절한 접대를 즐기기가 어려웠다."

브라질 장로교회는 영어를 공부하기 위해서 모인 현지인 2명과 함께 마태복음을 공부함으로써 시작되었다. 두 번째 주일에는 3명이 모였고, 넷째 주일에는 방이 가득해졌다. 1860년 5월 19일이었다. 1866년에야 처음으로 세례를 받은 이가 나왔는데, 히베이로 (Serafim Pinho Ribeiro)였다. 사이몬튼 목사의 설교 배경은 항상 영적 구원이었다. 그는 형식적인 종교를 떠나 항상 하나님의 말씀에 귀 기울이며, 임마누엘 되시는 하나님과 동행하는 영적 종교를 가져야 된다고 역설하였다. 첫 장로교인이 된 히베이로는 다음과 같이 간증을 하였다.

18개월 동안 성경을 소지하고 다녔지만, 성경진리에 대하여 무심하다가 선교사들과 대화를 하면서 성경공부를 시작할 때, 나의 영안이 열리고 참다운 진리를 발견하였으며, 나의 과거의 신앙이 한낱

미신에 지나지 않는 것을 확신하고 성녀상(Image of Mary) 등을 강물에 던져 버렸다.

1862년 어머니의 병환이 악화되어 귀국하였으나 어머니는 이미 하늘나라에 가신 뒤였다. 그러나 슬픔과 함께 그는 아내 헬렌(Helen Murdoch)을 만나 결혼, 부부가 함께 브라질로 돌아왔다. 그러나 브라질에 온 지 2년 만에 또 다시 슬픈 일이 일어났다. 태어난 지 9일밖에 안 된 딸을 남겨놓고 헬렌이 세상을 떠난 것이다. 이러한 가정적인 비극에도 불구하고 사이몬튼 선교사는 선교사역을 늦추지 않고 열심을 내었고, 교회는 점점 성장하였다.

사이몬튼 선교사는 바쁜 목회 일정 속에서도 특별히 시간을 내어 교회기관지인 「복음신문」(현재 「장로교 신문」의 전신)을 1864년 9월 26일부터 발간하기 시작했다. 격주간으로 한 달에 두 번씩 신문을 펴냈다. 종교소식과 교육에 대하여 많은 지면을 할애했고, 때로는 종교문제에 대해 질문과 대답 형식의 기사를 싣기도 했다.

다른 선교사들이 브라질에 들어오면서 선교본부가 사웅 빠울루로 이전되어 교회들이 설립되면서, 1864년 첫 브라질 장로교 노회가 조직되었다. 그러나 사이몬튼은 몸이 쇠약해지고 건강이 악화되어 사웅 빠울루 병원에서 치료를 받았으나 1867년 12월 8일 하나님의 부르심을 받았다. 그는 세상을 떠나면서 "아무것도 염려하지 말라. 하나님께서 다른 종으로 내 자리를 보충해 주실 것이다."라고 말했다.

　　현재 브라질 장로교회는 30만 명의 교인을 가지고 있으며, 전통적인 교파 중에서는 가장 인정을 받고 있다. 각 주의 큰 도시를 이끌어 가고 있는 핵심 멤버들이 장로 교인들이다(1986년 9월 20일자 「브라질 기독신문」 제6면에서 발췌).

# 아마존 강변지도자 수련회

한인교회 목회를 마감하고 현지인 선교를 시작하게 된 나는 구체적인 사역을 구상하게 되었다. 선교지 탐방, 토착문화 연구, 각종 세미나 개설, 학술대회, 포럼을 유치하면서 이 땅의 그늘진 곳에 버려진 영혼들을 구원하는 일에 마음을 쏟기 시작했다. 나아가, 지구촌의 심각한 문제로 등장한 환경보호 및 보존운동을 전개하면서 생각한 것이 아마존 강을 국경으로 삼고 있는 11개의 나라에 대한 선교, 즉 프론떼이라(Fronteira) 선교이다. 나는 동역자인 지덕진, 황신확, 안승렬, 이성로, 배성학, 홍순표 선교사들, 에제퀴아스, 라우라, 바우타일 학개오 사역자들과 이러한 선교적 꿈과 비전을 함께 나누었다.

그리고 디아스포라 선교센터에서 환경보호 보존운동을 ABD 사역의 한 부분으로 채택하였다. 나는 항상 아마존 프론떼이라 선교를 꿈꾸며 기도를 해왔는데, 하나님께서 이 기도에 응답을 해 주셨다. 사람의 계획이 아닌 하나님의 방법으로 프론떼리아

선교를 할 수 있는 환경과 여건을 만들어 가고 계셨다.

황기선 선교사는 죠쿰(Jocum, 브라질에서는 예수 전도단 [YWAM]을 죠쿰이라고 부름)과 협력하여 아마존 선박선교를 하고 있었는데, 한인교회가 일시적이긴 했지만 선박수리비 및 물자지원을 했다. 그리고 까이오 파비오(Caio Fabio) 목사와 만남을 갖게 하셨는데, 화비오 목사는 마나우스 제일 장로교회(현 담임은 메스꿰따[Mesquita] 목사) 설립목사이다. 그는 일찍이 아마존 선교를 집중적으로 하면서 신학교사역, 선박선교, 각 선교단체와 협력선교를 잘 하였다. 또한 나와 함께 10년 이상 일한 김완기 선교사(권선희 사모가 한인교회 출신), 안승렬 선교사(유리에 사모), 이성로 선교사(김미경 사모), 지덕진 선교사(박은영 사모)가 약속이나 한 듯이 한국에 나가 공부를 하였는데, 졸업 후에는 총신대 이한수 교수가 이끌고 있는 '아마존선교회'의 파송을 받고 아마존 주도인 마나우스에 집결하였다. 이들은 공동으로 신학교 사역을 하고 있었다. 또한 한인교회에서 파송한 항공선교사 바우타일 학개오 선교사 부부가 보아비스타와 마나우스에서 선교활동을 하고 있었다. 나는 이들과 왕래하며 시간이 있을 때마다 프론떼리아 선교에 대해서 꿈과 비전을 나누었다.

나는 사웅 빠울루에 강사로 온 전 아시아선교대학 총장인 림택권 총장을 비롯한 신학자, 목회자, 교수들이 함께하는 학술모임 및 세미나를 마나우스에서도 갖게 하였다. 그러던 중 2013년 10월 22~24일, 지덕진 선교사와 함께 마나우스에서 배로 20시간 타고 들어간 마우에스(Maués) 시에서 강변지도자 수련회를 시작했다.

2014년 9월 23-26일에 열린 강변지도자 수련회의 주 강사와 리더들과 함께.

강변지도자란 카누를 타고 아마존 강가의 마을에 들어가 복음을 전하는 사역자들이다. 이곳의 사역자들이야말로 재충전의 기회가 누구보다 필요한 사람들이었다. 이들은 선교사, 목사, 전도자, 찬양 인도자, 주일학교 교사, 기획가 등을 감당했는데, 모두가 마른 샘처럼 물이 바닥이 나 있는 형편이었다. 강변지도자 수련회는 이들을 대상으로 숙식을 제공하면서 진행하는 영적 재충전 프로그램으로 의도되었다. 예배학, 목회학, 성경신학, 선교학, 조직신학 등 여러 과목 중 몇 개 과목을 한 주간에 집중하여 들을 수 있도록 강사를 선정하였다.

2013년 10월 21~25일, 138명의 지도자들이 모인 가운데 Rua Batista Michilles 777 Cidade de Maués A.M에서

COPEMA(마우에스 지역교회협의회), SETERAM 그리고 디아스포라 선교회가 공동으로 주관하여 "제1회 아마존 강변지도자 수련회"(Conferêcia de pastores e Obreiros de Maués)가 열렸다. 주제는 "목회자의 믿음과 삶"(A Fé Cristão e a Vida Pastoral)이었는데, '영성부흥회'는 에우스따끼우 목사(Pr. Eustáquio), '목회학'은 강성철 목사, '에베소서 강해'는 아르헨티나 한인교회의 윤광수 목사, '하나님의 걸작품'을 당시 아마존 개혁신학교 학장인 지덕진 선교사가 각각 맡아 강의했다. 식사봉사는 COPEMA (Cooperativo de ordem dos pastores Evangélicos de Maués)에서 수고해 주심으로 은혜롭게 진행되었다.

2회는 2014년 9월 23~26일에 동일한 장소에서 가졌으며, 주제는 "Discipulado Bíblico e Ministério Familiar"이었는데, 오성권, 강성철, 지덕진 목사, 그리고 브라질 목회자들이 강의했고, 사웅 빠울루 영광교회(김용식 목사), 선교위원회(위원장 김영수 장로)가 재정 협력을 해주었다.

앞으로도 일 년에 두 번 이상 계속하여 장소를 선정하여 주변지역 목회자들의 재충전을 위해 다양한 교육 프로그램으로 다가가려고 한다. 미접촉종족선교와 함께 낙후된 지역선교에 열중하시는 교역자 및 교회지도자들을 위한 재교육의 장을 펼쳐 나갈 것이다.

# 새로운 희망, 산또 아마로 교회

1986년 사웅 빠울루에 사는 7인의 집사들이 선교사역을 위해 뜻을 모아, 430평방미터의 땅을 구입했다 (Rua Cristiano Clemente da Silva 456 Jardim Tomaz). 그런데 이 지역의 선교를 위해서 건물을 세 얻어 교회를 시작한 현지인 전도자가 가정이 있는 여성도와 불륜을 행하는 바람에 교회가 시끄러워지자 행방을 감추고 말았다. 이 일로 인해 7인의 집사들의 선교 열정도 주춤해졌다.

몇 해가 지나 선교회 대표로 산또 아마로 땅을 관리하던 유봉용 목사가 찾아와서는, 한인교회가 이곳에 교회를 세워 달라고 요청했다. 그래서 동역자 에제퀴아스 목사에게 지역 분포도를 조사해 달라고 부탁했다. 에제퀴아스는 주민들의 생활 형편을 조사하고 경제, 문화, 인구밀도, 관공서, 학교, 상점, 청소년 들의 실태 등을 살펴본 후, 3층 건물의 건축설계와 함께 이 지역에서 펼칠 선교사역 프로젝트를 마련하여 왔다. 나는 유 목사님께 건축설계도와 프로젝트를 건네주었다. 그런데 아무 대답이 없었다.

아마도 7인의 의견이 일치하지 못하여 그런가보다고 생각하고 더 이상 묻지 않았다.

또 다시 몇 년이 지난 어느 날, 유봉용 목사가 "큰일났다"면서 "하나님께 죄송"하다고 했다. 이유를 물으니, 유목사가 산또 아마로 선교지 땅을 방문하였더니, 그곳에서 복덕방을 하는 변호사가 자기 동생에게 그 땅에서 살도록 했다는 것이다. 그 동생은 마치 제 땅인 양 차지하여 IPTU(토지가옥세)를 몇 번 납부하고는 한쪽에 가건물을 지어 월세를 받고 있었고, 자신은 버젓이 카센터를 운영하고 있었다.

유 목사는 그 땅을 ABD에 넘길 터이니, 이 땅에서 선교사역을 할 수 있도록 해달라고 강청하였다. ABD는 이 사건을 접수하고 변호사에게 의뢰하여 3년간 재판을 치른 끝에 2013년 토지와 건물을 되찾았다. 그 후 선교부는 땅이 불법점령당하지 않도록 그곳에 선교사역을 위한 건물을 건립하기로 결의하고, 기도하면서 방법을 강구하였다. 사웅 빠울루 교포교회 목회자들에게 호소해 보았지만, 경제가 너무 어려운 탓인지 어떤 교회도 자원하는 교회가 없었다.

2011년 ABD는 고정 지출이 많은 데다 선교후원은 하나 둘 끊기는 가운데 있었으므로 구조조정이 불가피했다. 그 해 9월 구조조정을 할 수밖에 없는 실정을 선교지 담당 리더들과 선교회 멤버들에게 설명하고, 새로운 방향을 세우도록 통보하였다. 2012년이 시작되면서 20년 이상 지원해 오던 재정지원을 중단할 수밖에 없었다. 각 선교지의 재산을 있는 그대로 독립시키고, 사역을 현지인 사역자에게 이양하였다. 땅과 건물과 자동차는 물론, 은행 잔고를 그대로 인계하고 매달 지원하는 고정지출은 중단하였다. 이로 인해 일부 사역지에서는 지도자가 사역지를 옮기는가 하면, 경제적 지원이 없으니 부득이 문을 닫을 수밖에 없다며 책임감 없이 문을 닫아버리기도 했다. 제일 힘든 곳은 축구학교였다. 알코올 및 마약중독자 재활원은 해산하였다.

이런 현장을 지켜보면서 마음이 안타깝고 괴로웠다. 그동안 물 붓듯이 많은 재정을 쏟아부어 세운 사역의 터전들이 하루아침에 사라지니 선교에 실패한 것 같아 며칠 동안 잠을 이루지 못하며 하나님께 죄송하다고 기도하였다. 그러나 오히려 활기를 띠는 사역지들도 있었다. 예를 들면, 찌라덴찌스 교회, 파울리스타 교회, 헤깐또 사베르 탁아소, 꼴레지오 디아스포라, 직장선교 등이다.

산또 아마로 교회건축은 될 수 있으면 손대고 싶지 않았다. 여러 사람을 모시고 선교지를 둘러보면서 명의이전을 해드릴 테니 이곳에 선교할 건물을 지으라고 청원을 하였다. 사람들은 땅과 위치를 보고 맘에 들어 하면서 반 승낙을 한 상태로 돌아갔지 만, 시간이 흐르자 여러 가지 이유를 대며 뒤로 물러섰다. 그러던 어느 날 산또 아마로 선교지를 위해 기도하는 중에, "브라질에서 33년 사역을 하면서 주님께 많은 사랑을 받지 않았느냐? 이번에는 네 가족이 이 건물을 지으라"는 마음을 주셨다. 그러던 중 미국에 있는 아들이 브라질에 사업차 방문했을 때였다. 나는 식사하는

산또 아마로 교회 입당 예배. 권태윤 집사(클라리넷)와 이화평 목사(기타)가 축하 연주를 해주었다.

자리에서 어렵사리 내 심정을 온 가족에게 꺼내 놓았다. "이번 산또 아마로 선교지 예배당은 우리 가족이 힘을 모아 지어 보았으면 하는데 여러분은 어떠냐?"고 물었다. 온 가족이 토를 달지 않고 "그렇게 하십시다!"라고 하였다.

몇 해 전에 사모들이 자비량선교를 목적으로 의류업을 시작하였는데, 사정이 생겨서 함께한 두 사모가 빠지고 아내만 남아 있었다. 그 바람에 아내는 시집 간 딸과 함께 도매의류업을 시작했는데 경험이 없어 돈만 날리고 사업은 실패한 터였다. 그때 가게를 정리하고 남은 2만 헤알이 있었다. 2015년 1월 8일 보관해 두었던 2만 헤알로 기초공사를 시작하였다. 하나님께서 우리 가정을 어떻게 사용하실까? 마음이 설레었다. 그런데 아내가 아주 오래 전에 빌려준 돈이 있었다. 형편이 어렵다고 하는 바람에 받을 생각도 안 하고 잊어버리고 있었는데, 느닷없이 그분이 찾아와 7천 헤알을 주면서 "선교에 사용하라"고 했다. 하나님께서 산또 아마로 예배당 건축을 위해 이렇게 길을 열어 주시는구나 생각하니, 너무 감사했다. 또 사랑유치원 이재호 장로가 20년간 운영해 오던 유치원을 문 닫으면서 선교사역지에 쓰라고 큰 트럭 한 대 분의 기물을 주었다. 여호와 이레 하나님께서 준비해 주신 것이다.

건축은 순조롭게 진행되어 예배당 지붕을 씌우게 되었다. 아직 예배당 출입문은 없지만 예배를 드릴 수 있는 공간이 마련되었다. 2015년 3월 5일 함께 동역할 오스말 목사 부부와 함께

산또 아마로 교회 입당 감사예배를 마치고 동역자들과 함께.

실내 장식 마감을 기다리고 있는 산또 아마로 교회. 모두를 향해 열린 문이 되어주기를 소망하는 마음이다.

첫 예배를 드렸다. 너무 감사해서 신축 중인 예배당 사진과 첫 예배 소식을 몇 사람에게 보내며 기도해 달라고 부탁했다. 그런데 신일교회 이광열 목사님이 전화를 주셨다. 산또 아마로 교회 건축을 조금 돕고 싶다면서 "무얼 도와 드릴까요?"라고 물어오셨다. 나는 정문이나 강대상과 의자 중 하나를 해 주셨으면 좋겠다면서 3천 헤알 정도면 될 것 같다고 말하니, 선교부에 돈이 좀 있으니 배로 신청하라고 하셨다. 그래서 6천 헤알을 신청했더니, 선교위원장과 함께 현장을 방문한 뒤 곧바로 6천 헤알을 ABD 구좌로 입금시켜 주셨다. 또한 영광교회 김용식 목사는 "선교부에서 3천 헤알을 준비했으니 재정 청구서를 보내라"고 전화를 주셨다. 나는 하나님께서 하나님의 교회를 세워 가시면서 우리를 사용하고 계시는 것을 또 다시 보았다. 산또 아마로 교회는 2015년 5월 10일 오후 4시에 입당예배를 드렸다.

"할렐루야! 좋으신 하나님, 찬양합니다. 오직 하나님만 영광 받으소서!"

# 제3부 브라질 속으로 들어가기

브라질은 세계에서 다섯 번째로 큰 나라, 남미 대륙의 거의 절반을 차지한 나라(47%), 남미 11개 나라를 국경으로 접하고 있는 거대한 나라이다. 브라질은 우리 민족과는 역사상 아무런 접촉이 없었던 나라, 대한민국의 정반대에 위치한 나라로, 기후나 사회구조, 지정학적인 면, 경제적인 상황, 또는 생활, 풍습, 종교 등 문화적인 면에서 우리나라와 상당히 대조적인 나라이다.

# 브라질 엿보기

엘렝틱스(Elentics)라는 용어가 있다. 다른 종교를 책망하고 부끄럽게 하여 하나님께로 돌아오게 하는 선교학의 한 분야를 가리킨다. '알아야 면장을 한다'는 속담이 있듯이 브라질에 대하여 알아야 다른 종교를 책망하고 부끄럽게 하여 주께 돌아오도록 선교할 수 있다고 본다.

## ■ 1500년부터 지금까지

브라질은 1500년 4월 21일 알바레스 까브라우(Pedro Álvares Cabral)에 의해 발견된 나라로 당시에는 인디오가 살고 있었다.

브라질의 역사는 네 시대로 구분할 수 있다. 식민시대, 왕정시대, 군사공화시대, 민선시대이다.

브라질은 서구의 식민 개척자들에 의해 많은 인디오가 희생되면서 포르투갈의 식민지가 되었다. 그래서 16세기에서 18세기까지를 식민시대 곧 '반데이란찌스'(Bandeirantes)라 한다.

그 이후 1792년 4월 21일, 찌라덴찌스(Tiradentes)가 주동이 되어 포르투갈로부터의 독립을 부르짖으며 미나스 혁명을 일으켰다. 1807년 나폴레옹의 포르투갈 침공으로 포르투갈 왕실이 히우데 자네이루에 잠시 피신한 뒤 황태자였던 동 조앙(Dom João)이 1821년 본국의 왕정복고로 인해 귀국하고, 브라질은 그의 아들 동 베드로(Dom Pedro) 1세에게 섭정케 하였다. 그런데 동 베드로 1세가 "독립이 아니면 죽음"이라는 구호를 외치며, 1822년 9월 7일 포르투갈로부터 독립을 선언, 그 해 12월 1일 브라질 최초로 왕위에 올랐고, 1831년 아들 동 베드로 2세에게 왕권을 계승했다. 그러나 동 베드로 2세가 병으로 약해지자 동생인 산타 이사벨 (Princesa Isabel) 공주가 다스리면서 노예를 해방시켰다.

노예해방의 주역이었던 이사벨의 남편이 프랑스인이었기 때문에 왕실이 프랑스에 넘어갈 우려가 있다는 이유로 1889년 11월 15일 마누엘 데오도로 다 폰세카(Deodoro da Fonseca) 사령관이 군사혁명이 일으켰다. 그는 초대 대통령이 되어 공화국 정치를 실시했다. 1891년에는 국회가 조직되었고 삼권이 분립된 정치체제를 이룩했다. 이때에 커피 수출, 이민정책, 교통항만 발전, 문화개발 등으로 국력이 크게 확장되었다. 이 시대를 가리켜 군사혁명에 의한 공화시대(República Federativa do Brasil)라 한다.

1985년 3월 15일 민선 대통령으로 땅끄레도 네비스
(Tancredo de Almeida Neves)가 당선되었으나 병환으로 사망하
였고, 부통령인 호세 사르네이(José Sarney)가 대통령이 되었다.
그 뒤를 이어 페르난도 꼴로르(Fernando Collor)가 대통령직을
맡아 임기를 수행하다가 정치자금 횡령 등의 부정혐의(일명 꼴로르
게이트)로 탄핵을 받아 물러나고, 부통령인 이따마르 프랑꼬
(Itamar Franco)가 남은 임기를 수행했다. 그는 재무장관으로
페르난도 엔히끼 까르도스(Fernando Henrique Cardoso)를 임명
하고 인플레 퇴치를 표방하면서 화폐개혁을 비롯한 경제혁명을
일으켰다. 그리고 1995년 1월 1일 대통령이 되었다.

하늘 높은 줄 모르고 치솟는 인플레를 잡고 백성들의 신임을
얻은 카르도스 대통령은 수입을 개방하는 정책을 썼다. 한국과도
교역이 활발하게 진행되었으며, 결과적으로 한국의 삼성, LG,
현대 등 대기업을 비롯한 많은 중소기업들이 들어와 교역을 하게
되었다. 그 후 평생 앞장서서 데모만 한 룰라(Lula)가 대통령이
되었다. 그는 수출장려 정책을 펼치며 가난한 이들에게 돈과 빵을
주면서 민심을 사로잡았다. 그리고 지금은 룰라와 같은 PT당인
지우마(Dilma)가 브라질 최초의 여성대통령으로 재선에 성공하여
브라질을 이끌고 있다.

브라질의 국토는 851만 1,965㎢ 로 세계 5위의 면적에,
인구는 1억 9천만 명이다. 인종은 백인, 흑인, 황색인, 혼혈,
인디오 등 다색인종으로 200여 종족이 넘어 가히 인종전시장을
이루고 있다고 할 수 있을 정도이다. 언어는 포르투갈어이지만,

인디오는 종족어를 쓴다.

브라질은 가톨릭의 종주국으로 백성의 97%가 가톨릭 신자였다. 하지만 개신교가 신장되어 매해 60만 명 이상이 가톨릭에서 개신교로 개종, 지금은 가톨릭 신자의 비율이 72.20%로 줄었다.

기후는 열대성과 온대성 기후를 보이며, 연 평균 20~26도의 기온에 1500~3000mm의 강우량을 보인다.

한국이민은 1928년 일본국적을 가진 재일교포 4명이 일본이민 120세대 속에 섞여 첫 발을 들여놓았고, 그 다음으로는 1956년 반공포로 50명이 중립국 인도를 거쳐 입국하였다. 공식이민은 1961년 이민 척식원(INIC)에 농업이민을 신청, 공식이민이 시작되어 1차 17세대 92명, 독신자 11명(총 103명)이 1961년 12월 18일 화란의 이민 수송선을 타고 부산항을 떠나 1962년 3월 15일 산토스항에 도착했다. 그 이후 현재 약 3만 5천 명(보통 5만 교포라 하지만 유동인구가 많아 정확하지 않다)의 교포들이 브라질에 살고 있으며, 이 중 95%가 사웅 빠울루에 살고 있다.

하나님께서는 이곳에 교회를 세우기 위해 우리 민족에게 디아스포라의 사명을 주셨다. 한국에서 보면 땅 끝인 브라질에 보내주셔서 주님의 명령을 수행케 하심을 벅찬 마음으로 감사한다.


■ 어떤 사람들이 살고 있나?

13세기 말경 마르코 폴로(Marco Polo)의 『동방견문록』에 의해서 동방과 함께 유럽에 알려진 브라질 땅에는 참으로 많은 인종이 섞여 살고 있다. 브라질연방공화국은 세계 각 나라에서 온 사람들이 모여 살고 있어서 마치 인종 전시장처럼 보이지만, 공식적으로는 백인, 흑인, 동양인, 혼혈인 등 네 인종으로 분류하고 있다.

그러나 실제로 브라질네이로(Brasileiro, 브라질사람) 중에는 혼혈인종이 수를 헤아릴 수 없을 정도로 많다. 백인과 흑인의 혼혈을 '물라또'(Mulato), 백인과 인디오의 혼혈을 '까보끌로'(Caboclo), 흑인과 인디오의 혼혈을 '까푸조'(Cafuzo), 백인과 동양인의 혼혈을 '메스찌쑤'(Mestiço) 등이며, 기타 구분되지 않는 혼혈을 '살라다'(Salada)라고 부른다.

꼴레지오 디아스포라에서 학생신상명부를 기록할 때 보면, 할아버지는 이탈리아인이고 할머니는 스페인 사람이며 어머니는 인디오의 후손이라는 식의 표현을 사용한다. 실제로 머리는 금발이고 얼굴색은 흑인인 사람도 있고, 백인 부부가 낳은 아이가 흑인인 경우도 있다.

이처럼 복잡한 혼혈과 다인종이 브라질에 살게 된 것은 원주민 인디오가 살고 있던 광대한 브라질땅이 백인들에 의해 개척된 탓이며, 그 후 대농장에 필요한 인력을 충당하기 위해 아프리카에서 수많은 흑인노예들이 유입되었기 때문이다. 그리고 계속해서 광활한 국토를 개발하기 위하여, 1819년 스위스, 1822년과 1850년 독일, 1871년 폴란드, 1908년 일본, 1963년 한국 등지로부터 이민을 받아들였다. 지금도 세계 각국으로부터 이민자들이 계속 들어오고 있다. 인종의 분포를 정확하게 파악할 수는 없지만 정부는, 대략 백인계가 54.7%, 혼혈이 38.4%, 흑인 6%, 동양계 0.9% 정도로 추산하고 있다.

재미있는 것은 산따 까따리나 주, 히우 그란지 두 술 주에 가면 브라질은 백인의 나라라는 생각이 들 정도로 백인들이 몰려 살고 있다는 점이다. 반면에 바이아 주, 뻬르남부꾸 주 등 동북부 쪽으로 가면 흑인들만 보이므로 브라질은 흑인의 나라라는 생각이 들 정도이다. 또한 아마존 주를 가면 인디오들이 너무 흔해서 브라질은 인디오의 땅이라고 느끼게 된다. 그러다가 사웅 빠울루 주의 세 광장에 앉아서 지나가는 사람들을 보고 있노라면, 피부색이 같은 사람이 드물 정도라는 것에 놀라게 된다. 브라질은 인종박물관 같다는 말을 비로소 실감하게 되는 것이다.

남쪽지방의 부유한 백인들은 다른 지역의 가난한 인종들을 먹여 살리기 위해서 지나치게 많은 세금을 더 이상 납부할 수 없다면서 독립을 주장하지만 번번이 실패하고 있다.


■ 무엇을 먹을까?

브라질에 온 세계 각국의 사람들은 자기네 전통 음식들을 그리워하며 만들어 먹기 시작했다. 이 땅은 없는 것이 없을 정도로 모든 것이 풍성하고 질이 좋기 때문에 모든 음식이 토착화될 뿐 아니라, 변형이 되어 더 맛있는 음식이 된다. 예를 들면 피자,

아이스크림, 스파게티의 원조국들이 손을 들고 떠나거나, 이곳에
서 연구 개발하여 변형된 모습으로 자리를 잡기도 했다.

브라질 사람들은 금요일이 되면 "봉 핑 지 세마나"(Bom fim
de semana, 좋은 주말 되세요)라고 인사를 나눈다. 이 말 안에는
"가족과 함께 식사를 나누며 행복하세요"란 뜻이 담겨 있다. 브라
질사람들은 외식을 좋아한다.

세계의 모든 인종이 모여 살기 때문에 요리의 종류도 많고
즐길 수 있는 장소 또한 다양한 나라이다. 주식은 육류이지만
각종 야채를 곁들여 먹고, 마늘과 함께 기름에 볶은 밥을 함께
먹기도 한다.

브라질 사람들은 고기를 먹을 때 소고기, 돼지고기, 양고기
등의 각종 부위를 굵은소금, 양파, 레몬 등으로 양념하여 장작불에
구워먹는 슈하스꼬(Churrasco)를 즐긴다. 슈하스꼬 요리를 전문
으로 하는 음식점을 슈하스까리아 (Churrascaria)라고 하는데,
가우사웅 (Gauchão, '가축을 다루는 자'란 뜻인데 슈하스까리아의
종업원을 지칭하는 말로 변형)들이 부위별 고기를 꼬챙이에 꿰어
들고 와서 썰어주곤 한다. 손님이 원하는 부위를 취향에 따라,
완전히 익힌 것, 반만 익힌 것, 살짝 익힌 것 식으로 자유롭게
주문하여 마음껏 먹을 수 있다. 큰 고깃덩어리를 들고 다니며
시중을 들어야 하기 때문에 브라질 전문식당의 종업원은 모두
남자들이다.

브라질의 토속음식 중 빼놓을 수 없는 것이 페이죠아다

(Feijoada)이다. 브라질에 오래 살다간 사람들이 공통적으로 페이
죠아다를 그리워한다. 이 음식은 사탕수수 농장에서 농장주들이
노동하는 흑인 노예들에게 제공하던 식사에서 비롯되었다. 살코기
는 주인들이 먹고 노예들에게는 돼지의 귀, 발, 코 같은 찌꺼기들과
페이자웅을 섞어 삶아 먹게 했다. 그런데 이것을 먹고 사는 노예들
이 힘이 좋았다. 이에 농장주들도 한번 먹어 보았는데 의외로
맛이 있었고 영양도 풍부했다. 노예의 음식이었던 페이죠아다가
이젠 브라질을 대표하는 음식이 되었다. 이것은 오래 끓여야만
제 맛이 나기 때문에 수요일과 토요일에만 판다.

# 브라질 땅 두루 밟기

## ■ 청소년들과 함께 한 브라질 국토순회선교여행

한인교회를 담임하면서 청소년들과 함께 외친 선교구호는, "세계를 가슴에 품고 라틴 아메리카를 무대로 삼고 브라질에서 출발하자"였다. 부모님을 따라 이민 온 1.5세대들은 한국과 브라질 양국 문화 속에서 정체성의 혼란을 겪는다. 게다가 장기적인 안목으로 삶의 터전인 브라질을 제대로 통찰하지 못한다. 국토순회선교여행은 그러한 청소년들에게 브라질을 탐구하고 모험심을 길러주고 싶어서 계획된 것이었다.

자원한 14명과 함께 누구도 가보지 않은, 미개척 지대를 가보는 도전을 시도했다. 여기에는 위험도 있을 수 있고, 실수도 있을 것이며, 두려움도 있을 것이다. 일주일 내내 세수를 못할 수도 있고 더러는 굶을 수도 있다. 그러나 새로운 길에 대한 도전은 반드시 새로운 경험을 하게 할 것이 분명했다.

우리는 함께 성경을 공부하고 기도하면서 바울이 1차, 2차, 3차에 걸쳐 선교여행을 했듯이 발걸음을 하나님께 맡기고 출발하자고 다짐했다. 바울이 빌립보와 같은 로마의 식민지 도시, 데살로니가와 같은 상업도시, 아덴과 같은 문화의 중심지, 그리고 에베소와 같은 로마제국의 종교적 중심도시들을 복음을 전하며 여행한 것처럼, 우리도 브라질 26개 주, 그리고 수도 브라질리아를 모두 밟으며 복음을 전할 수 있도록 힘과 능력 주시기를 기도하였다.

- 1차: 남자들끼리만, 마또 그로스 (Mato Grosso) → 미란다 (Miranda) → 깜뽀 그란지 (Campo Grande) → 보니또 (Bonito)

- 2차: 뻬르남부꾸 (Pernambuco) → 린다 (Linda) → 헤시피 (Recife) → 마라고지 (Maragogi) → 죠앙 뻬쏘아 (João Pessoa)

- 3차: 벨로 오리존찌 (Belo Horizonte) → 비또리아 꼰끼스타 (Vitória Conquista) → 사우바도르 (Salvador) → 비또리아 (Vitoria) → 히우 데 자네이루 (Rio de Janeiro) → 사웅 빠울루 (São Paulo)

- 4차: 마린가 (Maringa) → 론드리나 (Londrina) → 포스 두 이과수 (Foz do Iguaçu) → 꾸리찌바 (Curitiba) → 프로리노뽈리스 (Florianópolis)

- 5차: 브라질리아 (Brasília) → 깔우다스 노바스 (Caldas Novas) → 고이아니아 (Goiânia)

브라질 전역을 밟으면서 세계 각국에서 온 이민자들과 원주민인 인디오들, 아프리카에서 노예로 끌려온 흑인들의 후손들을 만나 그들 특유의 음식을 나누면서 복음을 전했다. 초대교회 때 예수님의 제자들이 선교했듯이, 살아계신 하나님을 의지하며 오늘은 이곳, 내일은 저곳으로 순례의 길을 걸으면서 함께 동네 청소와 소독을 해주고, 고기를 잡고 농사일을 거들어 주었다. 광장에서는 찬양과 무언극을 통해 복음을 전했다. 삼삼오오 짝을 지어서 전도훈련을 받은 대로 전도할 때 하나님의 표적들과 기사들, 그리고 여러 가지 능력이 나타났다.

생각지도 못한 사람들이 주께로 돌아 왔다. 선교사역은 사람의 지혜나 수단 방법에 있는 것이 아니라 하나님께 있음을 알게 되었다. 가는 곳마다 현지인 교회 마룻바닥이나 의자에서 자고, 이 도시에서 저 도시로 이동하면서 버스에서도 잤지만, 피곤하지 않았다. 단 한 사람도 건강에 문제가 생기지 않을 정도로 하나님이 함께 하셨다. 진정 데살로니가전서 1장 5절 "이는 우리 복음이 말로만 너희에게 이른 것이 아니라 오직 능력과 성령과 큰 확신으로 된 것이니 우리가 너희 가운데서 너희를 위하여 어떠한 사람이 된 것은 너희 아는 바와 같으니라"는 말씀처럼 모두가 하나님의 능력을 경험하였다.

여행길에서 만난 사람들은 참으로 다양했다. 열악한 환경에서 배우고 싶어도 배우지 못하는 사람들, 병으로 인해 죽어가면서도 치료를 받지 못하는 사람들, 귀신 들려 고생하는 사람들…. 대원들은 그들을 불쌍히 여기는 마음, 안타까운 마음, 긍휼히 여기는 마음들을 가졌고, 자신이 왜 공부를 해야 하는지, 왜 돈을 벌어야 하는지, 왜 의사가 되려 하는지를 알게 되었다. 그리고 그것이 '미션'임을 깨닫게 되었다.

사도 바울은 한 도시에 도착하면 곧장 회당을 찾곤 하였다. 그리고 회당을 중심으로 전도하며 이미 다른 전도자들이 뿌려놓은 씨앗인 믿는 자들을 말씀으로 양육하고 일깨워 사명자로 세우면서 하나님 나라를 세워 나갔다. 이를 본받아, 우리 단기선교팀도 여러 지역의 땅을 밟으면서 이미 세워진 교회와 선교단체들과 협력하여 집회를 열고 결신자들을 지역교회로 인도하였다.

브라질의 자연은 말로 다 설명할 수 없을 정도로, 아무리 훌륭한 화가라도 자신의 재능이 부족함을 한탄해야 할 만큼 아름답다. "주 하나님 지으신 모든 세계…" 찬송이 저절로 나온다. 우리 청소년선교팀들도 좋은 것을 보고 그냥 지나갈 수 없었다. 물을 보면 수영을 해야 직성이 풀렸고 먹을 것이 있으면 맛을 봐야만 했다. 절제하지 못하면 다음 시간을 놓치기 십상이었다. 어떤 경우에는 리더들조차 절제가 안 되어서 약속을 못 지키고 허겁지겁하다가 주의 일을 그르칠 때도 있었다. 더러는 사탄이 강하게 우리의 선교사역을 방해할 때도 있었다. 그래서 중보기도가 중요하다. 중보기도 사역은 전도의 문을 여는 유일한 영적 무기이자 길이다.


"또한 우리를 위하여 기도하되 하나님이 전도의 문을 우리에게 열어주사 그리스도의 비밀을 말하게 하시기를 구하라 내가 이것을 인하여 매임을 당하였노라"(골 4:3).

"그러므로 내가 첫째로 권하노니 모든 사람을 위하여 간구와 기도와
도고와 감사를 하되"(딤전 2:1).


국토순회선교여행 중 기억에 남는 이야기를 나누고자 한다.


### ▶ 미란다 김용환 선교사의 사역지에서

김용환 선교사는 미란다 빤따날(Pantanal, 큰 늪 또는 대저습
지)에 사는 인디오들을 대상으로 25년째 선교를 하고 있다. 1990
년 7월 1차 선교여행을 갔을 때의 일이다. 브라질인디오 보호관리
성은 인디오를 보호하는 차원에서 외부인은 인디오 마을에서
24시간 이상 체류할 수 없도록 법으로 정해 놓았다. 이에 김
선교사는 인디오촌 출입이 까다로울 뿐 아니라 선교할 수가 없다고
말하며 안타까워했다. 일단 추장을 만나서 이야기해 보자며 김
선교사와 함께 부락으로 들어가 추장과 어른들께 인사를 드렸다.
김 선교사가 "사웅 빠울루에서 온 큰 교회 목사"라고 소개하자,
그들은 빙 둘러서서 마테차(Mate, 일명 파라과이 차)를 함께 하자면
서 마테를 꼽은 차 주전자를 내게 건네며 마시라고 했다. 내가
쭉 들이키자 매우 좋아하였다. 그리고 마테가 돌기 시작했다.

한 입 빨고 옆 사람에게 전달하는 식이었다. 한 바퀴 돌고
다시 내게 돌아왔다. 양치질들을 안 한 것인지 냄새가 났다. 나는
꾹 참고 "한 번만 더 마시면 그치겠지" 하고 마신 후 옆 사람에게

돌렸다. 그런데 차가 떨어지자 곧 다시 물을 부어 계속 돌렸다. 구역질이 나오려고 했지만 억지로 참았다. 그러기를 두 시간 가량 한 것 같다. 의식이 끝나니 추장을 비롯한 어른들이 좋아하며 칭찬했다.

나는 마당에 돌아다니는 닭 몇 마리를 사서 준비해 간 라면을 인디오 마을 모든 사람들에게 대접하면 좋겠다는 생각이 들었다. 그래서 추장에게 대접을 받았으니 우리도 대접을 하고 싶다고 했더니 쾌히 승낙했다. 큰 솥에 물을 가득 채우고 닭을 잡아 푹 끓인 다음 라면을 넣었다. 사람들을 줄 세우고 한 그릇씩 나누어 주었다. 큰 잔치가 되었다. 라면 두 봉지를 따로 준비해 두었다가 추장에게 특별 선물로 주었다. 그랬더니 답례로 꼭 선물을 하고 싶은데 무엇이 좋겠느냐고 물었다. 김용환 선교사가 귀띔한 대로 "이곳에 여러분들을 위해 예배당을 짓고 싶은데 땅을 줄 수 있느냐?"고 말했더니, 좋은 지역의 땅을 흔쾌히 허락하는 것이었다. 닭고기라면을 대접한 대가로 땅을 받은 셈이었다. 1991년 1월 13일, 미란다 인디오 교회 기공예배를 드리고 예배당을 지어 헌당했다.

### ▶ 12박 13일 간의 장거리 버스여행

나는 2004년 6월, 21년 반 동안 섬겼던 한인교회를 한봉헌 목사에게 위임하고 전적인 현지인 선교에 나서기에 앞서, 브라질 사람과 문화를 알아보고자 "브라질 땅 두루 밟기"를 시도했다.

이 여행의 첫 번째 목적은 하나님 사랑, 이웃 사랑, 자연 사랑을 느끼고 배우고 경험하는 것이었다. 두 번째 목적은 브라질을 좀 더 깊고 폭 넓게 배우는 것이었다. 이 여행을 위해서 평소 아끼고 사랑하는 현지인 동역자 에제퀴아스(당시 42세, 이태리계)가 길동무를 해주었다.

우리는 사웅 빠울루의 버스터미널 바하훈다에서 장거리행 버스에 몸을 실었다. 깜삐나스 (Campinas)를 거쳐 리메이라 (Limeira), 고이아스(Goiás), 꾸야바(Cuiabá)를 거쳐 뽀르또 벨료 (Porto Velho)까지 4일이 걸렸다. 브라질은 참으로 큰 나라이다. 브라질은 26개 주가 있는데 그 중 불과 3개 주를 횡단하는 데만 4일이 걸린 것이다.

포르또 벨료에는 토요일에 도착했다. 거기에서 마나우스로 가기 위해서는 바르꼬(Barco)를 타야 하는데, 화요일 또는 금요일에만 운항하므로 이틀을 뽀르또 벨료에서 보내야 했다. 화요일, 400명 정도의 승객과 화물을 실은 바르꼬를 타고 아마존 강에 들어섰다. 선상에서 보는 아마존 강은 아름다움과 신비로움으로 가득했다. 아마존 강의 뱃길을 따라 꼬박 4일을 가서야 김완기 선교사가 사역하고 있는 마나우스에 도착하였다. 김 선교사 집에서 하룻밤을 보낸 다음, 다시 버스를 타고 12시간을 달려서 여행 목적지인 보아 비스타에 도착하였다. 사웅 빠울루로부터 장장 6천 킬로미터가 떨어진 곳이다.

보아 비스타는 세계적으로 널리 알려진 아마존 환경보호와 보존운동을 하는 행정도시이다. 또 이곳은 아마존 오지에서 선교하는 선교사를 돕는, 50년 이상이 된 아마존 전문선교기관인 메바(MEVA) 선교회, 노바스 뜨리브(Missão Novas Tribos) 선교회, 아자 지 쏘꼬호(Asa de Socorro) 항공선교회를 비롯해 위클리프(Wycliff) 번역선교회 등 다양한 선교부가 밀집되어 사역하는 선교교구이다. 백선정 선교사가 사역을 하다가 말라리아로 목숨을 잃은 곳이기도 하며, 한인교회 민갑홍 권사의 협력으로 1995년 7월에 한인교회가 파송한 항공선교사 바우타일 학개오 선교사가 항공사역을 하는 곳이다.

나는 그 여행을 시작하기 전까지는 삶을 통해서 마음에 소원한 모든 것을 해본 것 같다고 생각했었다. 누구보다도 사랑받는, 행복한 목회자임을 자부했었고 감사의 마음이 늘 충만했었다. 그러나 언제나 목과 어깨가 뻣뻣하고 돌처럼 굳어 있어 불편함을 느끼곤 했다. 그런데 그 오래된 통증이 여행길에서 흔적도 없이 사라졌다. 그리고 이제껏 귀에 들어오지 않았던 강물 소리가 들렸고, 눈에 들어오지 않았던 예쁜 꽃이 보이기 시작했다. 춤추는 나비의 몸짓은 얼마나 사랑스럽던지…. 하나님의 선하심과 아름다움이 가득한 자연 속에서 나의 마음은 새로운 기쁨과 감사로 채워지고 있었다.

집을 떠날 때 두려움과 함께 불안한 생각이 들지 않았던 것은 아니었다. 그러나 두려움을 살짝 붙들어 매고 하나님의 세상을 향해 마음의 창을 여니, 세상이 험악하지만은 않았다. 하나님 사랑을 발견하고, 이웃 사랑과 자연 사랑을 체험하고 배울 수 있었다.

그동안 하나님의 교회는 하나님이 세워 가시며, 하나님의 사람은 하나님이 키워 가심을 경험하였다. 선교는 우리가 할 수 있다고 해서 이루어지는 것이 아니라, 하나님의 방식으로 이루어 가신다는 것을 체득하는 시간들이었다. 하나님께서는 모든 것을 합력하여 선을 이루어 가신다. 생각할수록 신기하고 감사한 일은, 하나님께서 그 사역에 나를 사용해 주신다는 것이다.

이 여행을 위한 사전 준비는 없었다. 주변 사람들은 걱정하고 염려하곤 했다. "힘이 들 텐데, 비행기로 가시지요. 항상 조심해야 됩니다. 브라질은 큰 나라이고 가는 곳마다 환경과 문화와 인종이 다릅니다." 걱정과 염려의 말들이 사전지식의 전부였던 것 같다. 여행길은 멀고 도처에 위험이 가득 했지만, 구름기둥과 불기둥으로 이스라엘 백성을 인도하신 하나님께서는 우리의 길도 인도해 주셨다.

버스는 큰 도시, 작은 도시, 그리고 광활한 벌판과 산림 속을 달리면서 손님을 태우고 내리기를 반복했다. 정말 다양한 사람들을 버스 안에서 만났다. 깜삐나스로 가는 버스 안에서는 혼도니아(Rondônia) 주 대표 축구팀인 끄루제이로 두 술(Crugeiro do Sul) 축구선수단을 만났다. 또한 꾸야바를 지나 뽄찌 데 뻬드로(Ponte de Pedro)까지 가는 청년 마르셀로를 통해서는 새로운 전도방법을 배웠다. 그는 장거리 여행객들의 공통분모가 무료함이라는 것을 활용하였다. 그는 신앙서적을 가져와 여러 사람에게 나누어 주고, 책에 소개된 신앙경험을 토대로 주님을 소개하고 있었다.

버스를 타고 가면서 브라질 사람들의 여유를 볼 수 있었다. 그들의 마음은 언제나 이웃들에게 열려 있었고, 이웃과 더불어 즐거운 시간을 보낼 줄 아는 사람들이었다. 이 큰 나라를 하나로 지탱해 주는 '아미고 사상'의 진수를 맛볼 수 있었다. 아울러 '아떼 아마냥'(Até amanhà, 내일), '마이스 따르지'(Mais tarde, 다음에) 사상, 다시 말하자면, 흐르는 세월에 모든 것을 흘려보내며 여유를 가지고 기다리는 삶의 자세를 목도할 수 있었다.

마또 그로스 주 꾸야바(Cuiabá)를 출발하고 난 뒤부터는 길이 정말 험했다. 도로가 끊기어 다른 길로 돌아가기도 했다. 그런데 끝없는 들녘을 지나면서 버스가 흔들리더니 그만 바퀴가 빠져 버려 오도 가도 못하게 되었다. 버스기사는 그곳에서 가장 가까운 도시가 4시간 거리라고 했다. 해 지는 들판에서 옴짝달싹할 수 없는 처지가 되었다. 그런데 승객들 중 단 한 사람도 항의를 하는 사람이나 불안, 초조해 하는 사람이 없었다. 밤 10시가 넘어 6시간 만에 다른 버스가 와서 다음 도시까지 태워다 주었지만, 누구 한 사람 신경질을 부리거나 불평불만을 늘어놓지 않았다. 오히려 그 시간에 삐아다(Piada, 개그와 같은 통통 튀는 유머)를 나누며 연인이나 되는 듯이 다정하게 삶의 이야기들을 나누고 있었다.

게다가 들녘에서 짐승을 잡아 즉석 슈하스꼬(쇠꼬챙이에 꿰어

구운 고기)를 한쪽씩 나눠먹기도 했다. 특별히 인상 깊었던 것은, 석양에 온 들녘이 붉게 물들게 되었을 때 누군가가 노래하기 시작했던 일이다. 그를 따라서 몇 사람이 복창을 하고 다시 선창을 하는 소리가 앞서기를 반복했다. 그러더니 사람들은 자연스럽게 몸을 움직이며 춤을 만들어 나갔다. 삼바 춤이었다. 노래와 춤은 천천히 시작되었다가 점점 빨라졌다. 남녀노소 구분 없이 모두가 함께 춤을 추었다. 그 모습이 얼마나 아름답던지, 지금도 그때의 그 낭만이 깃든 풍광은 빛바램 없이 내 마음에 감동으로 담겨져 있다.

마음이 시리고 아픈 이야기도 있다. 장거리 버스는 운전기사가 4시간 또는 6시간마다 바뀌면서 대륙을 계속 달리기 때문에 가끔씩은 정류장에 10분이나 15분, 식사 시간에는 30분씩 정차를 한다. 정류장에는 화장실뿐만 아니라 샤워시설도 갖추어져 있어서 목욕도 할 수 있는데, 사용료로 50센타보(Centavos, 200원 정도)를 받는다. 그런데 많은 사람들이 화장실에 갔다가 50센타보가 없어서 그냥 돌아오곤 하였다. 7-8헤알(2,800~3,200원 정도)이면 한 끼 먹을 수 있는데, 48명의 승객 가운데 두세 사람만이 밥을 사 먹는다. 대부분의 사람들은 빠웅징요(Pãozinho, 작은 빵, 아침식사용 빵)에 망떼이가(Manteiga, 버터)를 발라 먹고 한 끼를 때우는가 하면, 랑쵸네찌(Lanchonete, 하루분의 단체 음식. 보통 빠다리아에서 파는 음식을 가리킨다)에서 2헤알의 식사로 만족하기도 한다.

나는 한창 자라는 청소년, 그것도 축구선수들이 빵 한 개로 점심을 때우는 것이 마음에 걸려 23명의 축구선수들과 감독 코치에게 각각 코카콜라 한 병과 빵 한 개를 먹게 했다. 그들은 몸 둘 바를 몰라 하며 감사를 표하였다. 빵조차 배부르게 먹지 못하는 형편이었지만, 그들의 얼굴은 티 없이 맑고 밝았다. 석양의 노을빛을 받으며 삼바의 리듬에 맞춰 흥겨운 춤을 추던 사람들, 그들이야말로 내가 사랑해야 할 귀한 사람들이었다. 7헤알짜리 밥을 목으로 넘기면서 미안한 마음이 들었다. 부끄러움으로 내 마음이 석양빛 같이 발갛게 된 듯했다. 나는 아직도 가진 것이 많음을 알게 되었다. 무엇보다도 하나님이 나와 함께 계신다는 것을 생각하면서 감사 또 감사했다. 그리고 브라질 사람들을 복음으로 섬기는 일에 선하게 나를 사용해 주시기를 간절히 기도했다.

뽀르또 벨료에 이틀 동안 머무는 동안, 우리는 그 축구팀 감독과 코치의 환대와 안내를 받아 시청, 축구클럽, 신문사 등을 방문하였다. 신문사에서는 인터뷰도 하였다. 그들은 시의 유지였고, 축구클럽은 어마어마한 재산을 가지고 있었다. 뽀르또 벨료 시는 앞으로 급진적으로 발전할 선교의 요충지 같았다. 이미 인터내셔널 비행장도 갖추어져 있었고, 시골도시로서 그 규모가 큰데다 잘 정비되어 있었다. 단지 주지사가 의문의 죽음을 당하는 바람에 시 전체 행정이 마비되어 있었고 각종 사업이 중단된 상태였다.

이틀 후, 우린 아쉬움을 남기고 마나우스로 향했다. 왜 사람들이 그토록 아마존의 아름다움을 말하는지를 그제야 알게 되었다. 4일 동안 아마존 강을 여행하면서 하나님의 오묘한 창조의 숨결을 느꼈다. "해 뜨는 데부터 해 지는 데까지 주님을 찬양"하지 않을

아마존 강을 여행하는 이들은 '하나님의 오묘한 창조의 숨결'을 느끼지 않을 수 없게 된다.

수 없었다. 배 안의 식당에서 식사를 하고 공동으로 목욕을 하면서, 인종과 문화가 다른 사람들과 교제했다. 잠은 보통 그물침대에서 자는데, 초행길, 안전을 위해서 우리는 까마로찌(Camarote)라는 침실에서 잤다.

배를 타기 전 축구코치가 세 가지를 조심하라고 당부했다. 도둑놈이 많으니 짐을 조심하고, 술과 마약을 하는 사람과 여자를 조심하고, 절대 싸움을 해서는 안 된다고 알려주었다. 배 안에서 어떤 일이 벌어질지 모른다는 것이다. 정말 배 안에는 별의별 사람이 다 있었다. 축구코치는 힘주어 조심하라고 경고했다. 자칫 잘못하면 아마존 강물에 던져져서 악어 밥이 될 수도 있다고 겁을 주었다. 나는 어린이들에게는 준비해 간 껌과 사탕을 나누어

주었고, 음료수를 사서 주변 사람들과 나누며 교제를 하였다. 이들도 예외없이 하나님이 사랑하는 사람들이 아닌가.

선상에서 예수님의 제자들을 생각했다. 예수님의 제자들은 가정과 경제적 수단을 뒤로 한 채 심령의 가장 깊은 갈망을 채워주겠다는 주님의 약속을 믿고 주님을 따랐다. 새로운 길을 가기 위해서는 두려움이라는 큰 장애물을 극복해야 한다.

20년 동안의 안정된 목회를 내려놓고 새롭게 큰 변화를 시도하던 나는 자주 두려움과 염려에 휩싸이곤 했다. 그럴 때마다 주님께서는 "두려워하지 말라 염려하지 말라 내가 너를 사랑한다!"라고 말씀하셨다.

아마존 강의 바르꼬 여행은 지루하기 짝이 없는 시간일 수도 있었다. 사방을 둘러봐도 보이는 것은 물뿐이었기 때문이다. 그러나 여행을 시작하면서 다짐했던 대로 편안한 맘으로 마음껏 자유를 누리면서 하나님 사랑, 이웃 사랑, 자연 사랑을 만끽해 보자고 생각하니 모든 것이 참으로 즐거웠다. 먹는 것도, 자는 것도, 화장실도, 목욕도 참으로 불편하기 그지없었지만, 생각의 각도를 바꾸니 멋진 경험, 멋진 시간이 된 것 같다.

어떤 상황에서도 하나님의 손에 나를 내어맡길 때, 나는 오히려 자유함을 느끼게 된다. 모든 것을 하나님께서 주신 선물로 생각할 때, 나의 모든 삶은 하나님의 사랑으로 빚어진 것이라는 것을 깨닫게 된다.

믿음을 통해 하나님의 뜻을 이루고 싶다는 새로운 의지가 생겨났다. 믿음이란, 주님과의 친밀하고 인격적인 신뢰를 통해 "주님의 강한 손에 저를 맡깁니다"라는 고백이다. 그리고 희망은 예수님과의 관계 속에서 꽃이 피어난다. 비록 세상이 어둠에 덮여 있다 해도 예수님이 세상을 이기셨다는 믿음은 더없는 희망이 되는 것이다. "세상에서는 너희가 환난을 당하나 담대해라. 내가 세상을 이기었노라"(요 16:33).

미래에 대한 아무런 준비도 없이 무조건 사역을 내려놓았던 것은 무모한 일이었을지도 모른다. 그러나 주님을 의지하고 모든 것을 맡기고 이렇게 여행을 하고 있다고 생각하니, 하나님의 크신 은혜가 감격스러웠다. 또한 아무 말 없이 나와 함께하는 아내와 자녀들이 고마웠다.

드디어 마나우스에 도착했다. 부두에 나와서 우리를 환영해 준 김완기 선교사와 함께 새로 지은 예배당을 방문하고 그의 사역지를 돌아보았다. 김 선교사는 브라질 정부로부터 정식 대학 교교수의 자격증을 받고, 마나우스 시에 있는 여러 신학교에서 7년 동안 명강의를 해왔다. 선상에서도 "안드레의 제자"란 사람을 만나 그의 집에 초대를 받았는데, 김완기 선교사의 브라질 이름이 안드레인 것을 나중에야 알게 되었다.

이어 최종 목적지인 보아 비스타에 도착하였다. 바우타일 선교사의 집에 짐을 풀고 하나님께 감사 예배를 드렸다. 다음날 비행장 안에 있는 '아자 지 쏘꼬호'('구원의 날개'란 뜻) 사무실을 방문하여 비행기와 사역에 대한 설명을 들었다. 항공선교부는 정말 중요한 선교사역을 감당하고 있었다. '마나우스 아싸 지 쏘꼬호 선교부'는 조종사 데니스 선교사와 디모데 선교사, 그리고 바우타일 선교사 세 가정이 함께 사역을 담당하고 있었다. 또한 전문적인 인디오 선교단체인 메바 선교본부와 미셩 노바스 뜨리보 선교본부를 방문하여 선교부의 활동과 비전을 알아보았다.

이곳의 인디오 전문 선교부는, 인디오들과 함께 먹고 마시며 그들의 모습으로 살고 있는 선교사들과 위기를 당한 인디오들을 돕고 있다. 보아 비스타의 선교사들을 만나고 선교부를 탐방하여 보니, 한결같이 청교도 정신으로 검소하고 경건한 생활을 하고 있었다. 한 영혼을 귀하게 여기며 그의 구원에 힘쓰고 있었다. 또한 진정한 여유를 즐기며 서로 돕고 밀어주면서 하나님께 영광을 돌리고 있었다. '형제가 동거함이 참으로 아름답다'는 것을 실감했다.

선교여행을 통해서, 비록 몸은 고달프고 힘이 들었지만, 참으로 아름다운 하나님의 세상을 만끽하면서 하나님의 사랑의 품을 체험했다. 특히 브라질과 브라질 사람들을 이해하고 사랑하는 좋은 경험을 했다. 빼놓을 수 없는 또 하나의 선물은, 앞으로의 사역에 대한 청사진을 갖게 되었다는 것이다.

# 브라질레이로  Brasileiro, 브라질인

　　대부분의 사람들에게 브라질은 어떤 나라로 비칠까? 세계에서 제일 빚이 많은 빚쟁이 나라, 부패한 정치가들로 가득 찬 나라, 혼돈된 사회, 빈부의 격차가 심하고 범죄가 많은 곳, 게이 수출국, 원시림을 파괴하여 전 인류의 생태계를 파괴시키는 나라…. 이런 이미지로 브라질을 인식하는 사람들은 브라질에 가기를 꺼려하기 일쑤이다. 물론 전혀 근거없는 이야기는 아니다. 그러나 막상 브라질을 여행한 사람들은 사뭇 이야기가 다르다. 독일에서 온 류종구 씨(독일거주 독문학자)는 말한다.

　　브라질은 여러 인종이 모여 사는 복합문화의 대국으로 제도화된 사회 체제 아래 가진 자와 없는 자, 주인과 하인, 백인과 흑인, 아랍인과 동양인이 공존하는 평화롭고 자유로운 나라이다. 사웅빠울루나 히우가 있는가 하면 아마조나스나 빤따날도 있다. 기후로나 지리적으로 무한한 가능성과 변화를 누릴 수 있는 나라이다.

순진하고 친절하며, 가난하면서도 한탄을 모르는 사람들이 브라질 사람들이다.

## ■ 브라질인의 기질

여론조사에 따르면, 브라질의 국민 대다수는 현재 대통령인 지우마 호세프(Dilma Rousseff) 브라질 대통령의 탄핵에 찬성하는 것으로 나타났다. 브라질의 여론 조사기관 MDA에 따르면 응답자의 절반 이상인 59.7%는 호세프 대통령의 탄핵에 찬성하며, 68.9%는 그가 국영 석유업체 페트로 브라스의 비리 스캔들에 책임을 져야 한다는 생각을 갖고 있다. 그녀를 탄핵하라는 대규모 시위가 연일 이어지고 있지만, 탄핵까지 이어지지는 못할 것이라는 전망이 지배적이다.

야당인 브라질 사회민주당(PSDB) 소속인 페르난도 까르두쏘(Fernando Cardoso) 전 대통령은 "호세프가 페트로 브라스의 비리 스캔들에 직접 연루됐다는 증거는 발견되지 않았다"면서, 재선 직후 대통령을 몰아내는 것은 30년에 걸쳐 이어져 온 브라질 민주주의에 파괴적인 영향을 가져올 것이라고 지적했다.

여하튼 브라질은 참으로 대단한 나라이다. 무질서 속에 질서가 있고, 되는 것도 없고 안 되는 것도 없는 나라가 브라질이라고 하면 이해를 할 사람이 몇 명이나 될까? 그러나 브라질에서 살다보면 그 말이 무슨 말인지를 알게 된다. 예를 들어보자. 사웅 빠울루에 사는 사람치고 100% 교통규칙을 지키는 얼간이는 없을 것이다. 이들은 말한다. "원래 교통규칙이라는 것이 교통사고 방지와 소통의 원활을 위해 있는 것이니까 그 규칙의 준수도 이러한 목적을 달성하기만 하면 되는 것이다. 이러한 취지에 입각해서 눈치껏 지키면 된다. 고지식하게 지키느라고 오히려 전체적인 교통에 방해가 되어서야 쓰겠는가?"

운전하고 가다가 교차로에서 빨간 불이 켜져서 서 있노라면, 뒤차가 경적을 울리고 헤드라이트를 번쩍거리는 것을 여러 차례 경험했다. 백미러로 보면 그 차의 운전자가 입을 계속 움직거리고 있는 모습을 보게 된다. 분명 좋은 말을 하고 있는 것은 아닐 것이다. 성질 급한 사람은 옆으로 차를 빼내어 달아나면서 경멸하는 손짓을 하기도 한다. 그래도 거기에 대응을 한다면 어떤 일을 당할지 모른다. 종종 이런 시비로 인해 총에 맞아 죽는가 하면, 고의로 충돌을 당하기도 하기 때문이다.

몇 년 전 교통국장이 기자회견을 한 적이 있다. "밤에 신호대기 중인 차가 강도의 피해를 보는 사례가 있었는데 이에 대한 대책을 말씀해 달라"는 기자의 질문에, 브라질 최대 도시의 교통국장은 뭐라고 대답했을까? "교통신호를 무시하고 가라"는 것이 그의 답변이었다. 그것도 생방송에서. 브라질에서만 볼 수 있는 에피소드일 것이다. 브라질에서는 신호등이 준수의 대상이 아니라 참고의 대상일 뿐이다. 운전은 규칙에 따라 하는 것이 아니라, 눈치와 배짱과 기분에 따라 하는 것이다. 이것이 무질서 속의 질서이다.

처음 브라질에 도착했을 때, 브라질에 사는 교민들이 '꿈에는 한국, 살아서는 미국, 죽어서는 천국'이라고 하면서, 브라질에서는 영구히 살 생각을 안 한다는 것을 알게 되었다. 자산을 관리할 수가 없고, 강도와 도적이 극성을 부리고, 치안이 불안한 것이 그 이유였다.

브라질은 매년 3000%를 넘는 살인적인 인플레 속에 있었다. 이곳 한인들은 장사를 하면서 아침과 점심, 저녁때의 달러 시세가 달라지기 때문에 들어온 수입을 수시로 환전했다. 그러나 브라질 사람들은 그런 것에 아랑곳하지 않고 명랑하게 살고 있었다. 월급을 받으면 3일 안에 다 써야만 내 것이 되는 세상이었다. 숨이 막힐 듯한 인플레 속에서도 아무렇지도 않은 듯이 살고 있는 것이 신기했다. 1,200억 불이 넘는 외채를 안고도 슈하스까리아에 가면 손님들이 가득했다. 그곳에서 브라질레이로들은 소고기, 돼지고기, 닭고기, 연어구이, 심지어 악어 고기의 부위별 구이와 42종에 달하는 채소를 마음껏 즐기고 배불리 먹어댔다. 과학적인 머리로는 도저히 정확한 계산이나 정답이 나올 수 없는 일이다. 이런 곳이 브라질이다. 이런 사람들이 바로 브라질레이로이다.

나는 브라질이 참 좋다. 정말 자유가 넘치는 나라이다. 체면 차릴 필요가 없다. 눈치 보며 살지 않아도 된다. 벌거벗고 다녀도, 여름에 코트를 입고 다녀도, 누구 하나 흉보거나 관심을 갖지 않는다. 다섯 살 어린아이가 복덕방을 찾아가 대궐 같은 집을 보여 달라고 해도 친절하게 집구경을 시켜주면서 하나하나 설명해 주는 나라가 브라질이다. 속옷 바람으로 시장거리를 돌아다니다가 아는 사람 만나도 부끄럼 없이 씽긋 웃으며 인사할 수 있는 자유,

216

아이들 일류대학 보내기 위해 학부모가 안달하지 않아도 되는 자유, 여러 가지 속박에서 벗어나 숨통을 열어 놓고 마음대로 살 수 있는 나라가 브라질이다.

누구나 아미고(Amigo, 친구)가 될 수 있는 나라, 여유와 낭만이 있는 나라, 언제든지 배낭 메고 여행을 떠날 수 있는 나라, 이러한 나라에서 세계 모든 족속에게 나아가 하나님 나라를 소개할 수 있어서 참 좋다.

하루는 산또 아마로에 가서 예배당 건축에 필요한 건축 자료를 사주고, 아르헨티나 밀알선교단 설립을 위해 처리해야 할 일들을 마무리했다. 학교 교사들의 월급을 마련해 주고, 교감 파찌마 (Fátima)에게 "아르헨티나로 여행 간다"고 말하니, 그는 "보아 비아젱"(Boa Viagem) 한다. 학교일을 놔두고 어떻게 갈 수 있느냐? 왜 가느냐? 언제 오느냐? 궁금할 것도 많았을 텐데 단 한마디도 묻지 않고 "좋은 여행되시기 바란다"는 인사만 남기는 것이다. 아, 나는 이래서 브라질이 좋다.

# 가장 브라질다운 것

## ■ 포르투갈어

브라질 밀알선교단은 한 달에 한 번씩 장애우들을 인솔하여 야외학습을 다녀온다. 장애우들은 자동차를 타고 밖에 나가는 것을 매우 좋아한다. 주로 박물관을 많이 방문하고 있다. 어느 날은 루스 지역에 있는 포르투갈 언어 박물관(Museu da Língua Portuguesa)을 방문하였다. 한 달 전에 미리 방문 신청을 하였기 때문에 직원들이 활짝 웃으며 환영해 주었다. 이 언어 박물관은 2006년 3월 20일 개관하였는데 언어학자, 박물관 전문가, 예술가 등 30여명이 함께 일구어 낸 공간으로, 브라질 건축가 하픽 파라(Rafic Farah)에 의해 완성되었다.

첨단의 현대 기술을 동원하여 만들어진 박물관인지라 최신식 음향장치, 영상, 멀티미디어에 누구나 공감하고 재미있어 했다. 새로운 각도로 언어를 바라보게 하여, 저절로 흥미를 갖게 했다.

수없이 스쳐가는 영감과 아이디어로 가슴을 설레게 하는 곳이다.

박물관은 3층으로 되어 있다. 밖이 환히 들여다보이는 유리 엘리베이터를 타고 실내로 들어가면, 16미터의 아르보리 다 링구아(Árvore da Língua, 언어나무)가 세워져 있는데, 이 나뭇잎에는 포르투갈어의 기원이 되는 단어들이 새겨져 있다.

박물관에서 가장 사람들이 많이 몰리는 곳은 그란지 갈레이아(Grande Galeria, 대형 갤러리)이다. 여기에는 106미터에 달하는 끝이 보이지 않는 영사막에서 11개의 필름들이 계속해서 제각각 돌아가고 있다. 9미터로 나누어져 6분간씩 브라질 문화를 보여주는데, 카니발을 비롯한 축제, 음악, 춤, 축구, 음식, 아침 바닷가와 새떼들의 노랫소리, 어부들, 페라에서 장사하는 상인들의 손님 부르는 소리 등 여러 주제들로 구성되어 있어, 한눈에 브라질의

포어박물관 견학에 나선 꼴레지오 디아스포라 학생들.

문화를 알 수 있게 해준다.

안내원은 우리 일행을 2층으로 인도했다. 그곳은 8개의 현대식 토템이 세워져 있는데, 안내원의 설명에 의하면 이 토템은 브라질 언어에 영향을 끼친 다른 언어들을 표현한 것이다. 아프리카어 2개, 인디오어 2개, 스페인어 1개, 영어와 불어 1개, 브라질에 온 이민자들의 언어 1개, 그리고 한 개는 세계 각국에서 포르투갈어를 사용하는 나라라고 했다. 브라질의 정체성을 알려면 빠라블라스 끄루자다스(Palavras Cruzadas, 언어 교차)를 알아야만 한다.

다음으로는 베꼬 다스 빠라브라스(Bêco das Palavras, 단어출구)라고 쓰인 방에 들어갔다. 게임을 하는 아이들이 있었는데, 밀알학생들은 그들을 보자 신이 났다. 이곳은 언어 놀이를 하는 곳으로 박물관에서 제일 재미있는 곳이다. 테이블에 접미사, 접두사, 어근의 조각들이 아이들의 손의 움직임에 따라 흩어졌다가 모이기를 반복하면서 단어가 만들어졌다. 단어가 완성되면 그 단어의 뜻이 테이블에 나타났고, 설명하는 소리가 들려왔다. 그 다음에는 애니메이션과 영화로 단어의 기원과 뜻이 상영되었는데, 장애우들이 괴성을 지르며 좋아하였다.

포르투갈어는 기원전 4천년부터 오늘에 이르기까지 계속하여 발전해 왔다. 포어는 인도유럽어족의 기원에서 시작된 라틴어 기반의 로망스어에 속한다. 브라질로 건너온 후에 포어의 근원 위에 이 땅의 원주민 뚜삐(Tupi)어, 아프리카의 노예들이 이 땅에 끌려와 사용한 언어, 그리고 아시아를 비롯한 각 나라 이민자들이

이 땅에 살면서 사용한 언어가 유입되어 형성되었다. 언어 역사의 기원과 발전과정은 박물관에 비치된 연대표를 통해 소상히 알 수 있었다. 또 한 가지 흥미 있는 것은 마빠 다스 파라리스(Mapa das Falares, 말하는 지도)였다. 브라질 지도를 보면서 각 주의 아무 도시든 내가 가고 싶은 지역을 누르면 모니터를 통해 그 지방 사람이 나타나 그 지방의 방언으로 말했다.

마지막으로 우리는 3층 시청각실로 갔다. 안내원은 그곳에서 종합적으로 브라질어의 기원과 역사에 대해 해설해 주었다. 세상을 살면서 언어가 우리에게 얼마나 소중한가를 약 10분 간의 영화로 보여주었다.

영화가 끝난 후, 우리는 안내원의 지시에 따라 커다란 문을 통하여 쁘라싸 다 링구아(Praça da Língua, 언어 광장)로 나갔다. 이곳은 원형으로 되어 있었다. 우리는 어둠 속에 빙 둘러 앉았고 숨을 죽이고 있었다. 갑자기 천장 위 영사막에 단어들이 비추어졌다. 단어들은 하늘의 별처럼 반짝이며 돌아갔고, 브라질의 유명한 작가들의 고전산문 시가 육성으로 들려왔다. 시는 사랑, 유배, 음악, 파벨라(Favela, 판자촌) 등을 주제로 삼고 있었다.

브라질은 알다가도 모르는 나라라는 생각이 파고든다. 가끔씩 여기 저기 다니다 보면 상상을 초월하는 일들이 벌어진다. 전혀 기대하지 않고 들어갔다가 탄복하고 돌아올 때가 많기 때문이다. 포르투갈 언어 박물관이 바로 그런 곳이었다.

■ 페라 (Feira, 시장)

브라질 사람들의 삶을 들여다보려면 페라에 가보는 것이 좋다. 페라는 사웅 빠울루 시내 곳곳에서 매주 같은 시간 같은 장소에서 열리는데, 한국의 5일장과 비슷하다.

브라질 사람들은 이곳에서 한 주간 필요한 먹거리를 산다. 보통 입구에는 빠스떼우(Pastel, 튀김만두와 비슷하다) 장사가 자리를 잡고 있고, 그 옆에서는 사탕수수(Cana de Açucar) 장사가 진을 치고 사람들을 유혹한다. 대부분의 남자들이 부인들을 자동차로 기꺼이 페라까지 까로나(Carona, 자동차 태워주는 것)하는 것은 빠스떼우에 사탕수수 한 컵을 마시는 재미가 쏠쏠하기 때문이다. 미국으로 재이민을 간 사람들을 만나면 한국보다 브라질을 더 그리워하는데, 그때 가끔 듣는 말이 빠스떼우의 맛을 잊지 못하겠다는 것이다. 마치 커다란 만두피같이 빚은 밀가루 반죽 속에 고기, 치이즈, 또는 빠우미또(Palmito, 죽순 비슷한 것으로 하얀 색깔), 아뚱(Atum, 다랑어) 등을 넣어 팔팔 끓는 기름에 바짝 튀긴 빠스떼우를 입에 넣고 아작아작 소리를 내며 먹는 것을 보면 누구나 군침을 흘릴 수밖에 없다.

후아(Rua, 길)를 막아 놓고 양쪽으로 싱싱한 각종 채소와 과일, 생선과 고기 등 각종 식품과 생활필수품을 팔고 있는 이 시장에는 없는 것이 없다. 바나나, 수박, 뽕깡, 라란자, 아바까시, 수박, 자두, 무화과, 감, 사과, 자까, 포도 등 과일이 풍성하게 진열되어 있고 감자, 호박, 가지, 고구마, 배추, 상추, 양파, 고추,

페라는 서민들의 애환이 살아 있는 브라질의 명물 중 명물이다.

부추, 시금치 등 각종 야채와 크고 작은 각종 생선, 돼지고기, 소고기, 닭고기 등 각종 고기들이 부위별로 진열되어 있을 뿐 아니라 청소용 도구를 비롯한 생활필수품들이 가득하다.

페라에는 브라질 일반 서민들에게 필요한 것이 다 갖추어져 있다. 밭에서 직접 가져온 것들이기 때문에 싱싱하고 좋다. 직거래 이기에 값이 싸고, 얼굴을 익힌 단골손님들이기에 그 집안일을 꿰차고 있어서 자주 주문하는 것이 무엇이고 때가 되면 찾는 것들이 무엇인지를 잘 안다. 그래서 미리 미리 준비해 놓았다가 기분 좋게 가져갈 수 있도록 해주는 것이다. 페라에는 반질반질한 것도, 투박한 것도 함께 진열되어 있다. 아침 이른 시각에는 물건이 좋지만 값이 비싸서 경제적으로 여유가 있는 사람이 사가고, 보통으로 좋은 것은 그 다음 계층 사람이 사가고, 12시 넘어 파장에는 가난한 서민들이 팔고 나서 처진 것을 싸게 구입한다. 똑같은 물건이지만 시간별로 가격이 달라지기 때문에 자기 주머니 사정에 따라 구입할 수 있다. 이곳은 브라질인들의 한숨도 슬픔도 포용한다. 페라는 쪼들리는 서민들의 애환을 달래주는 후덕함이 있고, 누구나 한 식구가 되어 나누는 정이 흐른다.

한국 교포들은 이곳에서 고국의 소식과 안부를 나누고, 집안의 애경사를 축하하고 위로하며, 서로간의 마음에 담고 있는 고마움을 과일 한 바구니, 새로 나온 싱싱한 밤이나 호두 등 계절 과일로 표현한다. 감사해하고 미안해하며 따뜻한 마음을 나눈다. 평소에는 자동차가 빈번하게 다니는 거리를 한 나절 동안 막고 서민들의 필요를 채워준다. 진정한 삶의 공동체를 이루는 페라는 브라질의 명물 중 명물이다.


■ 빠다리아 (Padaria)

브라질 사람들의 하루는 빠다리아에서 시작된다고 할 수 있다. 빠다리아는 브라질 사람들이 사는 동네마다 골목과 골목이 교차되는 길목에 자리잡고 있는데, 동네에서 가장 빨리 문을 열고 가장 늦게까지 문을 닫는, 브라질 사람들의 삶의 터전이다.

빠다리아에서는 브라질 사람들이 주로 먹는 까페 다 마냥 (Cafe da manhã, 아침식사) 상 위에 올라오는 각종 빵과 우유, 치즈 등을 판다. 많은 사람들이 출근을 하면서 신문을 들고 빠다리

224

아에 서서 커피와 빵을 먹으면서 이웃들과 아침 인사를 나누고, TV를 보면서 정치, 사회, 경제에 관한 화제는 물론 어제 있었던 축구 이야기를 나누며 왁자지껄한 분위기 속에서 하루 일과를 시작한다. 나도 일주일이면 평균 3일 정도는 새벽기도를 마치고 동역자들과 커피를 나눈다. 목회지에서 일어난 사건과 사람 이야기, 세계 선교정보, 한국교회와 고국의 소식, 그리고 불안정한 경제난국을 어떻게 헤쳐 나갈 것인가 등등의 이야기를 나누는데, 기도의 제목을 찾게 되는 경우가 많다. 교포들은 아내와 함께 출근하여 가게를 열어주고 빠다리아에 모여 교회에서 있었던 이야기, 자녀들의 이야기, 골프 이야기, 돌발적으로 일어난 사건에

브라질 문화의 대표주자인 빠다리아에서 파는 식품 중 단연 1위는 프랑스 빵보다 맛있는 브라질의 빠웅이다.

대한 각자의 생각들을 나누는데, 목사들의 이야기가 자주 도마 위에 올라 칼질을 당한다.

빠다리아는 사람 냄새가 물씬 나는 곳이다. 이곳에는 모든 화제가 꽃을 피운다. 정보가 교환되어 새 소식을 접하고, 한 사람이 세워지기도 하며 내몰리기도 하는 곳이다. 세계 각 종족들이 서로 통성명을 하고 교제하는 친교의 장이기도 하고, 서로 대접하면서 정이 들고 사랑이 꽃을 피우는 사랑방이기도 하다. 그래서 브라질 식모들은 빠다리아에 빵을 사러 가면서도 목욕을 하고 외출복으로 갈아입고 거울을 본 뒤에 간다고 한다.

브라질 문화와 한국문화의 다른 점을 들라 하면 빠다리아 문화도 들어갈 수 있다. 문화를 삶 그 자체라고 한다면, 하루의 시작을 함께하는 빠다리아는 브라질 문화의 대표주자임이 분명하다. 손님이 와서 함께 가는 장소로도, 아이들이 칭얼거릴 때도, 방과 후 배고파하는 자녀들이 아무 때나 배고픔을 면하기 위해 가는 곳도 빠다리아이다. 일 년 열두 달 24시간 문을 여는 곳도 많기 때문에 브라질 사람들이 가장 많이 드나드는 곳이다. 삶에 있어서 가치 추구를 문화라고 정의한다면, 그런 기준에서도 빠다리아 문화는 빼놓을 수 없다.

빠다리아에서 파는 식품 중 단연 1위는 빠웅 지뇨이다. 브라질의 빠웅(pão, 빵)은 매일 아침 에우깔립또 나무 장작불에 구워 만든 것으로 불란서 빵과 같이 생겼는데, 미식가 방지일 목사의 평에 따르면 불란서 빵보다 훨씬 더 맛있다고 한다. 각 나라에서

226

온 주인들마다 자기 나라의 특색 있는 빵들도 전시해서 팔고 있지만 브라질 것을 이길 수가 없다. 브라질에 오래 산 사람일수록 선호하는 빵이다.


### ■ 삐아다 (Piada, 유머)

브라질 사람들은 삐아다를 좋아한다. 브라질은 식민정치, 왕정, 군사정권을 넘어 민주화가 된 지 30년이 되었지만, 정치의 부패로 빈부 격차가 더 심하게 벌어져 대다수 국민들이 비참한 생활 속에서 살고 있다. 그럼에도 불구하고 브라질 사람들은 낙천적이다. 그들은 빠다리아에서 커피를 나누며 웃으면서 하루를 시작하고, 웃으면서 하루를 마감한다. 내일을 걱정하지 않고 한 날의 괴로움은 그 날로 족한 줄 알고 즐겁게 살아간다.

황운헌 시인은 "브라질 사람들은 수없이 많은 삐아다를 생산해 내며 그들의 시름을 팝콘처럼 휘날려 버리는 지혜를 갖고 있다"고 말한다.

브라질은 수많은 나라에서 수많은 인종들이 이민을 와 살고 있는 다민족 다인종 국가이다. 저마다 다른 문화적 요소를 가지고 들어와 살고 있기 때문에, 브라질의 문화는 모자이크와 같다. 원주민인 인디오 요소와 점령자였던 이베리아인의 요소에 이탈리아, 독일, 동양계, 그리고 아프리카적 색채까지 진하게 가미된 문화이다. 마치 아주 이질적이고 독창적인 문화 조각들이 모여서 브라질문화라는 커다랗고 화려하며 신비스런 모자이크를 이룬 것 같다. 또한 태고의 신비와 첨단을 걷는 현대 문명의 이기가 공존하면서 조화를 이루고 있는 나라가 브라질이다.

강열한 태양 아래 눈부시게 빛나는 모래같이 밝은 양성의 기질이 브라질인의 삐아다에 고스란히 스며 있다. 브라질은 참으로 많은 가치가 서로 공존하고 있다. 그 바탕엔 다양한 민족의 다양한 요소들이 토착화되어 깔려 있다. 어떤 민족이든 브라질에서는 자기의 고유한 문화를 그대로 지닌 채 살아갈 수 있다. 그리고 어떤 환경과 변화 속에서도 문화적 생기를 재생할 수 있는데 브라질인들의 그 빼어난 적응성이 삐아다를 통해 표현되고 있는 것이다.

어느 날, 미국의 경제학자가 브라질의 경제 현황을 시찰한 후 경고했다. "브라질의 경제는 마치 낭떠러지에 서 있는 것같이 위태롭소!"

그 말을 들은 재무장관이 웃으며 대답했다. "브라질의 경제는 하도 오랫동안 그 낭떠러지에 서 있는 바람에 이제 그만 뿌리가 단단히 박혀 버려 끄떡도 안 한답니다."

이것이 브라질의 삐아다이다. 브라질의 걸작 삐아다는 정치를 풍자하는 내용이 많다.

군사정권 시절 휘게레이로 대통령이 바이아 주로 시찰을 갔다가 군중에 둘러싸여 시계를 잃어버렸다. 그 뉴스가 나간 지 몇 시간 후에 "새로 장관이 된 모 장관이 재빨리 대통령에게 새 시계를 선물했다"는 소문이 퍼졌다. 신문기자가 그 소문을 대통령에게 귀띔했다. 피게레이두(João Baptista de Oliveira Figueiredo 1918.1.15 ~ 1999.12.24) 대통령이 웃으면서 말했다. "응, 틀림없이 받았어. 그것도 다섯 개나 말이야."

　디아스포라 합창단과 함께 한국을 방문했을 때의 일이다. 한국 일정을 다 마치고 김포공항에서 다음 행선지인 홍콩을 가기 위해 수속을 마치고 짐까지 부쳤는데, 천재지변으로 비행기가 취소되어 다음 날 갈 수밖에 없다는 통보를 받았다. 사람들마다 이리 뛰고 저리 뛰면서 전화기를 붙잡고 한바탕 소란이 일었다. 그러나 브라질 사람들은 태연하게 둘러앉아 삐아다 보따리를 풀어 놓고 깔깔대고 웃고 즐기고 있었다. "언제 비행기가 출발하느냐?", "오늘밤 우리는 어디에서 잘 것이냐?", "그럼 내일 일정은 어떻게 되느냐?", "오늘 밤 밥은 주느냐? 무얼 먹느냐?" 등의 질문을 할 만도 한데, 삐아다를 즐기는 모습을 보면서 "이것이 브라질 사람들의 저력이구나!" 생각했다.

　브라질의 국토는 우리나라 국토의 85배나 될 만큼 넓다. 아마존에서 히우 그란지 두 술(Rio Grande Do Sul, 브라질의 남쪽 한 주)까지 8천 킬로의 해변이 있을 뿐 아니라, 태고의 신비를 그대로 보존한 인디오 정글 빤따날이 있는가 하면, 각 지방 도시마다 독특한 자기들만의 문화들을 보존하고 있다. 그러므로 삐아다도 고유의 지방색을 띠게 마련이다.

　뜨란스 아마조니까(Trans Amaxonica, 아마존 지역횡단)의 공사가 한창일 때, 도로 측량사가 숲속에서 일하다가 인디오를 만났다. 그 인디오는 한 손에는 책을, 다른 한 손에는 그의 조그만 아들의 손을 잡고 저만큼에서 오고 있었다.

"학교 가는 길이오?"

"그렇소."

"그래, 그 애는 몇 학년이나 되었소?"

"애가 아니고 내가 공부하러 가는 거요."

"그래요, 배운다는 것은 좋은 일이지요. 그런데 그애는?"

"애 말이요? 공부하다 배고프면 먹어 치우려고요."

이것은 블랙유머에 해당한다.


브라질은 아마존이며 빤따날이며 동식물의 분포와 생태계가 광활하고 화려하게 펼쳐져 있기 때문에, 새나 짐승에 관한 삐아다 가 많다.

브라질의 삐아다에는 '마누엘'이나 '죠아낑'이란 이름이 자주 나오는데, 이는 포르투갈 사람을 지칭한다. 그들은 머리가 둔하고 팔푼이로 그려지곤 한다. 반면에 포르투갈 리스본에 가면 브라질 사람을 그렇게 표현하면서 그곳 사람들을 웃음으로 몰아넣는다고 한다.

브라질은 가톨릭 국가이기 때문에 종교에 관한 것, 즉 빠드리 (Padre, 신부)나 이르망우(Irmão, 형제, 성도를 가리키기도 한다)에 관한 삐아다와 음담에 가까운 삐아다가 많다.

브라질에는 까나발이란 큰 축제가 있는데, 각 도시마다 시대를 풍자하는 축제성 삐아다가 탄생하고 있다. 거기서 서민들의 밝은 웃음, 삐아다의 해학을 볼 수 있다. 흔히 브라질을 축구의 나라, 삼바의 나라라고 부른다. 거기에 하나를 더하는 것이 좋을 것 같다. 브라질은 삐아다의 나라이다.


■ **따봉!** (Tá Bom)

브라질에서는 엄지손가락을 치켜세우고 활짝 웃으며 "따봉" 하는 사람들을 자주 보게 된다.

오래 전 이야기이다. 한국 방송국에서 오렌지 넥타 광고촬영을 하기 위해 관계자가 브라질을 방문하였다. 그는 통역할 사람을 부탁했고, 나는 한인교회의 이규진 형제를 소개해 주었다. 그런데 그는 규진 형제가 자주 엄지손가락을 치켜세우고 "따봉" 하는 것을 보고 아이디어를 얻었다. 그의 광고는 한국에서 꽤나 날리게 되었고, 한동안 "따봉"이 유행어가 되었다. 내가 한국을 방문하였을 때도 브라질에서 왔다고 하면 사람들은 "따봉" 하고 몸짓 인사를 했고, 브라질을 방문한 사람들은 "따봉" 하고 인사를 했는데, 그 인사가 브라질 사람들에게 보편적으로 통하는 것을 보고 기뻐했다.

"따봉"이란 "에스따 봉"(Está Bom, 좋다)의 줄임말이다. 이 말은 브라질 사람들이 칭찬할 때, 인정할 때, 기분이 좋을 때, 비즈니스가 잘 되었을 때 등, 여러 상황에서 다각도로 사용하는 말이다. 어느 때는 말없이 엄지손가락만 치켜들기도 한다.

사실 글로벌 시대를 살아가는 현대인에게 필요한 것은 능숙한 외국어 실력만이 아니다. 각 나라의 독특한 문화와 풍습을 모르면 관광하기도 어렵고 사업차 방문한 목적 달성도 어려울 수 있다. 지구촌 각 나라 종족들은 어떤 몸짓을 쓰고 어떤 유머를 즐기는가를 상식적으로 알아두면 좋을 것이다.

"동양인은 입으로 이야기를 하고 서양인은 몸으로 말한다"는 이야기가 있다. 나는 33년 타국살이를 하면서 이 말을 실감했다. 브라질인들은, 과장된 표현이나 몸짓을 되도록 삼가는 동양인과는 달라도 너무 다르다. 브라질 사람들은 대화 도중에 다양한 눈짓이나 표정, 제스처 등을 즐겨 사용하는데, 어깨를 들썩거린다거나 팔을 들어 올리는 것, 눈을 치켜뜨는 것 등 몸의 언어가 풍부하다.

브라질에는 이태리계 사람들이 많이 산다. 그들은 유머가 풍부하고, 제스처가 크며, 다혈질이다. 산또 아마로 교회를 함께 섬기는 오스말(Osmar) 목사도 이태리계 브라질인인데, 그는 "이탈리아인들이 세계적으로 가장 풍부한 보디랭귀지를 갖고 있다"고 말하곤 한다. 심지어 "나폴리에서는 모든 것이 무언극으로 진행된다"는 말이 있을 정도라고 한다.

오스말 목사가 내게 물었다. "두 사람이 생선을 놓고 흥정을 하는데 판매자가 값을 부르자 구매자가 말없이 웃옷을 젖혀 보였습니다. 무슨 말이 오고 간 것일까요?"

"잘 모르겠는데요."

"조끼를 안 입었음을 보여줌으로써 '난 돈이 없는 사람'이라는 뜻을 전한 것입니다.”

“한 친구가 입술을 다섯 번 만진 다음에 손으로 칼질하듯 허공을 수평으로 가르자 다른 사람이 고개를 끄덕이며 엄지손가락을 치켜세우고 대화가 끝났습니다. 무슨 말이 오고 갔을까요?”

나는 전혀 감을 잡을 수 없었다.

“5시 30분에 밥 먹으러 오라고 초대하자 친구가 그에 응한 것입니다.”


주의할 것은, 나라마다 언어가 다르듯 제스처에 담긴 뜻도 사뭇 다를 수 있기 때문에, 그 지역의 제스처가 뜻하는 것이 무엇인지를 잘 알고 사용해야 한다는 점이다. 예를 들면, 엄지와 검지를 둥글게 말아 쥐고 나머지 손가락들을 세우면 “03 사인”이다. 이는 대부분의 나라에서 긍정 또는 승인의 의미로 쓰이지만, 프랑스 남부에서는 “아무것도 없다”는 부정적인 뜻으로 쓰이고 있다. 손가락 모양이 제로를 닮았기 때문일 것이다. 브라질에서도 아주 나쁜 뜻이 된다. 음란함과 동성애를 상징할 때도 있다. 이와 같이 똑같은 제스처라고 해도 나라마다 뜻이 다를 수 있으므로, 그 나라에 사는 사람들에게 기본을 익힌 다음에 사용하면, 커뮤니케이션에 도움이 되고 즐거움도 맛보게 될 것이다.


■ 게이(Gay)

배성학 목사로부터 긴급기도 요청을 받았다. 2015년 4월

28일 화요일에 미국 대법원에서 전국 동성애 결혼 합법화 여부를 결정한다는 내용이었다. 이 문제는 미국의 사활이 달린 문제일 뿐 아니라 머지않은 날 우리나라에도 반영될 수 있기 때문에 함께 기도해야 한다.

브라질은 세계에서 게이가 제일 많은 나라이다. 세계 각처로 브라질 게이들이 진출하고 있다. 동성연애가 상, 중, 하, 빈민층 할 것 없이 사회 전반에 자리잡아 가고 있다. 심지어 일 년에 한 번씩 '브라질 게이 축제'(Parada Gay no Brasil)가 사웅 빠울루의 빠울리스타와 세계 3대 미항인 히우 데 자네이루에서 열리는데, 그 숫자가 100만을 웃돌 정도이다.

오래된 이야기이다. 1984년 산따나(Santana)에서 성경공부를 마치고 집으로 돌아오는 길이었다. 아베니다 에스따도(Av. Estado)에 들어서는 신호등 앞에 차를 멈추었는데, 갑자기 늘씬한 여성 두 사람이 내 차로 다가오더니 내 목에 칼을 들이대고 차 안으로 들어왔다. "조용히 하고 운전해!"

난생 처음 당하는 일이라 정신이 없었다. 게다가 그때는 아직 사웅 빠울루의 지리조차 잘 알지 못할 때였다. 나는 그녀들이 지시하는 대로 따를 수밖에 없었다. 그런데 운전하면서 백미러로 살펴보니, 그들은 남자들이었다. 풍만한 가슴, 푹 파진 옷, 짧은 미니스커트, 천박해 보이는 화장, 허스키한 여자 목소리로 위장했지만 틀림없이 남자들이었다. 말로만 듣던 게이들이었다. 그들은 각각 남자와 여자의 역할을 하고 있었다. 두 시간 동안 운전수로 강제 채용되어 돌아다니다가 제자리에 돌아오게 하더니 차에서 내렸다. 그러나 얌전히 가진 않았다. 내 손목시계와 지갑에 있는 돈을 강탈해 가면서 손을 흔들며 "아떼 로고!"(Até logo, 안녕히) 하면서 사라졌다.

보아스 노바스 교회에 나오는 사람들은 노숙자, 걸인, 동네의 가난한 가정에서 엄마의 손을 잡고 빵과 우유를 먹으러 오는 아이들, 그리고 게이들이다. 그리세리오의 독신 아파트에는 게이들이 많이 살고 있다. 이들은 낮에는 잠을 자고 밤이 이슥해지면 화장을 짙게 하고 초미니 스커트를 입고 두세 명씩 짝을 지어 택시를 타고 길거리로 나간다. 더러는 리베르다지, 후아 그로리아 (Rua da Glória) 등 시내 길가에서 호객행위를 하는 것을 볼 수 있다. 한때 한국촌 '김약국'과 '우리 약국'의 가장 큰 손님이 게이들 이었다는 이야기를 들었다. 이들은 유방수술 후 가슴 사이즈를 유지하기 위해서 정기적으로 주사를 맞는다고 한다.

내가 아는 청년 R양은 게이들을 선교하려고 공부하고 헌신하 였다. 그녀는 "저들도 하나님의 자녀임이 틀림없습니다"라고 하면서, 동성애를 옹호하고 저들의 예술성과 사회 각처에서 건전하게 봉사활동하는 이야기를 전했다. 그녀는 "절대로 차별하며 사생활을 침범해서는 안 됩니다"라고 하면서 내게 도움을 구했다. 나는 "동성애는 인류를 위한 하나님의 계획에 일치하지 않는다. 저들을 회개시키고 동성애 행위에서 벗어나도록 해야지 옹호해서는 안 된다"며, 가능하면 저들을 향한 사역을 중단하라고 권면했다. 그러나 왠지 마음이 답답하고 시원치 않았다. 목사로서 이런 마음이 드는 것은 과연 주님이 주신 마음일까? 나 자신에게 질문한 적이 있다.

디아스포라선교합창단 대부분의 단원들은 브라질 상류층의 사람들로 구성되어 있다. 생각지 못한 대대적인 환영을 받으며 1차 세계 순회 선교음악여행을 마치고 돌아온 후, 계속하여 구제와 복지 사역에 초점을 맞추고 사역을 넓혀가고 있었다. 그리고 2년 후 다시 미국 동부 워싱턴, 필라델피아, 뉴욕, 캐나다로의 선교음악 여행을 준비하던 중에 큰 사건이 터졌다. 다름 아닌 동성연애 사건이었다. 테너 솔로인 알렉산더와 국방대학 음대의 남자교수이며 디아스포라 합창단 정반주자가 열정적인 동성애를 나누고 있음이 드러났다.

몇 번의 회의를 거쳐, 합창단에 서 가장 중요한 역할을 하는 핵심 멤버이지만 성경을 위반하는 행위로 하나님의 영광을 가리는 자들과는 함께 할 수 없다는 결론을 내리고, 그들의 단원활동을 중단시켰다. 그런데 그 파동의 폭은 생각보다 컸고, 의외로 동조자들이 많았다. 물론 둘 다 잘 생겼고 인품이 좋을 뿐 아니라, 인화 단결에 있어서 헌신하던 사람들이라 그만큼 후유증이 오래 갔을 것이다.

알코올 및 마약 중독자 재활원에서 일어난 충격적인 사건도 있다. 어느 날부터인가 재활원을 방문하면 전과는 달리 이상한 기운이 느껴졌다. 뭔가 숨기는 일이 있는 것 같은데 쉬쉬 하는 듯싶었다. 간사와 원생들을 따로 만나 상담을 했지만 모두들 입을 꾹 다물었다. 나는 도무지 그 이유를 알 수가 없었다. 그러던 어느 날 빠울로라는 간사가 선교사무실을 찾아와 "죽을 것을 각오하고 용기를 내어 말씀드립니다. 꼭 비밀을 지켜 주십시오"라며, 뜻밖의 이야기를 들려주었다.

재활원 원장인 호세나우도(Rosenaldo)가 동성연애를 하면서, 간사를 비롯한 재활원생들을 성폭행하고 있다는 것이었다. 그는 재활원에 들어와서 예수님을 영접하고 신학교를 나와서 목사가 된 사람이었다. 황소같이 힘이 세었고, 주먹 하나가 어린아이 머리만 했으며, 키가 192cm나 되었다. 그 간사는 "성질이 고약하고 잔인하여 누구도 감히 그를 대항할 수 없습니다. 밤마다 린치를 가하며 성폭행하므로 간부를 비롯한 재활원생들이 모두 겁에 질려 있습니다"라고 호세나우도의 행위를 낱낱이 밝혔다.

나는 너무 당황스럽고 고통스러웠지만, 경찰 간부의 협조를 얻어서 새벽에 현장을 급습하였다. 그리고 행정절차를 밟아 재활원을 해체하고, 재활원생들을 다른 시설로 안내하는 것으로 마무리를 지었다. 너무 어처구니없는 사건이었다. 다른 이도 아닌 믿고 사역을 맡긴 사람이 14년 동안 3천여 명을 도운 귀한 사역지를 하루아침에 문을 닫게 만들었던 것이다. 이로 인해 나는 동성연애가 얼마나 무서운가를 확실히 깨달았을 뿐만 아니라, 지도자의 중요성을 깊이깊이 깨닫게 되었다.

그동안 미국 주류 교단들에서 동성결혼 집례와 게이나 레즈비언 성직자들에 대한 안수문제가 항상 이슈로 떠올랐다. 미국 장로

교단(PCUSA) 21차 총회에서 동성결혼을 인정하는 헌법 개정안 통과 이후, 미국 각처에서 논란이 야기되고 있으며, 교단이 분열되는 사태가 일어났다. 동성애는 인류 역사와 함께 이어진, 모두가 입에 올리기를 꺼려하는 공공연한 "터부" 중 하나이다.

■ 삼바의 향연

삼바 춤은 아프리카에서 전래되어 브라질에서 토착화된 경쾌한 브라질 댄스이다. 삼바 리듬은 브라질 사람들의 피 속에 흐르고 있다. 찌에떼 (Tietê) 터미널에는 남미 각 나라로 가는 버스 노선이 있기에, 종일 세계 각처에서 온 수많은 여행객들이 북적댄다. 여기에서 외국인과 브라질레이로를 피부색이나 생김새로 구분하기는 어렵다. 그런데 삼바음악을 틀어 놓으면 브라질레이로들은 음악에 맞추어 몸을 아주 자연스럽게 흔들어 댄다. 반면에 뻣뻣하게 서 있거나 음악에 맞춰 몸을 흔들거리다가 금세 어색해 하며 멈추는 사람들은 외국인이다. '삼바'는 브라질 사람들이 즐기는 음악이고 춤이다.

삼바 춤은 브라질인들의 내면을 잘 표현한 춤이다. 이들은 조상으로부터 오늘에 이르기까지 내려오는 삶이 아무리 서글프더라도, 미래가 보이지 않고 소망이 없어 보여도 이에 아랑곳하지 않는다. 그들은 현재의 순간에 자신들의 열정을 아낌없이 쏟아낸다. 삼바는 마치 아마존의 강물같이 넓고 깊어서 남녀노소 빈부귀천의 차별 없이 모든 브라질인들을 끌어안는다.

238

디아스포라선교합창단이 제2차 선교여행 중 캐나다 교회협의회의 초청을 받은 적이 있다. 캐나다 전 교민들과 함께 광복절을 기념하면서 참으로 감격적인 공연을 끝으로 모든 일정을 마친 늦은 밤이었다. 합창단 중 뚱뚱하고 익살스러운 루시아노가 다가와 능청스럽게 말했다.

"빠스똘, 이제 우리에게 자유를 주시지요. 마지막 밤이니 삼바 축제를 할 수 있게 해주세요."

나는 상임지휘자인 최공필 장로와 의논하여 허락했다. 환호와 함께 대원들은 언제 준비해 왔는지 모를 복장들을 하고 모여들었다. 처음에는 천천히 선창과 복창을 하면서 강강술래 하듯이 돌더니, 점점 빠른 템포와 함께 멋들어진 춤을 추었다. 날씬한 사람, 뚱뚱한 사람 할 것 없이 얼마나 예쁘게 추는지 참으로 진풍경을 이루었다.

시간이 흐르면서 분위기가 점점 고조되어 갔다. 브라질 시민권자이고 브라질 현지인교회의 장로인 최 장로 부부는 30여 년 넘게 한국 사람이 하나도 없는 낯선 곳에서 이들과 먹고 여행하며 아미고가 되었다. 게다가 브라질 사위와 며느리를 보았고 눈이 파란 손자 손녀가 있음에도 불구하고 최 장로 내외는 꿔다놓은 보릿자루처럼 한 구석에서 아미고들의 광란의 춤사위를 신기한 듯이 바라보고 있었다. 시작할 때는 함께 웃으며 대열에 끼어들었지만 어느덧 밖으로 내동댕이쳐져서 함께한 무리의 틈에 낄 수가 없었다. 현란한 춤을 추면서 팽이가 얼음 위를 돌듯이 돌아가는 리듬을 탈 수가 없었을 뿐 아니라, 체력이 소진되어 더 이상을 따라갈 기력이 없었던 것이다.

나는 선교여행 중 버스가 고장이 나 여섯 시간 동안 들녘에 있을 때에도 황혼의 햇살을 받으며 삼바 춤을 즐기는 브라질 사람들을 또 한 번 볼 수 있었다. 이들의 몸엔 삼바의 피가 흐르고 있다. 북장단, 엇박자 리듬에 맞추어 허리를 흔들며 추는 춤은 갈수록 템포가 빨라진다. 드디어 삼바는 사람들의 몸을 제압하고 현란하게 그 속성을 드러낸다. 내면 깊숙이 박혀 있는 상처와 울분을 터트리며, 그리움과 사랑을 표현하며, 살과 살을 비비며, 괴성을 지르고 광기어린 눈빛으로 부끄러움을 가리며 기꺼이 삼바의 심연에 빠져들어 간다.

가톨릭의 종주국인 브라질에서는 사순절 직전 일주일을 공휴일로 선포하고 명절로 지킨다. 일명 사육제라고도 한다. 이때에 까나발(Carnaval) 삼바축제가 열리는데, 마약이 성행하고 술 판매가 자유로우며 세계 각국에서 내로라하는 남녀들이 몰려와 호텔들을 메운다. 언제 어디에서 전해진 것인지 모르지만, '신이 허락한 이 기간에 피부색이 다른 사람들끼리 피를 섞으면 일 년 동안 악귀가 떠나고 행운이 온다'는 이야기가 있다. 이에 많은 백인들이 흑인을 비롯한 세계 각처에서 온 사람들과 광란의 밤을 보낸다고 한다. 브라질에서 신생아 출산이 가장 많은 달이 까나발 일자로부터 열 달 후이다.

어느 날은 축구학교의 베네딕토(Benedicto) 교장이 삼바음악에 맞추어 춤과 함께 시편을 읊으면서 "한 달에 한 번씩 하는 초청 전도잔치에 삼바음악을 사용하였으면 좋겠다"고 제안했다. 브라질 전 국민이 좋아하는 삼바음악으로 하나님을 찬양하며 전도하자는 것이다. 나는 연습을 많이 할 것과 절제할 것, 그리고 인간의 쾌락으로 빠지지 않도록 선을 잘 지키라고 당부했다. 그리고 악기를 구입해 주고 연습을 하도록 하였다. 브라질 교인들은 삼바 찬양을 너무나 좋아했고 전도의 효과도 좋았다.

한 남자가 삼바음악에 맞추어 성경 말씀 그대로를 선창하면 모두가 따라 불렀다. 절제되었지만 아름답게 흔드는 춤 속에는 기쁨과 감사가 넘쳐흘렀다. 눈물을 흘리며 감격해 하는 성도들도 있었다. 기독교의 본질인 복음은 절대로 양보할 수 없다. 하지만 비본질적인 교회의 전통과 형식 등은 문화와 상황에 따라 수용도 하고 변혁도 시도해야 한다고 생각한다.

# 아리랑 in 브라질

## ■ 한인들의 도시, 봉 헤찌로(Bom Retiro)

봉 헤찌로는 한국인이 가장 많이 사는 주거지역인 동시에 상업지역이다. 거리에는 한글로 쓰인 약국, 식당, 학원, 병원, 식품점, 유치원 등의 간판이 눈에 띈다. 약 6천여 가구가 몰려 살고 있으며 교회가 14개, 천주교 성당 1개, 절 2개, 식당이 50여 곳, 의류가게가 480여 곳이다.

우리는 매일 그 길을 걷지만, 정작 길에 대해서 잘 모른다. 매일 집배원들의 손길을 통하여 주소가 적힌 우편물을 주고받지만, 자기가 살고 있는 지역에 대해서는 잘 알지 못한다. 브라질에 사는 대부분의 한국인들은 아끄리마싸웅(Aclimação), 산따나(Santana), 봉 헤찌로(Bom Retiro), 브라스(Bras)에 일터와 집을 가지고 있다. 그러므로 근방에 교회, 병원, 유치원, 미장원과 이발소, 음식점 들이 자리 잡고 있는 것이다. 그 중에서도 한국 사람이

242

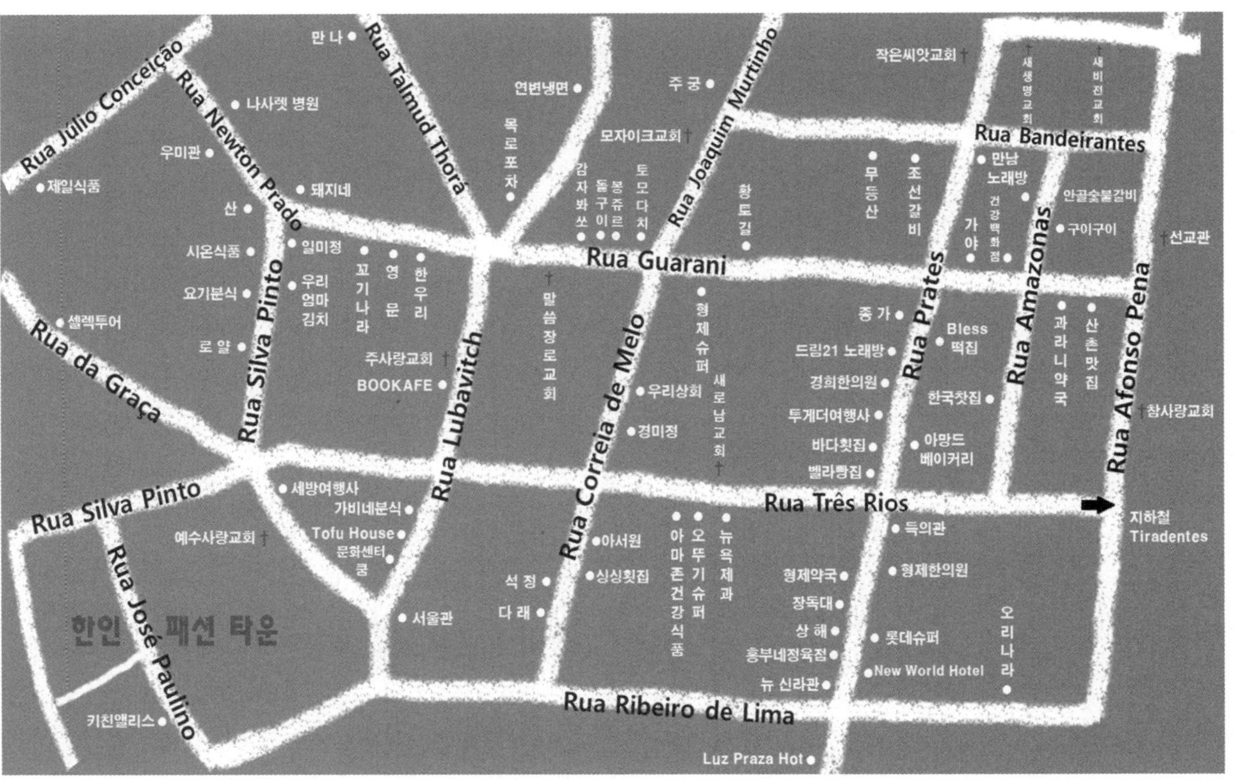

Rua Júlio Conceição
Rua Newton Prado
Rua Talmud Thorá
Rua Joaquim Murtinho
Rua Bandeirantes
Rua Silva Pinto
Rua da Graça
Rua Silva Pinto
Rua José Paulino
Rua Lubavitch
Rua Correia de Melo
Rua Guarani
Rua Prates
Rua Amazonas
Rua Afonso Pena
Rua Três Rios
Rua Ribeiro de Lima
만 나
나사렛 병원
연변냉면
주 궁
작은씨앗교회
새생명교회
새비전교회
우미관
목로포자
모자이크교회
황토길
무등산
조선갈비
만남
노래방
건강백화점
안골숯불갈비
구이구이
선교관
제일식품
돼지네
감자봐쏘
돌구이르
봉쥬
토모다치
가야
산
시온식품
일미정
꼬기나라
영문
한우리
종 가
Bless
떡집
과라니약국
산촌맛집
우리엄마김치
주사랑교회
드림21 노래방
한국찻집
요기분식
BOOKAFE
말씀장로교회
형제슈퍼
경희한의원
셀렉투어
로얄
우리상회
새로남교회
투게더여행사
아망드 베이커리
바다횟집
참사랑교회
경미정
벨라팡집
세방여행사
가비네분식
Tofu House
문화센터
쿰
Rua Três Rios
지하철 Tiradentes
득의관
예수사랑교회
아서원
뉴옥제과
형제한의원
석 정
싱싱횟집
오뚜기슈퍼
형제약국
서울관
다 래
아마존건강식품
장독대
상 해
롯데슈퍼
흥부네정육점
오리나라
뉴 신라관
New World Hotel
키친앨리스
Luz Praza Hot
한인 패션 타운

가장 많이 사는 지역이 봉 헤찌로다.

봉 헤찌로란 말은 '좋은 은신처', '편히 쉴 수 있는 휴양처소'라는 의미를 가지고 있다. 원래 사웅 빠울루는 산간지방의 작은 마을이었는데, 커피생산으로 말미암아 19세기부터 점점 확장되기 시작했다. 따망다레 (Tamandaré) 강과 지류인 안낭가바우 (Anhangabaú), 이또로로 (Itororó)로 형성된 삼각지로부터 내륙지방으로 연결되는 도로 주변에 작은 농장들이 생겨났다. 그리고 주택단지가 형성되었는데 고지대에는 고급주택지가 형성되었다. 빠울리스따 (Paulista), 빠까엥부 (Pacaembú), 이지아노뽀리스 (Higianóporis), 뻐르디제스 (Perdizes) 등이 그런 곳이다. 저지대는 장마철이면 범람하는 지역으로 봉 헤찌로, 브라스, 모까 (Moóca), 이삐랑가 (Ipiranga)가 이에 속한다. 이곳에는 저소득층 사람들이 동네를 이루고 살기 시작했고 그 중간 지대인 산따이삐게니아 (Santa Ifigênia), 리베르다지 (Liberdade) 등은 부유한 사람들의 사업을 위한 장소로 자리를 잡았다.

봉 헤찌로는 바르제아(장마철에 범람되는 강변) 지역에 위치한 곳으로, 찌에떼 강의 진흙을 이용하는 벽돌공장들과 땅값이 싸고 기차역이 가까워 대체로 작은 규모의 공장들, 서민들의 주택들로 형성된 도시다.

봉 헤찌로의 루스 (Luz) 지역에는 군사건물, 라자로 병원, 봉 헤찌로 의대 및 공대, 약대 등이 들어섰다. 봉 헤찌로는 여러 세기 동안 사람들이 살지 않은 지역이었다. 1828~1872년에는

244

주말의 여가를 보내기 위한 작은 농장들만이 여기저기 있었을 따름이었다. 그런데 1880년부터 루스, 깡뽀스 엘리세오스 (Campos Eliseos), 산따 이피게니아(Santa Efigênia) 지역의 발전에 힘입어 조금씩 변화되기 시작했다. 1872년 루스에 준공된 기차역과 조앙 떼오도로(João Teodoro) 씨가 시작한, 브라스 지역과 연결시키는 도로공사로 말미암아 이곳에 토지가 조성되고 주택지가 형성되었다. 루스 역을 중심으로 호텔과 상점들이 세워졌고 작은 공장들이 들어섰다. 사람들의 왕래가 빈번해지면서 상업이 서서히 일어나기 시작했다.

19세기 중반까지도 봉 헤찌로는 마르께스 두 뜨레스 히우스 (Marquês do Três Rios), 비우바 (Viúva), 두레이 (Duhley), 쁘라찌스(Prates) 등의 농장들로 구성되어 일종의 별장지대로 알려져 있었다. 1810년 사웅 빠울루 지도를 보면 자르딩 다 루스(Jardim da Luz)로부터 후레게지아 두 오(Freguesia do Ó)까지 연결되는 도로가 있었는데, 후아 도스 이미그란찌스(R. dos Imigrantes)가 되었고 오늘날에는 후아 조세 빠울리노(Rua. Jose Paulino)가 되었다. 1860년에는 이곳에 오리에리아 만프레드 (Olieria Manfred)라는 사웅 빠울루의 대규모 벽돌공장이 들어섰다. 대체적으로 고지대 쪽은 도시가 점점 커져 갔지만, 바르제아 지역은 이 고지대의 뒷마당처럼 보여 가축들이 풀 뜯는 장소이거나 군인들의 훈련지역, 그리고 가난한 주민들의 축구장으로 이용되었다.

찌에떼 강변의 진흙과 잔돌, 모래 등을 이용하는 벽돌공장 세워지는 요인이 되었고, 이 공장이 당시 유럽으로부터 입국하는 이민자들의 일터로 알려지면서 많은 사람들이 이곳에 생활의 터전을 이루어 갔다. 1880년 10월 8일자 사웅 빠울루 신문을 보면 당시 만프레드 메이어(Manfred Meyer) 씨의 소유였던 봉 헤찌로 벽돌공장이 사웅 빠울루의 발전과 번영에 커다란 공헌을 했다고 기록하고 있다.

그때부터 봉 헤찌로는 점점 확장되기 시작했다. 1985년에 지금의 후아 뜨레스 히우(R. Três Rios)에 첫 축구클럽인 사웅 빠울루 아찌에찌꾸(São Paulo Atlêtico) 클럽이 현 꼴레지오 동 보스꾸(Colégio Dom Bosco) 자리에 생겨났다. 1899년에 샤까라 두브레이(Chácara Dubley)의 토지분할이 정식으로 인가되어 오늘날 봉 헤찌로 주택지가 조성된 것이다.

봉 헤찌로의 공업화는 필수조건인 기차역과 싼 토지가격 때문에 이루어진 것이다. 이곳은 공장의 원료와 제품 운송, 그리고 저장, 보관문제 등에 좋은 조건이 제시되어 아나이아(Anhaia) 방직공장이 첫 번째로 들어왔고, 이어 쁘로그레쏘(Progresso) 맥주공장, 헤인네르찌(Reinnhert) 맥주공장, 그리고 연이어 모자, 우산, 옷, 빵 공장이 들어서기 시작했다. 또한 이곳은 사웅 빠울루 와 산또스 간 기차역의 종점이므로 산또스(Santos) 항으로 들어오 는 이민자들의 첫 정착지가 되었다.

이민자들을 위한 무료 숙박소와 함께 이민자들을 돕기 위한 사회단체들이 있어 이들의 정착을 도와주므로 당시 동유럽, 중유 럽으로부터 몰려오는 유대인들과 이태리인들이 이곳에서 첫 브라질 생활을 시작하게 되었다.

처음에는 포르투갈, 스페인, 이태리 계통의 이민자들이 이곳에 몰려들었다. 후아 조세 빠울리노와 실바 삔또(Silva Pinto) 모퉁이에 생겨난 꼬린씨안스(Corinthians) 스포츠클럽이 스페인 계통이었고, 1900년에 결성된 포·브 드라마 예술협회가 후아 다 그라싸(R. da Graça)에 자리잡고 있었다.

이태리 계통 이민자들의 흔적은 봉 헤찌로에서 찾아볼 수 있는, 천정이 높은 창고가 있는 집이라든가 후아 끄헤이아 지 멜로(R. Correia de Melo)에 이태리 말로 연극이 공연되던 마르꼬니(Marconi) 극장에서 엿볼 수 있다. 후에 이 극장은 유대인 이민, 특히 폴란드 계들이 자기네 언어로 연극을 공연하게 된다. 한국교포들이 창단한 쥬네벨 극단도 1997년부터 2002년까지 이 극장을 빌려 정기적으로 한국말로 연극을 공연한 적이 있었다. 그러나 경제적으로 열악한 극단은 디아스포라 선교부가 조금씩 협력했지만, 먹고 살기에 바쁘고 전문인이 아닌 생활인들이 여가 선용하면서 취미생활로 모였기에 오래 지속되지 못하고 중단되고 말았다.

브라질에서 유대인들의 정착 과정은 특별한 데가 있다. 유대인들은 자신들의 임산부를 돕기 위해서 1915년에 유대인 임신부 보호부인회를 창설하였다. 1916년에는 유대인 극빈자 및 거지를 구제하기 위한 이민협회 에지라(Ezra)를 설립하여 숙소를 제공하고 포어를 가르쳤으며, 영주서류 작성을 도왔다. 1925년경에 이민자들의 수효가 늘어나 그에 따른 업무가 늘어감에 따라 후아 반데란찌스(R. Banderantes) 20번지에 집을 얻어 이민자들을 투숙시키고, 연장이나 재봉틀 구입을 도와주며, 일자리도 마련해 주었다. 그 후 후아 다 그라싸(R, da Graça)에 첫 유대인 학교를 설립하였다. 그 학교는 유럽에 있는 유태인 학교와 유사한 교육방법을 실시했다. 1922년에는 아베니다 찌라덴찌스(Av. Tiradentes)에 헤나쎈싸(Renascença) 유대인 학교를 설립하여 포어와 히브리어, 성서를 가르쳤다. 또한 더 공부할 수 있도록 까알라(Kahala) 협회 도서관을 세웠다. 이와 같이 영적, 질적, 경제적 향상을 도왔기에 오늘날 유태인들이 브라질에서도 가장 부유하고 안정된 생활을 하면서 정치, 경제, 사회, 문화에 큰 영향력을 나타내는 민족이 된 것이다.

봉 헤찌로를 장악하여 상업을 하던 유대인들은 경제적으로 안정이 되자 이 지역을 떠났고, 점차 한국인들이 그 자리를 메우기 시작하였다. 한인디아스포라들은 성공적으로 브라질 의류업계를 장악해 나갔다. 그러나 한국인들은 권익보호와 치안안정, 그리고 후진들을 육성하기 위한 조직을 만들지 못했다. 이에 계속하여 이어지는 강도들의 습격과 납치 등으로 한인들은 재이민이나 미국으로의 이주를 꿈꾸게 되었다. 피땀 흘려 벌어들인 돈을 고스란히 집주인들에게 바치고 있는 실정이다. 게다가 천정부지로 치솟는 건물세와 권리금은 한인들에게 절망감을 안겨주고 있다. 또한 정직한 납세보다는 으레 탈세를 일삼다 보니, 브라질 정부로부터 곱지 않은 눈총을 받고 있다. 한국정부의 지원과 외교적 노력도 없고, 이민사회의 자발적인 공조체제와 보호막도 없기에 개개인이 스스로 자신들의 재산과 가족을 지켜야 하다 보니, 근본적인 문제들이 개선되고 있지 않다.

한국인에 의해 한국학교가 세워졌지만, 그 또한 역할과 사명을 제대로 이행하지 못하고 있을 뿐만 아니라, 부실운영으로 결국 고등학교와 중학교는 문을 닫았고 현재는 유치원과 초등학교만 운영되고 있다. 우리 한국교포들은 유대인과는 달리 한국학교보다는 값비싼 학비를 내고 브라질 현지인 학교에 자녀를 보내고 있다. 각개전투도 좋지만, 결과적으로 볼 때 '나의 유익'보다는 '우리의 유익'이 우선되어야 할 것이다. 그러기 위해서는 유대인들의 공동체 의식을 배우지 않으면 안 될 것이라는 생각이 든다.

## ■ 브라질 안에서 한국문화를 즐길 수 있을까?

2015년 2월 10~24일, 주 브라질 한국문화원(O Centro Cultural Coreano do Brasil)에서 "텅 빈 충만: 한국 현대 미술의 물성과 정신성" 전시회를 가졌다. 전통한복을 입고 한국음식도 시식하면서 한국 미술의 정수를 감상하는 자리였다. 특별히 문평의 달 항아리가 대표작으로 소개되었는데, 백색의 미를 품은 달 항아리를 보노라니, '텅 빈 충만'이 어떤 것인지 마음에 와 닿는 것이 있었다. 이러한 미적 특징은 무위의 삶을 즐겼던 조선시대의 선비정신에서 비롯되었다고 한다.

꼴레지오 디아스포라 학생들도 이 전시회에 참관하였다. 꼴레지오 디아스포라는 2014년부터 한국어과를 신설하고, 전체 중학생으로 하여금 한글을 정규과목으로 배우게 하고 있다. 학생 중에는 "왜 우리가 한국말을 배워야 합니까?"라고 질문하기도 한다. 그럴 때는 이렇게 설명한다.

"지금 세계는 글로벌 시대이기 때문에 한 나라 언어라도 더 배워두는 것이 살아가는 데 유익할 것이다. 특히 한국과 브라질은 좋은 관계 속에 서로 무비자 협정을 맺고 있다. 두 나라는 경제교류를 하면서 정치, 사회, 문화, 교육 등 다방면에 걸쳐서 서로를 인정하며 배워가고 있으며, 앞으로 더 많은 것을 나누게 될 것이다. 요즘 한국의 음악을 좋아하는 사람도 늘고 있고 한국의 기업에 들어가서 일하는 사람도 늘고 있다. 한국말과 글을 배울 수 있는 기회를 준 학교에 감사하라."

그동안 꼴레지오 디아스포라는 학생들이 한국과 좀 더 친밀해

한글학교연합회가 주최한 한국어 말하기 대회를 마치고.

지기를 원하면서 한글교육과 동시에 한국의 무술인 태권도를
가르치고 있다. 사웅 빠울루 주 행정국은 '리베르다지 아카데미'(단
장 김요진)와 협약, 태권도를 보급하기로 했는데, 꼴레지오 디아스
포라가 시범학교로 선정되어 전교생이 배울 수 있게 되었다. 학생
들은 태극기가 새겨진 도복을 입고 한국말로 구령을 외치면서
태권도와 한국예절을 배우고 있다.

또한 '소리나라'의 주장호 원장이 한국의 동요와 노래, 한류바
람을 타고 들어온 한국의 가요, 그리고 찬양을 가르치고 있다.

학생들의 호기심을 가장 많이 자극하는 것은, 한국산 전자제
품들이다. 브라질에 진출한 현대자동차, LG공장 등을 견학하는
것은 학생들에게 새로운 비전을 갖게 한다. 학생들은 최신 시설을
갖추고 로봇과 함께 일하는 광경과 자동차, 세탁기, TV 등의
생산라인을 돌아보고, 실물을 조작해 보면서 즐거워한다. 한 번은
주 사웅 빠울루 한국교육원 (오석진 원장)의 주선으로 코트라
(KOTRA)에서 주관하는 엑스포 박람회에 갔다. 코트라가 준비해
준 세 대의 버스에 나누어 타고 박람회에 도착한 학생들은, 자신들
이 그토록 갖고 싶어 했던, 텔레비전 광고에서만 보았던 그 상품들
이 바로 삼성을 비롯한 한국의 대기업들이 만드는 것임을 알고는
환호했다. 일부 학생들은 한국에 대해 큰 관심과 새로운 꿈과
비전을 갖게 되었음을 밝히기도 했다.

브라질에 살면서 '열대문화' 초기 동인인 황운헌 시인(2012년
5월에 사망)은 이렇게 말했다. "문화 문화 하는데 과연 문화가

무엇일까? 아무래도 문화라는 것이 어떤 관념이나 사상의 형태는 아닌 것 같다. 새로 사들인 모던한 디자인의 새 가구보다도 그럭저럭 3대쯤 물려받아 내려온 이조공예품인 오래된 문갑처럼, 케케묵었지만 무언가 내밀하고 친밀한 느낌이 드는 허름한 가구 같은 것, 우리의 손으로 확실하게 만져 볼 수 있고 더듬어 볼 수 있고 쓰다듬을 수 있는 그 무언가, 우리의 주변에 실재하는 그런 것이 문화인 것 같다.”

오래전에 노인대학을 다니다 미국을 간 하덕례 학우가 조그만 자개상을 내게 선물로 준 적이 있다. 그 상은 쓸수록 정감이 가고 마음을 편하게 해준다. 이것이 문화가 아닐까? 가끔 먹는 청국장에서 어머니의 향내가 나고 고국의 정취를 느끼는 것도 음식이 문화라는 것을 증명하는 것 같다.

아내는 해마다 매실을 한 자루 사서 매실주를 담근다. 포도나 매실 등은 자연의 맛이다. 그것을 잘 가꾸어 좋은 상품을 만들고, 그 향내를 즐기며 음식을 만들 때 사용하면서, 옛 어른들의 이야기를 생각하며 그리워하는 것이 문화가 아닐까. 많은 지식이 쏟아져 나와 우리 주변에 넘친다고 해도 그 지식이 누군가의 소질과 개성을 바탕으로 하여 정신적으로 승화되지 못한다면 문화가 될 수 없다.

살다보니 벌써 이민자로서의 삶이 33년이나 되었다. 나는 선배로부터 이어받은 바통을 들고 달려왔다. 이제 그 바통을 후손에게 넘겨줘야 할 지점에 다다랐다. 현실의 문화와 상황을 수용하

252

고 우리의 선조들이 지켜온 역사와 아름다운 전통들을 보존하여 후손들에게 유산으로 물려줘야 할 것이다.

브라질에는 크게 나누어 세 종류의 기층문화가 있다. 하나는 포르투갈이 브라질에 들어오기 전부터 남미의 이곳저곳에 산재하여 살고 있었던 순수 원주민인 인디오 문화이고, 또 하나는 광활한 이 땅을 개간하기 위해 수도 없이 붙잡혀 온 흑인 노예들과 함께 들어온 아프리카 문화, 그리고 나머지 하나는 브라질을 발견하고 점령한 포르투갈의 문화이다.

브라질은 세계 각국의 문화가 채색되어져 현란하고도 다양한 문화를 이루게 되었다. 해마다 열리는 삼바축제도 다양한 민속문화를 품고 있다. 얼마 전에는 한국의 민속문화가 처음으로 삼바축제의 퍼레이드에 참여했다. 다양한 문화 속에서 살지만, 자신의 뿌리를 찾고 보전해야 한다고 생각한다. 브라질의 한인디아스포라들은 다양한 문화 속에 파묻혀 살고 있지만 우리의 정서를 십분 살리고 누리며 즐길 뿐만 아니라, 타종족들과도 이를 공유해야 한다. 우리의 말과 한글을 장려하고 보급함으로써 우리의 자손은 물론 세계 모든 민족이 한글을 배울 의욕을 갖도록 좋은 작품들을 만들어 나갔으면 좋겠다.

세계 역사를 뒤적이다 보면 말을 잃어버린 종족들은 역사의 무대 밖으로 사라져버리는 경우가 많다는 것을 알 수 있다. 비록 디아스포라 이민자로 브라질땅에 살고 있을지라도 우리 조상들이 물려준 값진 유산인 한국말과 글을 잘 가르치고, 그래서 우리의 문화를 보존해야 할 것이다. 우리 것들의 가치를 깨닫고 사랑하며, 한국인이라는 긍지를 가지고 살아갈 수 있도록 우리 1세대들은 사명감을 가지고 노력해야 하겠다.

어느 사회학자가 지적했듯이, 오늘날은 복합적 아이덴티티의 시대이다. 브라질의 한인디아스포라들은 한국과 브라질에 동시에 소속되어 있지만, 두 가지 요소가 서로 모순되지 않고 서로 배척하지 않으면서 공존하고 있는 것을 본다. 흔히 우리가 살고 있는 오늘의 상황을 포스트 냉전기라고 부른다. 냉전시대의 사람들은 "이쪽 아니면 저쪽"을 선택해야 했다. 그러나 21세기 글로벌시대를 살아가는 차세대들은 동시에 여러 개의 아이덴티티를 가지고 살아간다. 브라질이라는 광대한 땅에서 세계 모든 민족과 어깨를 나란히 하고 살아가려면, 한편으로는 브라질에 동화되어 저들과 아미고 사회를 이루어 가야 하고, 다른 한편으로는 자국의 좋은 것을 지키고 누리며, 더 나아가 브라질인들에게 전하고 공유해 나가야 한다.

약간의 혼란이 있을지라도 우리의 옛것을 연구하여 장점은 살리고 불편한 것은 개혁하며, 멋과 맛을 동시에 살려야 하지 않을까? 좀 더 여유를 즐기며 사는 지혜를 모아야 된다고 생각한다. 어떻게? 브라질 안에 살면서 한국문화를 즐기며 살 수 있을까? 함께 고민해 보자.

# 제4부 나의 영원한 아미고들

지난 33년의 뒤안길을 돌아보면 행복한 마음으로 21년 반을 섬긴 교포교
회인 한인교회 목양도 참 좋았지만, 브라질인 선교사역을 하면서 브라질
형제, 자매와 함께 한 삶이 어떨 때는 오히려 더 의미와 보람이 있고
따뜻하게 여겨진다. 그것은 진정 이들과 아미가, 아미고가 되었기 때문
인 것 같다.

# 아미고 브라질

남미 국가 중에도 아르헨티나와 칠레는 백인 위주의 나라로 인종차별이 있다. 그러나 브라질은 세계에서 가장 열려 있고 인종차별이 없는 나라로, 세계 모든 민족이 자유롭게 드나들 수 있는 아미고의 나라이다.

브라질 사람들이 가장 선호하는 것 세 가지는 축구, 삼바, 복권이며, 브라질에 없는 것 세 가지는 전쟁, 지진, 인종차별이다. 그래서 세계 모든 민족이 자기들의 문화를 가지고 브라질에 와서 함께 아미고로 살아간다.

브라질 헌법 제5조 42항에는 "인종차별 행위는 보석금의 적립이나 공소시효가 적용되지 않는 범죄를 구성하며 법률의 규정에 따라 금고형에 처한다"고 명시되어 있다. 브라질은 이처럼 '인종차별'을 법으로 엄히 다스리기 때문에 백인우월주의가 존재하기는 하지만, 표면적으로는 인종차별을 느낄 수 없는, 세계에서 보기 드문 나라이다.

브라질이 세계인의 아미고가 될 수 있는 또 하나의 이유는 광활한 대륙과 풍성한 지하자원, 환경자원, 문화자원이 있기 때문이다. 브라질의 문화는 뜨거운 정열과 모험심을 가진 이베리아 문화가 기조를 이루고 있다. 원주민 인디오들은 아직도 브라질의 후미진 곳에 산재하여 원시시대에서나 볼 수 있었던 생활양식을 고집하고 있으나, 이들의 문화는 사탕수수 농장과 함께 노예 노동력으로 아프리카의 나이지리아, 앙골라, 기니아, 모잠비크, 베닌 등지에서 끌려온 흑인들로 인해 그들의 문화와 이베리아 문화가 복합적으로 공존 내지 융합되었다. 거기에 세계 각국에서 온 이민 문화가 덧칠이 되어 브라질만의 특색있는 문화로 자리를 잡았기 때문에, 세계 어느 나라 사람이든 브라질에 와서 아미고로 살아갈 수 있다. 음식에 어려움이 없고, 기후에 어려움이 없으며, 인종차별에 어려움이 없을 뿐 아니라 누구에게나 열려 있고 낙천적이기 때문에 친밀하게 소통하며 지낼 수 있다.

사웅 빠울루의 거리에 나가보면 세계 어느 도시와 비교해도 조금도 손색이 없는 최첨단 빌딩이 숲을 이루고 있는 것을 볼 수 있다. 대표적인 거리가 빠울리스타(Paulista)이다. 그러나 다른 한편에는 옷도 제대로 입지 않고 맨발로 걸어다니며 쓰레기통을 뒤지며 구걸하는 거지들이 눈에 많이 띈다. 빠울리스타 거리에서 이비라뿌에라 공원(Parque do Ibirapuera)으로 내려가는 지역이나 삥에로스(Pinheros), 파리아 리마(Faria Lima) 구역에 가면 유럽풍의 단아하고 아름다운 고급주택들이 자태를 자랑하고 있는가 하면, 도시 빈민들이 사는 사웅 빠울루 외곽지역에는 '파벨라'(Favela)라 불리는 판자촌이 오밀조밀 즐비해 있다. 그야말로 두 개의 브라질이 공존하고 있다.

인구 1,900만 명의 남미 금융실업의 중심지인 사웅 빠울루가 있는가 하면 아마존 밀림의 원시문화가 동시에 존재하고, 세계에서 가톨릭 리더들이 가장 많은 나라인가 하면 인디오 및 흑인들의 주술신앙이 폭넓게 자리하고 있다. 그러므로 세계의 종교인들이 아미고가 되어 서로 종교학술대회를 갖는 것을 볼 수 있다.

이처럼 다양한 구조와 함께 이질적인 문화들이 섞여 있는 나라임에도 불구하고 대립이나 반발이 거의 없이 일체성을 이루고 있다. 종족전쟁, 종교분쟁이 끊임없이 이어지며 수많은 테러들이 자행되고 있는 세계 속에 브라질만은 모두가 다 아미고가 되어 친밀하게 지내는 것이 신비롭다는 생각이 들 정도이다. 이들은 혼란스러운 가운데에도 삼바나 까나발처럼 화려하고 신명나는 축제를 만들어 "다름"들을 통합시켜 나가고 있다.

"아미고 브라질"은 무질서 속에서 질서를 추구하며 혼란 속에서 냉정을 찾는 낙천적이고 순박한 브라질만의 문화를 가꾸어 가고 있다.

# 마음에 남는 아미고들

브라질에서 만난 많은 사람들 가운데 기억되는 분들이 많지만
그 가운데에도 마음에 남는 소중한 분들이 있다.

## ■ 반공포로 출신 강희동 목사

브라질에 반공포로가 오게 된 당시 상황을 중앙일보 특파원
최공필 씨와 서울대학교 인류학 교수인 전경수 박사는 이렇게
설명하고 있다.

1953년 7월 27일 휴전협정 조인에 따라 포로 교환시 북한으로
돌아가기를 거부하고 중립국으로 송환되어 인도에 머물다가 1956
년 2월 6일 브라질 히우 데 자네이루에 도착한 반공포로는 50명이었
다 (최공필, 1965).

한국 전쟁이 끝날 무렵인 1953년 6월 18일 "반공포로 석방"이 있었고
1953년 7월 27일에 판문점에서 휴전협정 조인이 있었다. 그 조인에
따라 포로교환이 있었으며 인민군과 중공군 포로들 중에서 중립국
을 선택한 경우가 있었다 (전경수, 1991, 23).

이때 인민군 76명과 중공군 12명이 중립국을 선택했는데,
선정 과정 중에 인민군 2명이 북한으로 돌아가고 나머지 86명
중 55명이 인도를 거쳐 브라질에 들어오게 되었다. 그 55명 중
5명의 중국인을 제외한 50명은 무국적을 의미하는 인데피니도
(Indefinido)의 증명서를 발급받고 1956년 2월 6일 히우 데 자네이
루에 도착하였다. 이때 1928년도에 일본인 이민자들 속에 섞여
브라질 땅에 온 전기한, 김수조, 이중창, 장승호 씨가 나와서
이들을 환영했다.

반공포로 대다수가 기독교 교인이며 엘리트들이므로 히우 데 자네
이루 항구에 도착하면서 브라질말로 브라질 국가를 합창해 (지휘
김시봉 집사) 큰 박수를 받고 이 땅을 밟았다. 감사한 것은 브라질에
상주하고 있는 기독교 단체들이 이들의 거처를 마련해 주었으며
직장도 마련해 준 일이다. 그래서 동년 4월 6일에 히우 데 자네이루
이민수용소에서 사웅 빠울루 이민 수용소로 옮겨진 18명 중 2명
(강희동, 문명철)이 곧바로 신학교에 입학하였다(전경수, 1991,
24~25).

강희동 목사는 브라질 남부 지역의 빠라나 (Paraná) 주에서, 이준희

목사는 브라질 중서부 지역에서 브라질 장로교 내지 사역을 감당했고, 문명철 목사는 감리교 소속으로 브라질 남서부 지역 사웅 빠울루에서 목회와 교수 사역을 병행했다. 그리고 후에 목사가 된 강석근 목사는 꾸리찌바에서 목회를 했으며 백영훈은 평신도로서 히우 데 자네이루에서 교육 사역을 감당하였다(김용식, 2009, 8).

반공포로 가운데 뛰어난 인재들이 많이 나왔다. 강희동 목사, 문명철 목사, 이준희 목사, 강석근 목사(거의 20년 후 목사가 됨)가 나왔고, 의학박사 임창용, 음악가 김시봉(지휘자), 백 기술 고등학교(Colégio Técnico Baik)를 히우 데 자네이루 시에 설립 운영한 백영훈, 최초로 완벽한 포한사전을 펴낸 주용복을 들 수 있다.

이들은 국적이 없이 브라질에 도착하였지만 디아스포라 한인으로서 초기 한국 이민자들을 음양으로 도와주고, 디아스포라 브라질 한인 선교사로서 롤 모델이 되었다. 특히 이들은 브라질 현지 대학교 및 신학교에서 공부를 하고 목사 안수를 받아 현지인 교단 소속 목사로 사역을 하였다.

강희동 목사(84세)는 필자와 1987년부터 2004년까지 함께 한인교회를 섬긴 분이다. 강 목사는 디아스포라 모든 한인교회 동역자들의 선교 동역자로 일하면서 브라질 디아스포라 한인교회와 브라질 현지인 교회의 교두보 역할을 감당함으로써 디아스포라 선교사역에 참으로 중요한 역할을 감당하였다. 브라질 기독신문 1985년 10월 26일자 1면에 다음과 같이 강희동 목사를 소개하고 있다.

반공포로 출신인 강희동 목사는 한인교계와 브라질 교계를 잇는 중요한 역할을 해내고 있다. 그 역할의 구심체는 바로 한백선교부이다. 한백선교회 총무직을 맡고 있는 강 목사는 어려운 경제적인 여건에도 불구하고 미주에서 브라질 선교사로 명을 받아온 선교사들의 멘토 역할을 감당했다.

강희동 목사는 선교사들에게 언어와 현지적응 훈련, 선교사들의 주택 및 정착생활을 도왔다. 그는 현지인을 양육하여 파송함이 이상적인 선교, 현명한 선교방법이라고 늘 강조하였다. 강희동 목사와 함께 있으면 반은 한국인, 반은 브라질인으로 느껴진다. 그가 흔히 쓰는 말 중 "우리 브라질 사람, 한국 사람 신기하구만"에서 그 말이 실감난다.

강 목사는 브라질 상위 그룹에 들어가서 살아갈 수 있는 실력과 배경이 마련되었음에도 불구하고 디아스포라 한인교회와 함께 선교하기를 좋아했다.

그는 완벽한 현지 언어를 구사함과 아울러 브라질에서 영문학을 전공하고 미국 샌프란시스코 대학에서 박사과정을 마친 수재이다. 함께 영문학을 전공한 마리아와 결혼하였기에 얼마든지 브라질 사회 깊숙이 들어가 존경받으며 편하게 살 수 있는 분이었다.

그의 양부는 히우 데 자네이루에서 승마를 즐기는 엘리트이다. 그의 브라질 형제가 가끔 사웅 빠울루 승마대회에 출전하면서 강 목사 자택에서 친히 요리를 하여 초청해 준 덕택에 나도 함께 식사를 나눈 적이 있다. 내가 만나본 그의 친구 가운데에는 의사,

농장지주, 국회의원, 대학 총장 등 많은 인사들이 있었다. 그는 이들과 좋은 관계를 유지하며 왕래했다.

강 목사는 현재 샌프란시스코 다리 건너 마을에서 이태리 식당을 경영하는 두 딸들과 함께 브라질을 그리워하며 살고 있다.


## ■ 첫 번째 정착자 장승호 할아버지

"작은 예수"로 불릴 정도로 널리 베풀어주었던 장승호 할아버지와 그의 일본인 아내.

장승호(일명 '미다 할아버지') 씨는 한국인이지만 일본인 선교사와 함께 일본국 조선인 신분증을 소재하고 일본 이민 대열에 끼어 브라질에 입국한 평신도 선교사이다.

그는 예수의 향내를 물씬 풍기는 사랑과 봉사의 사람으로 브라질 사람들과 일본 사람들, 그리고 한국 사람들의 마음에 깊이 새겨진 고마운 사람이다.

반공포로인 강희동 목사는 "복음은 단순한 하나님의 절대성과 궁극성에 대한 언명이 아니고 인간 구원의 능력은 예수님이 인간을 위해 베푼 사랑에 있다"라고 하면서, "참으로 그리스도의 사랑이 장승호 할아버지를 통해서 전해져서 많은 사람이 새 생명의 길로 인도되었다"고 전했다.

장승호 할아버지의 장례식은, 그 사랑의 생애를 찬양하는 잔치였다. 지방에서 올라온 한 일본인 의사는 눈물을 흘리면서, 자신은 미다 할아버지의 사랑에 감동해서 기독교 신자가 되었다고 간증했다. 그는 커다란 꿈을 품고 사웅 빠울루에 왔지만 숙소조차 없는 신세가 되고 말았다. 그때 미다 할아버지가 그를 자기 집에 유숙시켰을 뿐만 아니라 학비까지 조달해 준 덕분에 의과 대학을 마칠 수 있었던 것이다.

세상을 떠난 사람은 덕을 기리기 마련이지만, 많은 사람이 눈물을 흘리면서 고인의 은덕을 찬양하는 것은 처음 보았다. 디아스포라 브라질 한인교인들은 우리의 대선배이신 장승호 할아버지를 그리워하며 고인의 은덕과 유훈을 되새기곤 한다.

선교학적인 측면에서 장승호 씨를 살펴보자. 일본명 미다 상으로 통하는 장승호 씨는 1928년 9월 20일 조선총독부 발행의 여권을 소지하고 브라질에 도착하였다. "작은 예수"라 불릴 정도로 그의 삶은 브라질의 한인 사회뿐 아니라 일본 사회에까지 널리 알려져 있지만, 그의 브라질 이민 동기는 잘 알려져 있지 않았다. 그러나 강희동 목사와 존 미스끼(John Mizuki)는 장승호를 브라질에서 자유감리교 사역을 처음 시작한 다니엘 마사요시 니시스마의 선교사역을 돕기 위해 동행했던 두 사람의 평신도 가운데 한 사람으로 소개하고 있다.

당시 17세였던 장승호는 요시쿠스 와다와 함께 니시스마를 따라 브라질에 온 것이었다. 함께 온 요시쿠스 와다는 사업가로,

오사카에 있는 키시노사또(Kishnosato) 감리교회 평신도였으며 당시 나이가 69세였다. 이들은 니시스마가 1929~1930년 미나스 제 라이스(Minas Gerais) 주에 있는 그랜버리 감리교신학교와 사웅 빠울루에 있는 아웅 마누에우 꽁쎄이싸웅(Aum Manuel Conceição) 성경학교에서 포어를 공부하는 동안 사웅 빠울루 시 근교에 있는 쥬께리(Juqueri, 후에 명칭이 Mariporanga으로 바뀜) 농장에서 일을 하면서 학비와 생활비를 지원했다.

2년 후 와다는 니시스미의 포어 공부가 끝날 무렵 일본으로 돌아갔지만 장승호는 그대로 남아서 일본 아가씨인 미다 유리와 결혼을 하고 미다 가의 데릴사위로 입적했다. 그는 일본여인과의 사이에 아홉 남매를 두었다. 그 가운데 딸 하나가 브라질 어린이 전도협회 선교사로 사역을 하면서 GMS신학교에 와서 강의도 하였다.

장승호는 경북 영동 출신으로 1907년 3월 23일생이다. 한국의 가난한 농가에서 태어난 장승호는 10대 초반에 예수를 영접하고 15세 되던 해에 일본으로 건너갔다. 일본에서 차별대우를 받았지만 교회에서만큼은 사랑과 친절을 느낄 수 있었다. 그는 비록 많이 배우지 못했지만 모든 이들을 헌신적으로 섬겼다. 독실한 기독신자인 그는 항상 고국을 그리워하는 애국자이기도 했다. 그리고 브라질에 살고 있는 한인들에 대한 사랑이 늘 지극했다. 그는 1956년 브라질에 도착한 반공포로들의 뒤를 돌보아주는 아버지의 역할을 10년간이나 했으며, 1962년부터 시작된 디아스포라 한인들의 정착을 위해 물심양면으로, 희생적인 봉사를 감당했다. 이민 온 이들의 주택문제 해결을 위해 보증인이 되어 주었고, 생활이 곤란한 이들에게는 양식뿐 아니라 집세까지 대신 지불해 주었다. 장승호는 한때 300여 명에 달하는 디아스포라 한인들의 셋집 보증인이 되어주기도 했다. 내가 지난 20년 동안 가까이에서 지켜본 장승호 미다 할아버지는 바울의 선교사역에 함께 한 가이오 (행 19:29; 20:4; 롬 16:23; 고전 1:14; 요삼 1:1 )와 같은 사람이었다.

미다 할아버지는 먹고살기가 어려운 가정에 쌀 한 가마니씩을 가져다주시고, 보증자가 없어서 살 집을 얻지 못하고 있는 사람들에겐 보증을 서 주시고, 공부하고 싶어 하는 이들에게는 장학금을 지급해 주셨으며, 여행자들에게는 숙식을 제공해 주셨다. 반면에 그릇된 길로 가는 자들을 가차 없이 책망하셨다. 도박상을 둘러엎으시고 술에 취해 사는 자들의 등짝을 때리시며 안타까워 하셨다.

정말 영이 맑으시고 건강한 분으로, 슬하에 9자녀를 두셨고 아내와 자녀들에게 존경받는 어른이셨다.

### ■ 사랑하는 나의 제자, 안승렬 선교사

故 안승렬 선교사는, 내가 서머나교회를 섬길 당시에 만났다. 안선교사는 부친 안긍호 집사의 5남매 중 둘째였는데 형 안승복, 동생 안승갑 모두 신앙심이 깊고 머리가 좋았다. 청년 안승렬은 공부하기를 즐거워했지만, 가정형편이 넉넉하지 못하였다. 나는 대학생이었던 그를 조선일보 장학생으로 추천해 주었다. 그는 의과대학을 다니면서 한인교회 교우들 중 어려운 환자들을 무료로

치료받을 수 있도록 알선해 주기도 했다. 음악적인 재능도 풍부했는데, 내가 한인교회를 담임하자 성가대를 맡아서 지휘했다. 그 후 신학을 공부했고 나의 주례로 일본인 여성 유리에와 결혼했다.

안승렬 선교사는 브라질 한인 디아스포라 1.5세대로 브라질에서 고등학교를 나와 사웅 빠울루 의대, 그리고 침신대학을 졸업하였다. 그동안 그는 한인교회 파송선교사로 사웅 빠울루 주의 지방 도시인 삐라씨까바(Piracicaba)를 비롯하여 여러 곳에서 교회 개척과 의료 선교사역을 했다.

한국총신신대원(M. Div.)과 아세아연합신학대학원(Th. M. in Missiology)을 거쳐 목사 안수를 받고, 동광교회(담임 김희태 목사) 후원으로 예장합동 파송 선교사로 1999년 7월 아마존 마나우스에 왔다.

안선교사의 주요 사역은 3가지로 첫째는 교회 개척, 둘째는 다른 브라질 교사들과 함께 하는 의료 선교, 셋째는 아마존 장로교 신학교에서의 교수 사역이었다. 먼저 그는 마나우스 빈민 도시 선교사역으로 두 개의 교회를 개척하였다. 하나는 지우베르또 메스뜨링요(Gilberto Mestrinho) 동네에 있는 생수교회(Igreja Água Viva)이고, 또 다른 하나는 화찌마(Fátima) 동네에 있는 동광교회(Igreja Brilho de Leste)이다. 또한 그는 항공선교회의 비행기, 또는 의료 선교선인 '와자니 시우바 3호'를 이용하여 아마존 분지에 위치한 6개 도시(아우따제스, 우르꾸리뚜바, 보아 비스따 도 하모스, 마우에스, 바르셀로스, 노보 아이롱)를 중심으로 한 25여 개의 작은 마을을 방문하며 의료봉사를 하고, 복음을 전하며, 교회를 세울 수 있는 터전을 마련하였다. 그리고 신학교 교수로 브라질 장로교회 교단 신학교인 이뗴쁘랑(Itepram)과 브라질 선교회의 선교대학원에서 강의를 하였다.

그는 필요한 인맥관리와 재정관리에 뛰어난 실력을 갖추었고, 교회건축과 학교건축, 주택건축을 도맡아 건축자재 구입부터 시공, 거주할 때까지 함께 하였다. 게다가 착하고 인정도 많았다. 한때는 아이티 난민 100여 명에게 그의 집을 개방하여 살게 하기도 했다. 후원교회 후원자들과의 관계도 아주 좋았는데, 보고를 잘 할 뿐 아니라 과거, 현재, 미래를 한눈에 볼 수 있도록 표현했고, 사역지의 구체적인 정보를 제공했다.

안타까웠던 점은, 예의도 바르며 모든 일에 적극적이었지만, 약간 자기중심적 삶을 살면서 더불어 사는 훈련이 되지 않아 동료들과의 관계가 불편한 경우가 적지 않았다. 이는 가난한 가정에서 태어나 하고 싶은 것을 하지 못하고 스스로 모든 것을 만들어 가야 했기에 마음의 여유가 없었기 때문인 듯싶다.

그는 3차의 암수술 후 의식이 깨어나지 못했다. 48세 한창 일할 나이에 지고 만 것이다. 그의 장례식을 집전하면서 나는 '한 평생 함께한 아미고'를 먼저 보낸 슬픔에 목이 멨다.

# 마음을 열고 다가온 아미고들

아델라지(Adelagi), 다니엘(Daniel), 데오 끌레씨아노(Deo Cleciano), 에제끼아스(Ezequias), 라우라(Laura)—이들은 진정한 나의 브라질 친구들이다. 벌써 함께 한 지가 길게는 25년, 짧게는 10년 이상이 되었다. 언제 어디에서라도 부르면 달려와 함께하는 아미가(Amiga, 여자친구), 아미고(Amigo, 남자친구)들이다.

## ■ 씩씩한 아낙, 아델라지

아델라지는 11년 동안 변함없이, 매주 토요일이 되면 지원받은 300헤알을 가지고 시장에 가서 고기와 채소 및 식재료를 구입하여 GMS신학교 50여 명의 학생들과 교수를 위해 맛있는 식사를 만들어 주고 있다. 특히 그녀의 바이아(Bahia) 주 또는 빠라이바(Paraíba)의 전통음식은 정말 맛이 있다.

아델라지는 내가 한인교회 담임목사로 있을 때 교회 버스

운전을 하던 또따(Totta)의 부인이다. 또따는 참으로 정직하고 착하고 성실한 사람이었다. 항상 웃는 얼굴로 모든 사람에게 친절하게 대하여 한인교회 어린이들로부터 노인들에 이르기까지 모두 그를 좋아했다. 디아스포라 선교부에서 사용하려고 라바뻬스(Lavapés) 건물을 인수받았을 때, 그곳에는 무단침입한 250여 명의 걸인들이 살고 있었다. 그들이 망가뜨리고 버린 건물 쓰레기가 산더미처럼 쌓여 있어서 보기만 해도 심란했다. 그 당시 나의 하루 일과는 선교관 건물을 드나들며 어떻게 이 건물을 사용할 것인지를 궁리하는 것이었다. 나는 또따에게 아래층 공간을 유료 주차장으로 만들고 주차장 관리를 맡기겠다고 약속했다. 그는 책임감을 가지고 매일 이 건물의 셔터를 열고 일꾼들에게 일을 시켰다. 그러던 어느 날 아침, 여느 때와 마찬가지로 문을 열다가 갑자기 쓰러져서 병원으로 옮기던 중 세상을 떠나고 말았다. 사망 원인은 심장마비였다.

의사로부터 사망진단서를 받아 세(Sé) 성당으로 올라가는 아베니다 빈찌 뜨레스 지 마이오(Av. 23 de maio) 다리 밑에 있는 사무실에 가서 장례 절차를 밟았다. 시신 넣을 관을 사서, 빌라까얼 장지에서 장례식을 치렀다. 또따가 한인교회에 정식으로 등록한 노동자였으므로 미망인은 정부로부터 복지금과 함께 자녀 양육과 교육비를 받을 수가 있었다. 비싼 집세만 해결하면 살 수가 있었기에 선교관 건물에 방을 만들어 살게 해주었다.

그런데 그 당시 사춘기에 접어들었던 그녀의 아들과 딸이 연애를 하면서 많은 문제를 일으켰다. 어느 날은 교장 라우라가 터무니없이 많이 나온 전화세 용지를 가지고 와서 "10배 이상 전화비가 나왔는데 어떻게 하면 좋겠느냐?"고 하소연했다. 이들이 학교 기물에도 손을 대고 돈도 가끔 가져가는 것 같다면서 교장을 비롯한 교사들이 거세게 항의했다. 다행히도 이들이 가정을 이루어 분가한 덕분에 지금은 조용해졌다. 아델라지는 결혼하면서 딸이 남기고 간 손녀와 함께 살고 있다.

아델라지는 올해 49세가 되었다. 그녀는 전형적인 브라질레이라이다. 성격이 쾌활하고 자유분방한 성격의 소유자이기에 숱한 어려움에도 웃음을 잃지 않고 낙천적으로 살고 있다. 그러나 아무리 돈을 많이 준다고 해도 자기가 싫은 것은 절대 하지 않는다. 반면 자기가 좋아하는 것은 무조건 오케이이다. 동정심도 많아서 지나가는 나그네라도 어려운 처지에 빠진 사람이 있으면 기꺼이 도와준다.

그녀는 어느 남자에게도 지지 않는 힘의 소유자이기도 하다. 속 썩이는 딸이 직업이 신통치 않은 건달과 살면서 구타를 당한다는 소리를 듣자, 그녀는 딸을 강제로 데려와 버렸다. 알리니의 애인은 키가 크고 몸집이 좋았다. 아델라지가 딸을 데려오자, 그는 매일같이 알리니가 직장에 갔다 돌아오기를 기다리며 치근댔다. 그런데 건물 입구에서 알리니를 기다리던 그와 아델라지가 정면으로 마주쳤다. 아델라지는 그에게 달려들어 한 방에 쓰러뜨렸다. 그의 급소를 치고는 쓰러진 그를 100킬로가 넘는 엉덩이로 깔아 누르고 짓눌러 버리자, 그는 사람 살리라는 비명을 지르면서 걸음아 날 살리라고 달아났다. 그 이후 그 건달은 다시는 나타나지 않았다고 한다.

그녀는 매주 한 번씩 내 사무실을 청소하고 정돈하여 주는데 자기 마음대로 여기저기 옮겨놓는 바람에 물건을 찾느라

내일을 걱정하지 않고 살아가는 아델라지와 자동차 정비공인 다니엘.

고 애를 먹을 때가 많다. 오랫동안 사용하지 않고 있는 물건이 있으면 자기 멋대로 가져다가 인심을 쓰고는 "빠스똘(pastor)이 안 쓰는 것 같아 다른 사람을 주었어요"라고 말하면 그만이다. 그러나 함께 오래 살다보니 정이 든 것 같다. 토요일이면 함께 아침을 먹는데, 일부러 내가 좋아하는 음식을 준비해 놓고는 맛있게 먹으면 좋아한다. 아내를 언니처럼 따르고, 아이들의 생일을 기억하고 축하해 준다. 색다른 음식을 만들면 가져와서 식재료 구입에서부터 만드는 법까지를 알려주기도 한다.

아델라지는 내일을 걱정하지 않고 하루하루 즐겁게 살고 있다. 누구의 것을 탐하거나 부러워하지 않고 조그마한 것이라도 이웃과 함께 나누고 살기에 늘 그녀의 주변에는 다정한 사람들이 오고 간다. 그녀는 항상 마음을 열고 가까이 하는 진정한 아미가이며, 선교사역의 동역자이다. 그녀는 우리 집안의 무엇이 어디에 있는지 나보다도 더 잘 알고 있으며, 집안의 쓰레기는 물론이고 불필요하다 싶은 것은 무엇이든 다 치워 버리는 박력 넘치는

친구이다.

## ■ 자동차 정비공, 다니엘

다니엘을 만난 것은 1995년 여름, 성탄 다음 날이었던 것 같다. 나따우(Natal, 성탄절) 새벽예배를 마치고 막 집에 들어가 양복을 벗는데 전화벨이 울렸다. 수화기 속으로 다급한 현지인의 음성이 쏟아졌다. "목사님! 조금 전 교통사고가 나서 목사님의 아들이 다쳤어요. 지금 산따 까자(Santa Casa) 병원에 있어요."

병원을 향하는 차 안에서 아내는 숨도 제대로 못 쉬었고 까무러치기 일보 직전이었다. 아들을 향한 어미의 마음이 오죽했으랴! 병원에 도착하여 보니, 다행히도 아이들은 여기저기 다쳤지만 생명에는 지장이 없었다. 이해문 집사의 아들이 운전하는 자동차를 타고 가다가 사고가 난 것이었다. 아이들의 상태를 확인한 후 사고처리를 하면서 알게 된 것은, 차의 망가짐 정도에 비해 아이들은 정말 경미한 외상만 입었을 뿐이라는 것이었다. 나는 하나님의 보호에 감사를 드렸다.

다니엘은 사고 다음날 자동차 때문에 만났다. 알코올에 취해 있는 다니엘을 에제끼아스가 데려왔다. 그는 자동차정비를 겸한 도색공이었다. 얼마 후에 안 일이지만 그는 알코올중독자로 술 때문에 아내와 이혼하고 자녀들에게도 외면당하여 외롭게 살고 있었다. 심지어 노숙을 하기도 한다고 했다. 그는 그리세리오 지역에서 술주정뱅이요 욕쟁이로 소문이 나 있었다. 만나는 사람

274

마다 시비를 걸고 번거롭게 하기 때문에 사람들이 슬슬 피하는 대상이었다.

다니엘은 올해 61세가 되었다. 얼굴이 희고 키가 165센티에 작은 체구이지만 힘은 장사다. 하루에 한 끼 식사를 하는데, 아침에 진한 블랙커피 한 잔, 오후 2시에도 커피 한 잔을 먹고 저녁 7시경에야 식사를 한다. 담배를 입에 물고 산다고 할 정도로 줄담배를 피웠다. 그는 사람들과 친밀하게 지내지는 못하지만 남이 못 가진 좋은 점들을 많이 가지고 있다. 재주가 많고, 욕심이 없으며, 착하고 정직하고 부지런하다.

그런데 알코올로 말미암아 사람이 망가지고 그의 삶이 무너져 페인이 되어 가고 있었다. 에제끼아스는 그를 아미고라면서 함께 일할 수 있도록 도와 달라고 요청했다. 그래서 이번 사고로 다 망가진 차 수리를 맡기면서, 앞으로 까자 두 메놀을 세워 함께 일하자고 프러포즈를 했다. 그는 쾌히 승낙을 하고 일을 시작했다. 가끔씩 술을 먹고 애를 먹인다는 소리를 듣고 일하는 현장에 가봤지만, 인사도 잘 하고 주어진 일을 착실히 하고 있었다. 사람은 좋은데 술만 들어가면 전혀 딴 사람이 되어 그렇게 패악을 부렸던 것이다. 어느 날은 술에 취해서 말하기를 "에제끼아스는 일만 시키고 돈을 주지 않아 믿을 수 없으니 빠스똘이 돈을 달라"고 생떼를 부렸다. 나는 약간의 돈을 쥐어 주면서 이 돈으로 더 이상 술을 사먹지 말고 밥을 사먹으라고 신신당부했다.

그 후 다니엘과 정기적으로 만나 대화를 나누고 그를 관찰하면서, 그가 할 수 있을 만한 일을 찾아보았다. 먼저 까자 두 메놀 기술학교를 위해 일할 수 있는 기회를 주고, 한인교회에서 일이 생길 때마다 수도, 전기공사 등을 맡겼다. 그는 일류 기술자는 아니지만 열심히 연구하면서 일을 하였다. 그러다가 5층짜리 선교부 건물을 아래층부터 수리하기 시작했을 때부터 지금까지 그에게 전기공사로부터 수도공사, 건물을 헐고 다시 짓는 모든 일들을 부분적으로 맡겨왔다. 함께 일한 지 벌써 20여년의 세월이 흘렀고, 지금은 나에게 없어서는 안 될 아미고가 되었다.

이렇게 되기까지는 무엇보다도 하나님의 은혜와 사랑 덕분이지만 다음으로는 그를 믿고 일을 맡겼기 때문이라고 생각한다.

어느 날, 다니엘을 불러 요청했다. "다니엘! 4층에 방 3개, 거실은 하나, 화장실 2개를 만들려고 하는데 전기와 수도공사를 해보지 않겠어요?" 그는 겸손히, "제가 할 수 있을지 모르겠네요. 해보겠습니다"라고 대답했다. 다니엘을 아는 많은 사람들이 "다니엘에게 일을 주면 안 된다"고 나를 말렸다. 그러나 나는 돈보다 사람을 만드는 것이 더 중요함을 알았기에 그 당시 만 불에 가까운 만 헤알을 그에게 주면서 자료 구입부터 모든 일을 해보라고 했다. 돈만 생기면 술을 먹는 그에게 큰 모험을 한 것이었다. 그는, 그렇게 많은 사람들의 노골적인 반대에도 불구하고 자기를 믿고 일을 맡겨준 것에 감사해하면서 열심히 일했다. 다른 사람이 다 믿지 못했을 때 믿어주고 큰돈을 맡겨 주었던 것이 다니엘을 변하게 한 원인이 되었다.

　　다니엘은 그동안 두 번에 걸쳐 알코올중독자 재활원에 들어가 치유를 받았다. 자기 의지로 참으로 끊기 어려운 것이 알코올중독인 것 같다. 지금은 알코올을 입에 대지 않고 열심히 주어진 일을 하고 있다. 처음에는 서로의 말을 알아듣지 못해 답답했지만, 세월이 지나면서 감정과 표정을 통해서 뜻을 나누고 대화가 이루어져 지금은 100% 소통하는 아미고가 되었다. 참 좋은 사이가 되어 서로를 변호해 주고, 믿고 의지하는 진정한 아미고가 되었다.

　　사람은 누구나 말을 하고, 또 남의 말을 듣는다. 더 나아가 남의 사랑을 받고, 또 남을 사랑하기를 원한다. 참으로 아미고 다니엘은 모든 사람이 외면하여, 홀로 외롭게 살아 온 친구이다. 그는 경쟁 사회에서 밀렸으며, 누구도 가까이 하려고 하지 않았다. 그는 부인에게 버림을 받았고, 그의 자녀도, 형제도, 이웃도 그를 멀리하였다. 그는 하루하루를 술로 살았고, 세상을 원망하고 울분을 욕으로 풀고, 공연히 이 사람 저 사람과 시비가 붙어 경찰서를 내 집 드나들듯이 왕래하였다. 여기저기서 얻어맞고 아무 데서나 잠을 자는, 걸인 아닌 걸인이었던 것이다. 그러나 지금은 반듯한 신사가 되어 자기 포지션을 지키며, 없어서는 안 될 중요한 사람이 되었다.

　　브라질에 살고 있는 많은 사람들이 외로워하고 있다. 이국땅에서 의사소통이 되지 않을 뿐 아니라, 자녀와도 세계관이 달라 서로 통하지 않고 있다. 생각이 다르고 문화가 다르기 때문에 부모와 자녀 사이도 멀어져 가기만 하는 세상을 살아가고 있다. 그러니 브라질 현지인들과의 삶은 더 더욱 어렵지 않겠는가!

지난 33년의 뒤안길을 돌아보면 행복한 마음으로 21년 반을 섬긴 교포교회인 한인교회 목양도 참 좋았지만, 브라질인 선교사역을 하면서 브라질 형제, 자매와 함께 한 삶이 어떨 때는 오히려 더 의미와 보람이 있고 따뜻하게 여겨진다. 그것은 진정 이들과 아미가, 아미고가 되었기 때문인 것 같다.

"그들이 나와 너희 마음을 시원하게 하였으니 그러므로 너희는 이런 사람들을 알아주라"(고전 16:18).


## ■ 회계사, 데오 끌레시아노

데오는 올해 49세이다. 회계사(Contador)이면서 GMS신학교 교무과장인 그는 GMS신학교 1회 졸업생으로, 선교 야망이 큰 사람이다. 디아스포라 선교부가 섬기는 꼴레지오 디아스포라, 브라질 밀알선교단, 디아스포라 한인교회, 산또 아마로 디아스포라 교회, 찌라덴찌스 교회 등 많은 선교사역의 회계업무를 맡아주고 있다.

데오는 브라질레이로로 자존심이 강하며 가슴이 뜨겁지만 가끔 일을 하면서 얼렁뚱땅 구렁이 담 넘어가듯 넘어가므로 가끔 다른 동역자들로부터 정직하지 못하다는 평을 받는다. 그는 아무리 잘못한 일이 드러나도 사과하는 법이 없으며, 도리어 더 큰소리를 치며 먼저 화를 낸다.

브라질 사람들의 저변에는 노예문화가 흐르고 있다. 옛날 조상들이 노예로 있을 때 잘못이 드러나면 그 자리에서 즉시 죽임을 당하거나 죽도록 매를 맞았다. 살기 위해서는 그 자리를 피해 도망하거나 끝까지 안 했다고 우겨야 했다. 이러한 노예문화가 지금까지 이어져 오고 있다. 도둑질을 하다가 현장에서 들켰는데도 그것이 왜 내 손에 있는지 잘 모르겠다고 변명한다. 브라질 사람들은 은행이나 버스 정류장에서 줄을 잘 선다. 우리나라에서 흔히 보았던 새치기는 없다. 문화인이라 그런 것이 아니다. 옛날 밥을 타 먹거나 배급을 받을 때 줄 서는 것이 습관이 되어 몸에 배어 있기 때문이라고 한다.

데오를 비롯한 많은 브라질사람에게서 이런 현상을 자주 보게 되는데, 이것은 이들의 피를 통해 내려오는 노예문화라고 볼 수 있다. 처음에 현지인들과 함께 사역하면서 이런 일들로 정말 많은 고생을 하였다. 지금도 많은 한국인 선교사들과 목사를 비롯한 한국 교포들이 이와 비슷한 문제로 상처를 받고 있음을 볼 수 있다.

그럼에도 불구하고 데오는 최선을 다한다. 모든 일을 내게 먼저 보고하면서 진행사항을 설명하고, 결과보고도 잘 한다. 특별히 GMS신학교 교무일에 대해서는 즐거워하며 열심히 하고 있다. 학생들과 교수들 사이에 교량역할도 잘 하고 있으며, 특별행사나 특별 강사초청에 열심을 내고 있다. 학교의 틀을 아름답게 만들어 가기 위해서도 노력하고 있다.

여기저기서 두각을 나타내기를 즐거워하고 학교일을 혼자서

다 하는 것처럼 과장할 때도 있지만, 꼭 필요한 일은 잘 하고 있다. 더러는 다른 동역자들의 항의를 받기도 하지만 선교사역에 지장을 초래하지는 않는다. 뱃전을 두들기는 파도소리가 요란하다고 해도 큰 배가 대서양을 항해를 하는 데에는 그리 큰 방해가 되지 못하는 것과 같다. 배 밑에서 배를 받쳐주고 있는 물이 진정한 힘이다. 합력하여 선을 이루면 되는 것이다. 꼭 내 마음에 들게 해야만 하나님이 받으시는 것은 아니기 때문이다.

데오도 야곱처럼 앞으로 성령님의 지도 아래 성숙되어 가면서 그 역할과 사명을 잘 감당해 가리라고 믿는다. 그의 아내는 암으로 고생을 하고 있다. 딸은 이혼을 하여 그가 손자들을 키우고 있지만 힘든 기색을 나타내지 않고 오늘도 꿋꿋이 일하고 있다. 나는 오늘도 데오 클레시아노의 가정 위에 하나님의 축복이 함께하시길 빈다.


## ■ 동역자, 라우라와 에제끼아스

세상에는 변치 않는 마음과 굴하지 않는 정신이 있다. 우리 주변에는 생각보다 순수하고 진실한 영혼들이 많은 것 같다. 나는 늘 순수한 마음으로 친구를 만나 이것저것 상의를 하며 함께 사역해 나가길 기도한다. 그러나 늘 좋은 일만 있는 것은 아니다. 진정으로 마음을 주고 싶은 사람들을 만났다가도 그들로 인해 상처를 받기도 한다. 실망과 아쉬움, 좌절을 또 만난다고 해도, 나는 만남을 허락하시는 하나님께 늘 감사한다.

1992년 11월인 듯싶다. 강희동 목사님이 키가 작고 까무잡잡한 소녀를 데려오셨다. 그녀의 이름은 라우라였다. 그녀는 자신이 동북쪽 마라룡(Maranhão) 주 출신으로, 인디오 출신 어머니와 브라질레이로 아버지 사이에서 태어났지만 자기에게는 인디오의 피가 더 많이 흐르는 것 같다고 자신을 소개하였다. 인디오 출신임을 당당히 밝히는 모습이 좋았다. 나는 그녀를 학교 사무실 비서로 채용하였다. 잠시 이따우(ITAÚ) 은행에서 일한 경력이 있어서인지 사무행정 능력이 뛰어났고 재치도 있어서 일을 잘 하였다. 그래서 나의 딸(나는 장차 나의 딸이 나와 함께 학교사역에 전념해 주길 소망했다)과 함께 전액 장학금을 지원해 유대인이 세운 교육대학 뻬다고지아(Pedagogia, 아동교육학)과에 들어가 공부를 하면서 일할 수 있도록 기회를 주었다. 그녀는 열심히 공부하여 우수한 성적으로 대학을 마치고 정식 교사로 일하게 되었다.

그런데 대학을 졸업한 딸은 내 기대와는 달리, 학교교사가 적성에 안 맞는다며 다른 일을 찾겠다고 했다. 나는 라우라에게 "앞으로 학교 교장이 될 꿈이 있느냐?"고 물었다. 그녀는 어릴 적부터 학교 교장이 되는 것이 꿈이었다고 했다. "내가 도울 테니 열심히 공부하며 학교운영을 도와 보라"고 했다. 나는 그녀에게 경영대학에 들어가서 경영학(Administração)을 전공하도록 했고, 사웅 빠울루 시 교육부에서 실시하는 여러 강좌를 통해서 학교운영에 필요한 실무를 배우게 했다. 그녀는 정기적으로 참여하여 행정과 기획, 운영의 노하우를 배웠고, 마침내 교장시험을 거쳐 교장 자격을 얻었다.

그렇지만 학교운영에 경험이 없었기 때문에 처음에는 교장자격증을 가진 시무니(Simuni)의 보조로 2년을 일하게 한 뒤 정식으로 꼴레지오 디아스포라 교장으로 임명하여 직무를 보게 했다. 그런 와중에 라우라는 에제끼아스를 만나 교제를 하였고, 결혼을 하였다. 그들은 살 집이 없어서, 교회 안에 방을 하나 만들어 그곳에서 살게 했다. 그곳에서 첫 딸 마리나를 낳았고, 그 이듬해 헤베카를 낳았다.

에제끼아스는 참으로 신실한 청년으로, 운전수 또따(Totta)의 동생이며 자동차 도색공이다. 그는 배우는 것을 즐거워하고 사람 사귀기를 좋아했는데, 특히 청소년 사역에 관심이 많았다. 앞으로 목회자가 되기를 소원했고, 라우라와 교제하면서부터 내 주위를 서성거리면서 무슨 일이든지 도우려 했다.

어느 날 그와 함께 우범지대 그리세리오 지역에 있는 청소년들에 대해서 이야기를 나누게 되었다. 그는, 가난한 청소년들이 처음에는 1센타보를 달라고 구걸하는 것으로 시작해서 마약 운반책이 되고 나중에는 마약 판매책이 되기도 한다고 했다. 그리고 그런 일을 하면 자연스럽게 마약을 하게 되며, 마약을 사기 위해 돈이 필요하다보니 도둑이나 총을 든 강도가 된다며 안타까워했다. 그는 환경이 그렇게 만드는 실례를 들었다.

그의 이야기를 들으면서 한국에 있을 때 선배가 운영하던 재건대가 생각이 났다. 재건대는 70년대 초반에 나의 고향인 서울 동대문구 전농동에 있었는데, 고아 및 길거리 비행청소년들을 모아 군대식으로 훈련시켜서 자립정신을 키워 주었다. 그들에게 일거리를 제공하기도 했고, 구두통과 아이스크림통, 넝마주이 도구들을 만들어 주기도 했다. 그리고 밤에는 공민학교 역할을 했다. 재건대는 가정과 거리에 있는 종이와 고물을 줍고 재활용품을 모아 팔아서 운영비를 충당했다.

나는 에제끼아스와 함께 재건대와 비슷한 까자 두 메놀을 기획하고, 교회 옆에 있던 작은집에서 '리베르다지 까자 두 메놀'을 개원하였다. 그리고 에제끼아스를 신학교에 입학시키고 장학금을 지원했다. 그 후 그는 라우라와 결혼하였고, 신학교를 졸업하고 2년 동안 목회경험을 쌓은 뒤 일본인교회에서 목사안수를 받았다.

에제끼아스와 라우라 부부는 20년이 넘도록 항상 나의 곁에서 함께 길을 걸으며, 꼴레지오 디아스포라, 보아스 노바스 교회 급식선교, 까자 두 메놀, 헤깐또 도쎄 탁아소 등을 섬기고 있다. 또한 한인교회 선교목사로 있으면서 지금은 꼴레지오 디아스포라 통학버스를 운영하고 있다. 이들 부부는 나의 진정한 파트너가 되어 선교사역 동역자의 길을 묵묵히 걸어가고 있다.

너희로 우리 사정을 알게 하고 너희 마음을 위로하게 하려 함이라 신실하고 사랑을 받는 형제 오네시모를 함께 보내노니 그는 너희에게서 온 사람이라 그들이 여기 일을 다 너희에게 알려 주리라 (골 4:8-9).

■ 일본인, 떼츄우 시노히라오 (Tetsuo Shinohirão)

브라질에서는 일본인들을 정직과 근면의 보증수표쯤으로 평가한다. 이렇게 좋은 평가를 받기까지는 수많은 노력과 고통이 따랐을 것으로 생각된다. 우리 한국사람들이 브라질 땅에 뿌리를 내리기까지는 다분히 일본인들이 다져온 좋은 이미지 덕을 보았다고 할 수 있다. 같은 동양인으로 일본사람과 한국사람을 잘 구별하지 못하기 때문에 일단 믿어주고 소통할 수 있는 여러 혜택을 주었기 때문이다.

브라질 33년 사역 중 친하게 지내온 일본인 변호사가 있다. 지금도 행사장이나 거리에서 만나면 "빠스똘!" 큰 소리로 반갑게 인사를 한다. 그는 1941년 10월 14일 사웅 빠울루에서 태어났다. 사웅 빠울루 주립대학(USP) 법대를 졸업하고(1964년) 변호사 사무실을 개업했을 무렵부터 브라질에 들어온 한국교포와 인연을 맺기 시작했다. 그는 대한교회 설립자인 이석호 목사에게 영향을 받아 그를 양아버지로 삼고, 한국인 교회와 목사에게는 무료로 변호를 해주면서 신뢰를 쌓았다. 그의 손님들의 절반이 한국인 고객이다. 그의 사무실에 들어가면 한국인 교회들이 감사한 마음을 담아 드린 감사패가 가득하다.

한인교회에 부임하여 얼마 되지 않았을 때의 일이다. 교회건축을 하던 중 상층 슬러브 공사를 하다가 교회가 붕괴되는 대형사고가 났다. 다행히 사람은 다치지 않았지만 경제적인 손실이 이만저만이 아니었다. 설계사, 건축시공회사, 레미콘 시멘트회사 등

284

건축관련자가 한둘이 아니었고, 공사 규모가 크다보니 재판이
아주 복잡했다. 어느 한 곳이 잘못되면 나머지 회사들에게 모든
것을 변상해야 하는 위기 속에 교회 재판건을 그에게 맡겼다.

　이 무렵 노총각이었던 그가 결혼을 하였다. 그는 이혼하면
모든 재산과 자녀 양육권이 여자에게로 다 가도록 되어 있는 브라질
법을 이야기하면서 자기는 결혼을 하지 않겠다고 주장하곤 했었다.
그런 그가 어느 날 결혼식에 초청을 하면서, 피로연에서 한국말로
기도를 해달라고 부탁을 하는 것이었다. 어떻게 결혼을 결심했느냐
고 물으니, 재산을 다 주어도 아깝지 않은 사람을 만났다고 기뻐하
면서 자랑을 하였다. 그래서 결혼식에 참석하고 피로연에서 기도로
축복을 빌어주었다. 그는 일본과 한국을 들러 유럽을 돌아오는
것으로 스케줄을 잡고 신혼여행을 떠났다. 그런데 재판일이 신혼여
행 중에 잡히고 말았다. 그는 신혼여행 중이라도 꼭 와서 재판을
하고 다시 떠날 것이라고 약속을 했었는데, 과연 약속을 지켜주었
다. 신혼여행 중 사웅 빠울루에 들러 재판을 하고, 다시 신혼여행을
떠났다. 그것도 무료로 재판을 맡아 주면서 말이다.

　교회가 사례를 하려고 애를 썼지만 축복기도만 해주라면서
그것으로 만족한다고 했다. 하나님이 내게 이렇게 복을 주시는데
축복의 통로를 차단할 작정으로 내게 돈을 주려고 하느냐면서
도리어 목사인 나를 깨우쳐 주었다. 이제 70이 넘은 그는 조용히
자녀들과 함께 살고 있다. 가끔 잔치석상에서 만나면 반가워하는,
나의 참 좋은 일본인 친구이다.

# 아미고들이 그린 "나의 초상"

나의 절친, 황신학 목사와 이재호 장로, 한규협 목사, 허명종 장로, 김용식 목사가 나에 대해 쓴 글을 싣는다. 이들은 누구보다 나를 잘 아는 사람들이다. 함께 지낸 시간도 많을 뿐 아니라 마음과 사역을 나눈 아미고들이다. 특히 김용식 목사와 황신학 목사는 30여년을 함께 한 아미고들이다.

## 황신학 목사: "나의 진정한 아미고, 강 목사님"

황신학 목사는 청년 때부터 나와 함께한 친구이다. 황 목사는 한 인교회 부교역자 생활을 하다가 서울교회 담임으로 부임했었고 총신, 미국 탈벗신학교를 졸업, 현재 미국에 살고 있다.

'아미고'는 참 포근한 마음을 담은 단어입니다. 남미사람이라 면 누구나 이 말을 듣는 순간 그 얼굴 표정이 밝아지는 것을 볼 수 있습니다. '아미고'는 쉽게 내 뱉을 수 있는 말이기도 하지만 너와 나의 연결고리를 찾는 묘한 감정을 지닌 말입니다. 나에게 있어서 '빠스똘 깡기'는 '까로(Caro) 아미고'입니다. 나의 멘토이자 무려 10년이나 나이 차이가 나는 대선배이십니다. 그는 항상 나를 친구처럼 대해줬습니다. 한참 후배인 내 의견을 무시하지 않고 수시로 응원하고, 격려하고, 때로는 내 마음이 상할 새라 조심스럽게 눈치까지 살피는 세심한 그분이 참 고맙습니다.

그가 사역한 교회, 학교, 선교지에서 오랫동안 함께한 이들은 그를 '빠스똘 깡기'로 불렀습니다. 그는 선교지의 남녀노소, 빈부귀천 할 것 없이 모두에게 다가가는 존경(빠스똘)과 부담 없는(깡기) '아미고'였습니다. 왜 그의 주위 사람들이 그를 그토록 선망했을까요? 아마 털털한 '아미고' 느낌 때문이었으리라고 짐작됩니다.

말이 좋아 털털이지, 그 배포와 배짱은 어느 누구도 따라가지 못합니다. 이름이 '깡기'로 불리울 정도로, 강한 이미지는 털어버릴 수 없습니다. 족구를 할 때면 맨 앞에 서서 그 엄청난 몸을 날려 날아오는 공을 간단하게 차단합니다. 테니스를 칠 때도 넘어오는 공을 향해 몸을 날리면서 상대방 네트 바로 앞에 떨어뜨리는 기술은 동반자들의 감탄을 자아내기에 충분합니다. 사역에서도 어떤 어려움이 와도 흔들리지 않고 동역자들보다 더 많이 더 먼저 수고하고 자신의 것을 아낌없이 나눠주는 리더십을 발휘하십니다. 함께 동역하는 사람들을 이해해주고 부담을 덜어주는 그를 보면 늘 고마울 따름입니다.

30대 초반 브라질에 와서 이민교회를 한 곳에서 22여 년 동안 담임했다는 그 자체가 경이롭습니다. 그는 자신이 가진 능력을 다해 달렸습니다. 그가 외친 '꿈과 비전'을 그때에는 몰랐지만 어느새 모든 사람들의 기도하는 입에서는 '꿈과 비전'이란 말을 쉽게 들을 수 있습니다.

그는 브라질 한인교계를 가장 빛낸 분입니다. '브라질의 주교연합회', '남전도회', '여전도회', '청소년연합수양회', '한국기독교 100주년 선교대회', '연합부흥회', '남미코스타', '선교합창단', '노인대학' 등 수많은 행사와 교계 연합을 주도하며 산모역할을 감당하셨습니다. 지금은 많이 희석되었지만, 한때 이민목회를 할 당시 그는 개교회보다 라틴아메리카를 가슴에 품은 목회자였기에 이민교계를 연합하는 일에 최전방에서 가장 헌신한 선구자였습니다.

난 이분만큼 나누고 베푸는 인물을 본 적이 거의 없습니다. 그의 호주머니는 선배, 동료, 후배, 목회자, 선교사, 성도들을 향해 항상 열려 있었습니다. 그는 누가 도움을 요청하면 그 사람과의 관계를 떠나 할 수 있는 데까지 도왔습니다. 그 도움을 요청한 사람이 비록 자신을 욕하고 악소문을 온 이민사회에 퍼뜨렸다 해도 일단 도움을 요청하면 그 사람의 형편을 살피며 목자의 심정으로 베풀었습니다. 또한 남미의 교계를 향해 필요한 정보를 함께 나누며 함께 성장하기를 실천한 배려자입니다. 이러한 배려심은 나로 하여금 그를 존경하게 만듭니다.

나는 이 '영원한 아미고'가 좋습니다. 브라질에서 '강성철'이란 분을 만나고 관계를 유지하고 있다는 것 자체가 행복합니다.

## 이재호 장로: "바보 같으면서 독한 사람"

이재호 장로는 한인교회 장로이며 사웅 빠울루에 '사랑유치원'을
설립, 20년 간 운영하다가 다른 사업으로 전환하면서 유치원의
모든 기물을 선교부에 기증한 분이다.

그는 누구일까? 어떠한 사람일까? 무슨 일을 하는 사람일까?

항상 우리 옆에 많은 사람들이 존재하지만 그에 대해서 누군
가가 평을 해보라고 묻는다면 쉽게 표현하기가 여간 힘들지 않
다. 우리 인간은 성경에서 말씀하셨듯이 심은 대로 거두는 것 같
다. 이에 나는 삶을 통하여 우리 주변 사람들에게 어떻게 보였을
까? 그들의 생각과 마음속에 나는 어떤 사람일까?가 궁금하다.

항상 많은 사람들을 만나지만, 그들을 단적으로 표현하기 어
렵다. 어쩌면 무감각하게 살아가고 있기 때문일 것이다. 그러나
어떤 사람은 이름만 들어도 그냥 저절로 표현되기도 한다.

강성철 목사? 참 매사에 진취적이다. 인간적이다. 추진력이 강
하다. 그러나 자기가 한말을 쉽게 잊어버린다. 바보 같으면서도
독하다. 주님 일이라면 인내하고 허리를 동여매고 이루고야 마는
결단력이 있는 사람. 때론 조금은 어색한 표정관리. 시골 태생의
촌사람을 연상케 하는 옷차림과 배불뚝이. 식을 줄 모르는 주님
을 향한 열정들. 호불호가 분명한 인간적인 면도 내재하고, 살아
가면서 주위의 많은 주의 종들과 협력하고 연합하고, 많은 인재
를 양성하여 주의 일을 감당할 수 있도록 노심초사하고, 배려하
고 길잡이가 되어주는 사람.

세상에서는 바보 멍청이. 주님께는 "나의 충성된 종아!" 칭찬

받는 그런 사람. 잡아야 할 때와 놓아야 할 때, 있어야 할 때와 떠나야 할 때를 주님 주시는 지혜로 결단하고 행동으로 옮기는 사람. 그런 사람으로 기억 되는 사람이 강성철 목사다.

나, 내보다는 너. 네, 당신을. 그리고 누구보다도 주님을 먼저 생각하는 사람. 그러나 주님께서 말씀하신 것같이 "들에 백합화를 보라 길쌈도 메지 않고… 공중에 나는 새를 보라 주님이 먹이시고 번성케 하심과 같이…."

주의 종을 통하여 주님 사역의 열매 들이 주렁주렁 열려 있으니, 주님 보시기에 얼마나 기쁘실까. 감히 짐작해 본다. 뼈를 깎는 시련이나, 물질로 인한 고통도 있었으리라.

주님을 위한 사역에 온 가족의 협력과 헌신이 남달랐다. 33년의 선교사역 보고가 마무리가 아닌, 새로운 사역의 시작이길 기도한다.

 ## 한규협 목사: "이웃집 아저씨같이 친근한 분"

한규협 목사는 동아그룹 기획실장을 할 당시 '택배'를 기획하였던 장본인이다. 한 목사는 파라과이를 거쳐 브라질에서 이민생활을 하던 중 하나님의 부르심을 받고 한국의 고려신학교에서 수학하고 브라질로 돌아와 행복한교회와 은혜교회에서 담임목사로 시무했다.


강성철 목사님 하면 내가 처음으로 담임목회를 시작할 때의 일이 생각난다. 그때 목사님은 이미 한인목회를 접으시고 선교사역과 현지인 학교사역 및 현지인 신학교 사역을 감당하고 계셨

290

다. 뒤늦게 신학을 하고 준비 없이 목회 일선에 서게 되었을 때 강 목사님을 만났다. 같은 지역사회에 살면서도 개인적인 만남이 없던 목사님과의 첫 만남이었는데도 아주 편안함을 느끼게 해 주시는 분, 이웃집 아저씨같이 친근한 분이었다. 강 목사님은 조용하면서도 은근과 끈기로 주어진 사역을 성실하게 감당하시는 분이었다.

강 목사님은, 항상 기존의 틀과 전통 때문에 새로운 길이 열리지 않는 것이 상식과 같은 현실 속에서 다른 교단의 목사라는 것과 담임목회 경험이 없던 나에게 남다른 신뢰와 관심으로 사역의 길을 열어주신 고마운 분이다. 내가 사역하던 교회에 함께 참석해 주셨고 특별한 애정과 사랑을 보여주셨다. 나는 사회 경험은 많았지만, 계획하고 분석, 심사하는 기획 분야라서 상대방의 실수에 너그럽지 못하였던 것이 인간관계에 있어서 장벽으로 다가오곤 했다. 세상에서 가장 힘들고 어려운 것이 사람과의 관계라고 했는데, 목회에서도 경험을 통하여 사람과의 관계가 가장 중요하며 어려운 분야라는 것을 알게 되었다.

강 목사님은 나의 목회와 인간관계에 있어서 멘토가 되어주셨다. 목회를 하면서 예상 밖의 어려움을 만나고 인간관계가 불편해지면 생각나는 분이 강성철 목사님이다. 어려울 때마다 좋은 의견을 주시면서 지도해 주셨던 분으로 나의 목회와 인간관계에서의 멘토로 삼고 배우며 따라야겠다고 생각한다. 목사님은 인간관계의 탁월함을 느끼게 해주신 분이다. 오랜 인연을 맺고 있던 분이 강성철 목사님 본인에게 안 좋은 소문을 내며 불편하게 하여도 한 번도 언성을 높이거나 불쾌한 기분으로 대하지 않고 아무 일이 없는 듯이 그 사람을 대하는 것을 보면서 대단함을 느끼지 않을 수 없었다.

언젠가 읽었던 한경직 목사님의 일화가 생각난다. 한경직 목사님은 본인과 상반되는 의견을 말하는 상대에게 늘 하시던 말이 "예, 그것도 일리가 있네요."라고 하셨다고 한다. 나는 강 목사님이 한 번도 남을 비판하거나 비평, 불평하는 것을 보지 못했다. 또한 남다른 세심한 관심으로 다가오시고 상대방의 이야기를 경청하시고 있는 그대로의 모습을 일단 받아 주시는 넉넉함 때문에 함께하는 사람에게 행복함을 느끼게 해 주시는 분이시다.

33년이란 긴 시간 동안 사역을 통해 사랑받고 하나님께 영광을 돌려 드리는 데는 다 이유가 있다고 생각한다. 하나님을 사랑하는 마음으로 자신의 일에 최선을 다하고 자신이 처한 상황을 뛰어넘는 넉넉한 마음으로 다른 사람들에게 좋은 영향력을 끼치고자 노력하시기 때문이라고 생각한다.

 허명종 장로: "정말 못 말리는 분"

허명종 장로는 청년시절부터 나와 함께한 다정한 친구다. 사웅 빠울루 대학생연합회 초대회장을 섬겼고, 기독신문 간사로 편집 기자를 겸해 섬겼으며, 하나로선교단 단장으로 청년들을 섬겼다. 현재 한인교회 시무장로이다.

목사님과의 만남은 33년 전 제가 섬기고 있는 사웅 빠울루 한인장로교회에 목사님이 부임하시면서 시작됐습니다. 당시 청년이었던 저는 목사님과 함께 교회 청년부 주간지를 만들기 시작했고, 몇 년이 지난 후 작품들이 모아져 한 권의 책이 됐습니다.

교회를 목회하시면서 선교에 열정적이셨던 목사님은 문서선교
에도 관심이 많으셔서 사웅 빠울루에서 처음으로 기독신문을 시
작하셨습니다. 수년간 발행된 신문이 하나로 묶어져 책으로 발간
되었는데, 몇 년 후에 이 책이 저를 감동시킨 사건(?)이 일어났
습니다. 미국으로 선교여행을 갔을 때입니다. 바쁜 일정 속에서
하루는 친구목사님이 "잠깐만 나하고 같이 가요." 그래서 따라간
곳이 풀러신학교 도서관이었습니다.

그곳 한편으로 데리고 가서 "이것을 봐요" 하면서 보여준 책
이 바로 그 책, 남미기독신문 축쇄판이었습니다. 이 책이 남미에
관해 연구하시는 신학생들에게 도움을 주고 있다는 이야기를 듣
고 새삼 강 목사님을 다른 관점에서 보게 됐습니다. 왜냐하면 이
책은 재정이 없는 상태에서 빚을 내서 발간한 책이었던 것을 알
고 있었기 때문입니다.

목사님은 당신이 품고 계시는 선교의 열정과 사명을 이루어
나아가는 데에 재정을 문제 삼은 적이 없습니다. 항상 부족하고
없는 것이 분명한데도 일을 시작하십니다. 그러면 채워집니다.
목사님이 즐겨 사용하시는 말씀이 "동시상영"입니다. 시작하시면
동시에 채워주시는 분이 나타난다는 것입니다.

목사님은 쉼표가 없으신 분이십니다. 하나의 일이 마무리될
때쯤이면 진행하고 있는 일이 보이기 시작하고, 그러면 또 다른
새로운 일을 시작하십니다. 정말 못 말리는 분이십니다. 생명의
위험 속에서도 (총알이 눈 옆을 스쳐가고 자동차가 낭떠러지로
굴러 갈비뼈가 부러지고 몸이 만신창이가 되어도) 하나님은 목
사님과 함께 계셨습니다. 목사님과 함께한 시간들은 저에게는 배
움과 감사 그 자체입니다.

그러니 목사님은 저의 진정한 아미고, 하나님이 기뻐하시는 좋은 아미고이십니다.

## 김용식 목사: "Amigo meu, 강성철 목사님"

김용식 목사는 브라질 한인 1.5세이다. 브라질 KCM (캠퍼스 선교)를 설립하여 청년리더들을 발굴 양육하였으며, 브라질 성민교회, 미국 세리토스 동양선교교회 부목, 미국 LA동양선교교회 청년 및 선교목사, 애리조나 동양선교교회 담임, 현재 브라질 영광교회 당회장이다. 그는 한국, 브라질, 미국을 두루 거쳤지만, 유독 브라질을 사랑하는 목사이다.

사웅 빠울루 순복음기도원 가는 길에서 목사님을 처음 뵌 지가 벌써 32년이 넘어갑니다. 그동안 옆에서 본 강 목사님의 아름다운 모습은 다양했지만, 다섯 가지만 말씀드리고 싶습니다.

우선, 목사님의 열정입니다. 목사님은 무엇을 하시든지 열심히 하셨습니다. 연세가 들면 식을 만도 한데, 갈수록 더해 가시는 사역 열정은 옆에서 보는 제게 큰 도전이 됩니다.

둘째, 목사님의 관계성입니다. 목사님은 그 누구와도 늘 가까이 하시고 친구가 되셨습니다. 선배 목사님들을 잘 모시고, 동료 목회자들과는 일이 아니라 평생지기 친구처럼 지내시고, 후배 목회자들에게는 든든한 울타리가 되어 주셨습니다. 적이 없으셨습니다. 심지어 목사님을 적으로 생각하는 분들도 목사님은 친구로 대해 주셨습니다.

셋째, 목사님의 포용력입니다. 목사님은 큰 분이십니다. 덕이

294

있으십니다. 목사님의 마음은 항상 크고 넓어서 모든 사람을 품어주셨습니다. 좋은 사람이든 나쁜 사람이든, 일을 잘하든 잘못하든, 목사님을 잘 대하든 잘못 대하든 상관없이 모든 이들을 포용하는 목사님의 넉넉한 마음이 항상 따스하게 느껴집니다.

넷째, 목사님의 헌신입니다. 목사님은 자기 것을 챙길 줄 모르는 분이십니다. 사모님도 그렇고. 호주머니가 비어도 한 번도 내색하지 않으셨습니다. 그래서 제가 철부지 전도사였을 때 다른 전도사들과 함께 목사님께 몰려가서 밥 사달라는 못된 짓도 많이 했습니다. 사역하다가 빚을 져도 걱정도 안 하시는 목사님의 강심장은 자신을 완전히 비운 헌신에서 나온 것임을 알고 있습니다.

마지막으로 목사님의 통찰력입니다. 목사님은 항상 미래를 내다보는 혜안을 가지고 계셨습니다. 사웅 빠울루 한인 교계의 필요를 먼저 보시고 적절한 사람들을 모아 일을 진행하시곤 하셨습니다. 지금은 그 모임들과 활동들이 많이 약해지고 일부는 사라졌지만 그 영향력으로 브라질 한인 디아스포라 교회들이 많이 성장했습니다. 지금도 꿈을 꾸시는 목사님의 모습이 아름답기만 합니다. 목사님은 영원한 청년이십니다.

"목사님, 사랑합니다."